1 König und Reich: Herrschaft im Mittelalter

2 Leben und Kultur im Mittelalter

3 Neue räumliche und geistige Horizonte

4 Wirtschaft und Handel gestern und heute (Längsschnitt)

5 Das konfessionelle Zeitalter

6 Absolutismus und Barock

★ fakultativ ■ verpflichtend – zur Auswahl

7 Bauwerke als Ausdruck politischen Denkens (Längsschnitt)

Weitere Aufgaben zum Üben und Festigen

Anhang

Umschlag

So arbeitest du erfolgreich mit Forum Geschichte

Hier bekommst du einige Hinweise, damit du dich in diesem Buch gut zurechtfindest: wie die Kapitel aufgebaut sind, was die unterschiedlichen Farben bedeuten oder welche Texte, Materialien und Aufgaben es gibt.

Fragen stellen und sich orientieren

Jedes Kapitel beginnt mit der **Auftaktseite**. Sie zeigt, worum es in dem Kapitel geht. Mit einem großformatigen, aussagekräftigen Bild führen wir in das Thema des jeweiligen Kapitels ein.

Auf der **Orientierungsseite** begegnest du einer zentralen Frage, mit der du dich in diesem Kapitel beschäftigen wirst. Du erfährst anhand von Beispielen, wie sehr die heutige Zeit noch immer von der Vergangenheit geprägt wird. Die Zeitleiste gibt dir den Zeitraum für das jeweilige Kapitel an. Die Grundlegenden Daten wurden gelb unterlegt.

Ein Thema untersuchen

L Lernaufgaben

Viele Seiten kannst du selbstständig erarbeiten. Sie sind mit einem **L** vor der Überschrift versehen.

Auf den **Themenseiten** erklärt dir ein kurzer Text unterhalb der Überschrift, um welches Thema es auf dieser Doppelseite geht und welche Leitfragen beantwortet werden sollen (1). Der Darstellungstext (2), die Abbildungen (3), die blau unterlegten Textquellen und Grafiken (4) sowie die **Grundlegenden Begriffe** und die Grundlegenden Daten (5) helfen dir, ein geschichtliches Thema zu erschließen. Die Arbeitsaufträge am Ende einer Themenseite (6) sind vielfältig: Oft kannst du zwischen verschiedenen Aufgaben wählen oder du findest Hinweise zur Partner- und Gruppenarbeit. Bei kniffligen Aufgaben gibt es **Tipps** für die Lösung.

Mit Methoden arbeiten

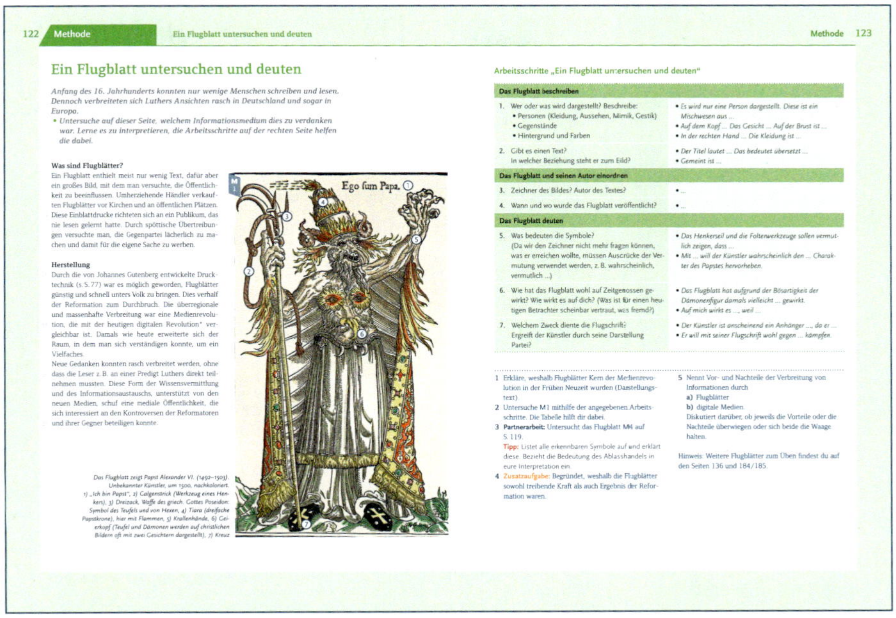

Auf den **Methodenseiten** lernst du schriftliche Quellen, Bilder und Karten fachgerecht auszuwerten. Du findest auch Tipps, wie du u. a. Flugblätter auswerten kannst. In der grünen Tabelle stehen links die Arbeitsschritte, nach denen du vorgehst. In der rechten Spalte gibt es Lösungshinweise zu einem Beispiel. Methoden, die du bereits im vergangenen Schuljahr kennengelernt hast, findest du mit den erlernten Arbeitsschritten in einer Übersicht auf den Seiten 193/194. Du kannst im Laufe des Unterrichts bei der selbstständigen Erarbeitung neuer Seiten dort immer nachlesen und so deine methodischen Kompetenzen üben und festigen.

Landesgeschichte: Geschichte der eigenen Region erarbeiten

Der Ort, die Stadt und das Bundesland, in dem du lebst, haben ihre eigene Geschichte. Häufig weisen dich Bilder und Texte darauf hin. Es gibt aber auch **Landesgeschichte-Seiten**, wie die zu der Würzburger Residenz.

Längsschnitte

In diesem Buch findest du zwei Kapitel, die bestimmte Themen über mehrere Epochen hinweg untersuchen. Man nennt sie **Längsschnitte**. Dort kannst du dein Wissen aus den vorhergehenden Kapiteln und aus der 6. Klasse einbringen und vertiefen.

Differenzierung: Unterschiedliche Lernwege auswählen

Erforsche-im-Team-Seiten

Historische Fragen lassen sich auf verschiedene Weise beantworten. Auf den orangefarbenen **Erforsche-im-Team-Seiten** kannst du dich für ein Material entscheiden: Traust du dir zu, eine längere Textquelle zu bearbeiten? Oder arbeitest du lieber mit Bildquellen? Wähle aus, was zu dir passt! Du erforschst das Thema mit einem oder mehreren Mitschülern. Bei einer abschließenden **Aufgabe für alle** könnt ihr trotz unterschiedlicher Lösungswege zu einem gemeinsamen Ergebnis kommen.

Auf vielen Seiten siehst du **„Wähle-aus-Aufgaben“**. Wie der Name schon sagt, darfst du hier a, b oder manchmal auch c auswählen. Die Aufgabenstellungen sind unterschiedlich, aber sie beziehen sich auf eine gemeinsame Frage.

> **4 Wähle eine Aufgabe aus:**
> **a)** Vergleiche Containerschiffe (M1) mit der Karavelle des Kolumbus (siehe S. 80, M2).
> **b)** Nenne mögliche Gründe für den Bau von immer größeren Transportmitteln und neuen Transportwegen (M1–M3).

Bei manchen Aufgaben findest du **Tipps** zur Lösung. Nutze sie, wenn du möchtest.

> **4** Beschreibe das Gemälde M2. Erkläre, in welcher Form sich darin das neue Menschen- und Weltbild spiegelt.
> **Tipp:** Nimm die Arbeitsschritte auf S. 194 zu Hilfe.

An einigen Stellen findest du Zusatzaufgaben. Wenn du sehr schnell fertig bist mit der Beantwortung der Arbeitsaufträge, kannst du diese zusätzlich lösen.

> **3 Zusatzaufgabe:** Das Wappen von Regensburg ist hier abgebildet (M2). Finde heraus, woran es erinnert.

Medienbildung/Digitale Bildung

In diesem Buch findest du auch Angebote zur Medienbildung und digitalen Bildung:

- **Alle Darstellungstexte als Audios und Selbsteinschätzungsbögen**
  Diese Materialien kannst du über **Webcodes** finden, die am Anfang oder am Ende eines Großkapitels stehen. Gehe dazu auf www.cornelsen.de/webcodes und gib dort den Code ein, z. B. für S. 61 > *povagu*.
- **Arbeitsaufträge**
  Einige Aufgaben weisen auf die Internetplattform *mebis* des Kultusministeriums hin, wo du auch „Werkzeuge“ und Recherchemöglichkeiten für deine Arbeit als Historiker findest.
  Andere Aufgaben enthalten Hinweise auf interessante Internetmaterialien von Museen.

> **cornelsen.de/webcodes**
> *Code: povagu*
> *Selbsteinschätzungsbogen*

> **3 Partnerarbeit:** Erstellt eine Mindmap zu „Wandel um 1500“.
> **Tipp:** Ihr könnt die Mindmap auch digital erstellen. Nutzt dazu das Programm „freemind“ von mebis.

> **5 Internetrecherche: Partnerarbeit**
> Macht einen virtuellen Rundgang durch die Burg Trausnitz. Ihr findet ihn auf der Internetseite der Bayerischen Schlösserverwaltung.

Wiederholen und die eigenen Kompetenzen prüfen

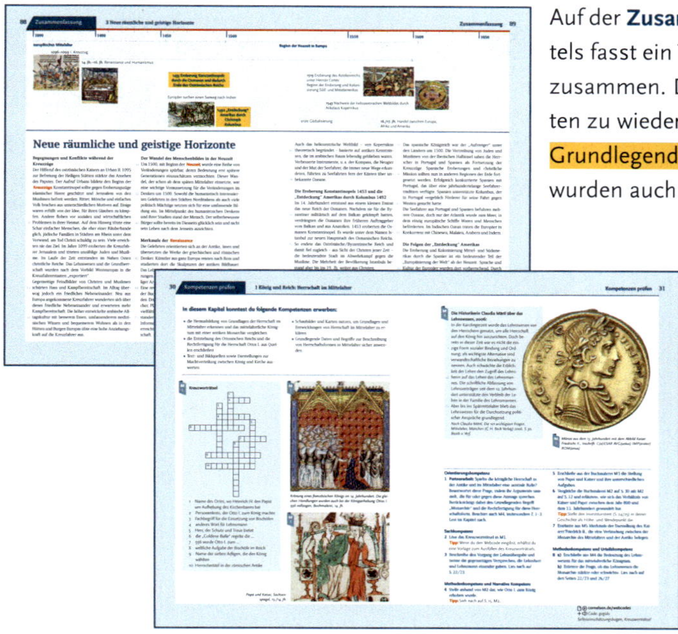

Auf der **Zusammenfassungsseite** am Schluss des Kapitels fasst ein Text die wesentlichen Inhalte noch einmal zusammen. Die Zeitleiste hilft dir, die wichtigsten Daten zu wiederholen. Grundlegende Daten und Grundlegende Begriffe wurden auch hier hervorgehoben.

Wenn du wissen möchtest, was du im Kapitel gelernt hast, solltest du die Aufgaben auf der Seite „**Kompetenzen prüfen**“ lösen. Falls du mit einzelnen Aufgaben Schwierigkeiten hast, lies im Kapitel noch einmal nach. Lösungshilfen findest du im Anhang.

Weitere Aufgaben zum Üben und Festigen

Am Ende des Buches findest du weitere **Lernaufgaben** zu den einzelnen Kapiteln. Hier kannst du dein Wissen, das du erworben hast, anwenden und zugleich Methoden üben. Alle Aufgaben sind so zusammengestellt, dass du sie selbstständig mit einem Partner oder allein bearbeiten kannst. Meist schließt du die Aufgabe mit einem eigenen kleinen Aufsatz, mit der Erstellung eines Plakates, mit dem Verfassen eines kleinen Rollenspiels oder ähnlichen Eigenleistungen ab. So kannst du diese Seiten auch für ein Referat nutzen.

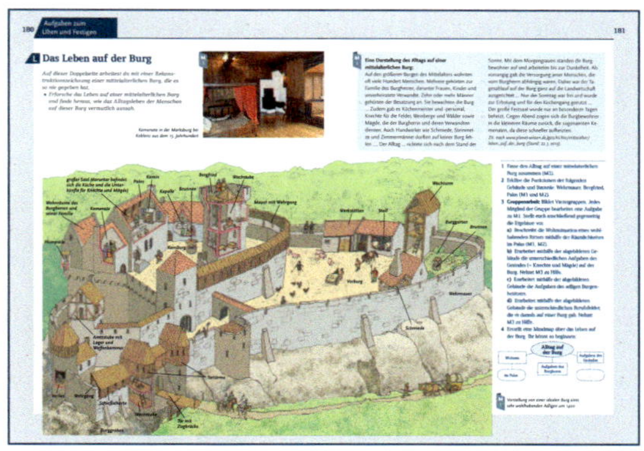

Hilfen im Anhang und im Umschlag

Der **Anhang** unterstützt dich bei der Arbeit. Hier findest du:

- Lösungshinweise zu den Seiten „Kompetenzen prüfen“
- ein Lexikon mit Erklärungen schwieriger Begriffe, die im Text mit einem Sternchen * bezeichnet sind
- ein Register zum schnelleren Nachschlagen
- hilfreiche Tipps für Referate und Unterrichtsmethoden (z. B. Standbild, Rollenspiel)
- Selbstlern-Methoden: Texte und Begriffe leichter entschlüsseln
- eine Zusammenstellung der wichtigen Grundlegenden Daten und Grundlegenden Begriffe (6. Jgst.)

In den **Umschlagklappen** kannst du die Operatoren nachschlagen, die in den Arbeitsaufträgen verwendet werden. Dort findest du auch eine Zusammenstellung der wichtigen Grundlegenden Daten und Grundlegenden Begriffe (7. Jgst.) sowie interessante Karten (Welt, Europa, Exkursionsziele).

ꝐME REGES
REGNANT

cornelsen.de/webcodes
Code: konemi
Alle Darstellungstexte zum Anhören

1

König und Reich: Herrschaft im Mittelalter

Mit dieser prunkvoll verzierten Krone wurden die Kaiser im Mittelalter wahrscheinlich seit dem 10., spätestens aber seit dem 11. Jahrhundert gekrönt. Neben Edelsteinen waren in der Krone auch vier Bildplatten mit Bibelzitaten eingearbeitet. Auf der hier zu sehenden Bildplatte ist Christus als Herrscher über die Welt abgebildet. Darüber steht auf Lateinisch PER ME REGES REGNANT. Das bedeutet: Durch mich regieren die Könige.

Warum trugen die Kaiser im Mittelalter solch prunkvolle Kronen?
Nenne weitere Herrschaftszeichen, die du schon kennst.

Foto der Reichskrone, die heute in der Wiener Hofburg aufbewahrt wird. Die Krone ist von unschätzbarem Wert. Foto, o. J.

500 | 600 | 700 | 800 | 900

Antike

500–850
europäisches Frühmittelalter

962
Kaiserkrönung
Ottos des Großen

seit 7./8. Jh. Lehnswesen

um 500 Reichsbildung der Franken

800 Kaiserkrönung Karls des Großen

Wer herrschte im Mittelalter?

Im Europa des Mittelalters regierten Kaiser und Könige, Herzöge*, Fürsten und Grafen*. Sie standen an der Spitze mächtiger Reiche oder kleinerer Herrschaftsgebiete. Seit dem frühen Mittelalter gewann auch die katholische Kirche mit ihrem Oberhaupt, dem Papst, politischen Einfluss. Sie erhob als geistliche Macht Anspruch darauf, an der weltlichen Herrschaft der Kaiser und Könige mitzuwirken.

Die mittelalterlichen Herrscher orientierten sich an den Vorstellungen, die sich im Römischen Reich der Antike herausgebildet hatten. So nannte sich Karl der Große als Kaiser „Augustus“ und „Imperator“, seitdem er im Jahr 800 in Rom vom Papst zum Kaiser gekrönt wurde. Auch der deutsche König Otto I. ließ sich 962 als „Imperator Augustus“ in Rom zum Kaiser krönen. Sein Enkel Otto III. führte dann den Titel „Kaiser der Römer“. Der Machtanspruch der mittelalterlichen Kaiser war damit eindeutig: Sie sahen sich wie die Kaiser in der Antike als unangefochtene Herrscher in vielen Ländern Europas. Ihr Reich nannten sie „Heiliges Römisches Reich“.

- Wie gelang es den Königen und Kaisern im Mittelalter, ihre großen Reiche und Länder zu regieren und ihre Macht zu sichern – ohne moderne Verkehrsmittel, Verwaltung und Technik?
- Wie begründeten sie ihre Herrschaft, obwohl sie nicht – wie unsere Regierung heute – vom Volk gewählt wurden?
- Wie unterschieden sie sich von den Kaisern der Antike, in deren Nachfolge sie sich stellten?

M 1

Augustus als Triumphator, Schmuckstein integriert in einem christlichen Kreuz, um 1000 n. Chr.

M 2

Karl des Große (rechts) und Papst Leo erhalten den göttlichen Segen, Mosaik, entstanden 798/799. Karls Kaisertitel lautete: „Augustus a Deo coronatus magnus pacificus imperator“, d. h. „erhabener, von Gott gekrönter, großer, Frieden stiftender Kaiser“.

1000 | 1100 | 1200 | 1300 | 1400 | 1500

850–1250
europäisches Hochmittelalter

1250–1500
europäisches Spätmittelalter

11./12. Jh. Streit zwischen Kaiser und Papst um die Einsetzung von Bischöfen im Reich

seit dem 13. Jh. Machtausbau der Landesherren gegenüber dem Königtum

1356 Goldene Bulle: Gesetz über die Königswahl

Beginn Neuzeit

M 3

Otto III., umgeben von weltlichen und geistlichen Adligen, Abbildung aus einer mittelalterlichen Handschrift, um 1000 n. Chr.

M 4

Königin Elisabeth II. Ihr offizieller Titel lautet: „Elisabeth die Zweite, von Gottes Gnaden Königin des Vereinigten Königreichs Großbritannien und Nordirland und ihrer anderen Königreiche und Territorien, Oberhaupt des Commonwealth, Verteidigerin des Glaubens". Trotz dieser Titel hat die Königin keine politische Macht mehr, Foto, 2006

1 Nenne Gemeinsamkeiten und Unterschiede in der Art und Weise, wie sich Kaiser und Könige/-innen in der Antike, im Mittelalter und in der Gegenwart präsentieren (M1–M4).
Wiederhole die Grundlegenden Begriffe „Kaiser", „König", „Antike" und „Mittelalter".

2 Erläutere die Bezüge, die die mittelalterlichen Kaiser zum römischen Kaisertum in der Antike herstellten. (Darstellungstext).

3 Erarbeite, welche Rechtfertigung mittelalterliche Könige und Kaiser für ihre Herrschaft fanden, die neu und nicht in der Antike begründet war (M2, Bildunterschrift).

In diesem Kapitel übst du folgende Kompetenzen:

- Du erkennst, welche Arten von Herrschaft für das Mittelalter typisch waren. Du erschließt dazu schriftliche Quellen sowie Darstellungen, Geschichtskarten und Schaubilder.
- Du vergleichst das Kaisertum des Augustus in der römischen Antike mit dem mittelalterlichen Kaisertum Ottos des Großen.
- Du untersuchst mithilfe von Quellen, wie das Ottonische Reich entstanden ist und wie Otto seine Herrschaft rechtfertigte.
- Du wertest verschiedene Quellen und Darstellungen aus, um die Machtverteilung zwischen König und Kirche im Mittelalter zu beurteilen.

Wie ist das Ottonische Reich entstanden?

Nach der Aufteilung des Reichs Karls des Großen unter seinen Nachkommen entwickelte sich im Laufe der Zeit aus dem westlichen Teil das spätere Frankreich und aus dem östlichen Teil das „Reich der Deutschen“. Drei Herrscher namens Otto prägten die nachfolgende Zeit besonders, weshalb Historiker auch vom Ottonischen Reich sprechen.

- *Finde heraus, wie unter den Ottonen im Ostteil des ehemaligen Frankenreichs allmählich ein mächtiges Reich entstand und wie die neuen Könige ihre Herrschaft rechtfertigten.*

M 1

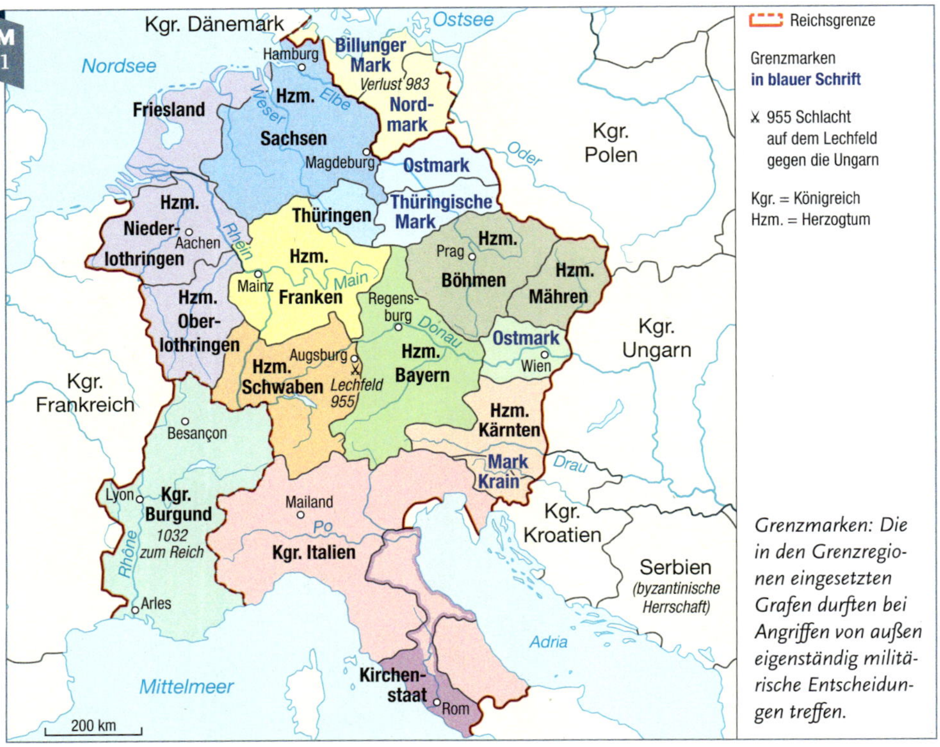

Das Reich Ottos I. und seiner Nachfolger (936–1024)

Grenzmarken: Die in den Grenzregionen eingesetzten Grafen durften bei Angriffen von außen eigenständig militärische Entscheidungen treffen.

Vom Frankenreich zum „Reich der Deutschen“

Der letzte ostfränkische Herrscher bestimmte vor seinem Tod 918 den sächsischen Herzog Heinrich zu seinem Nachfolger. Diesem gelang es, die Zustimmung der mächtigen bayerischen und schwäbischen Herzöge für seine Wahl zum König zu erlangen. Heinrich brauchte die Unterstützung der Herzöge bei der Abwehr der Ungarn und in Auseinandersetzungen mit den Slawen. Slawische Bevölkerungsgruppen unterschieden sich in Glauben und Bräuchen von den Franken und lebten diesseits und jenseits der östlichen Reichsgrenze.

Der gemeinsame Kampf führte zu einem Gemeinschaftsgefühl, das sich in der neuen Bezeichnung für das Ostfränkische Reich niederschlug: In den Urkunden, die während Heinrichs Herrschaft entstanden, wird erstmals ein „Reich der Deutschen“ erwähnt.

Heinrich I. (919–936) verstand seine Herrschaft als Nachfolge Karls des Großen. Allerdings sollte das Reich in Zukunft nicht mehr unter den Söhnen des Königs aufgeteilt werden. Heinrich bestimmte deshalb seinen Sohn Otto I. zum alleinigen Nachfolger.

Otto I. wurde im Juli 936 von den Adligen des Reichs in Aachen zum König gewählt. Die Salbung* durch die Bischöfe* von Mainz und Köln sicherte ihm die Unterstützung der Kirche. Die Wahl des Krönungsortes zeigte die Anbindung an den bedeutenden Frankenkönig Karl den Großen. In seiner „Geschichte der Sachsen“ hat der aus dem Adel stammende Mönch Widukind von Corvey (ca. 925–um 973) die Krönung Ottos I. beschrieben. Nur seine Darstellung der Krönung ist uns erhalten geblieben.

M 2

Bericht Widukinds von Corvey über die Wahl und Krönung König Ottos I. 936:

Nachdem also der Vater des Vaterlandes und der größte wie beste König Heinrich gestorben war, wählte sich das gesamte Volk der Franken und Sachsen seinen Sohn Otto, der schon von seinem Vater zum König designiert[1] worden war, als Herrscher aus. Als Ort der allgemeinen Wahl nannte und bestimmte man die Pfalz[2] Aachen.

Und als man dort angekommen war, versammelten sich die Herzöge und obersten Grafen mit der übrigen Schar vornehmster Ritter in dem Säulenhof, der mit der Basilika[3] Karls des Großen verbunden ist, setzten den neuen Herrscher auf einen dort aufgestellten Thron, ... gelobten ihm Treue, versprachen ihm Unterstützung gegen alle seine Feinde und machten ihn nach ihrem Brauch zum König ...

Er [der Erzbischof von Mainz] wandte sich zum Volk und sagte: „Seht, ich bringe euch den von Gott erwählten und von dem mächtigen Herrn Heinrich einst erwählten, jetzt aber von allen Fürsten zum König gemachten Otto; wenn euch diese Wahl gefällt, zeigt dies an, indem ihr die rechte Hand zum Himmel emporhebt." Da streckte das ganze Volk die Rechte in die Höhe und wünschte unter lautem Rufen dem neuen Herrscher viel Glück. Dann schritt der Erzbischof mit dem König, der nach fränkischer Sitte mit einem eng anliegenden Gewand bekleidet war, hinter den Altar, auf dem die königlichen Insignien* lagen: das Schwert mit dem Wehrgehänge, der Mantel mit den Spangen, der Stab mit dem Zepter und das Diadem[4] ... Auf der Stelle wurde er mit dem heiligen Öl gesalbt und mit dem goldenen Diadem gekrönt ...

Und nachdem die rechtmäßige Weihe vollzogen war, wurde er von ... Bischöfen zum Thron geführt ..., dass er von da aus alle sehen und selbst von allen gesehen werden konnte.

Nachdem man dann das Lob Gottes gesungen und das Messopfer feierlich begangen hatte, ging der König hinunter zur Pfalz; trat an die marmorne, mit königlicher Pracht geschmückte Tafel und nahm mit den Bischöfen und dem ganzen Adel Platz; die Herzöge aber taten Dienst. Der Herzog der Lothringer, Giselbert, zu dessen Machtbereich dieser Ort gehörte, organisierte alles; Eberhard [Herrscher der Franken] kümmerte sich um den Tisch, der Franke Hermann [Herrscher der Schwaben] um die Mundschenken[5], Arnulf [Bayernherzog] sorgte für die Ritterschaft sowie für die Errichtung des Lagers. Der König beehrte danach jeden Fürsten in königlicher Freigebigkeit mit einem angemessenen Geschenk und entließ die Menge höchst leutselig[6].

Sachsengeschichte, zit. nach Deutsche Geschichte in Quellen und Darstellungen, Bd. 1: Frühes und Hohes Mittelalter 750 bis 1250, hg. v. Wilfried Hartmann, Stuttgart (Reclam) 1995, Nr. 33, S. 143f.

[1] bestimmt; [2] Pfalz = Herrschaftssitz; [3] große Kirche, Kathedrale; [4] Königskrone; [5] Amtsträger am Königshof, der für den Wein und die Weinberge des Königs zuständig war; [6] in bester Stimmung

Grundlegender Begriff: Adel

Im Mittelalter und bis ins 19. Jahrhundert herrschender Stand, der sich durch Abstammung, Besitz, Vorrechte und eigene Lebensformen von der übrigen Gesellschaft abhob.

1 Nenne die heutigen Staaten, die das Reich Ottos umfasste (M1). Otto herrschte nur direkt in Sachsen. Stelle mithilfe der Karte begründete Vermutungen an, vor welchen Herausforderungen Otto stand.

2 **a)** Untersuche M2. Lies die Arbeitsschritte auf S. 194.

b) Notiere in einer Tabelle die Rolle und Aufgaben der genannten Personen bei der Königserhebung und -krönung. Nutze auch den Darstellungstext.

Vater König Heinrich I.	
Herzöge/Grafen	
Erzbischöfe	
versammeltes „Volk“	

3 **Wähle eine Aufgabe aus:**

a) Erkläre anhand von M2 die Nachfolgeregelung Heinrichs I.

b) Nenne aus der Sicht eines Zeitgenossen des 10. Jahrhunderts je einen Vor- und einen Nachteil der Nachfolgeregelung Heinrichs I. (M2).

4 Fasse die Rolle des Adels für die Herrschaft eines Königs im Mittelalter zusammen (Darstellungstext, Grundlegender Begriff „Adel").

L Wie regierte Otto I. als König?

Wie alle Könige und Kaiser des Mittelalters musste Otto I. ständig darauf achten, seine Macht zu sichern und auszubauen. Wichtig für die Königsherrschaft waren die Pfalzen. Hier hielten sich die Herrscher auf, um ihre Regierungsgeschäfte zu erledigen.

- ***Finde heraus, wie Otto I. als König herrschte und wer ihn bei der Machtausübung besonders unterstützte. Erstelle dazu ein Lernplakat.***

M 1

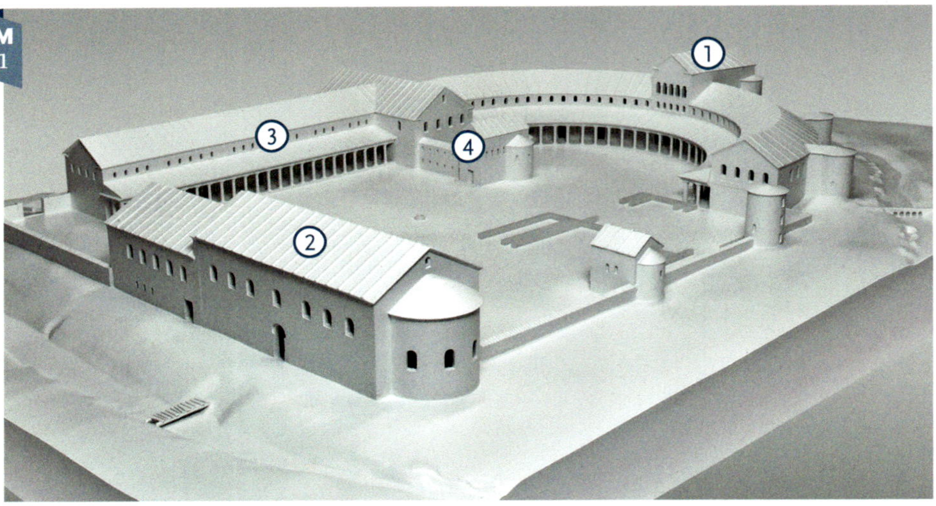

Die Pfalz Ingelheim um 800, Modell 2006. Sie gilt als eine der bedeutendsten fränkischen Königspfalzen (ca. 145 x 110 m).
1 Hauptzugang
2 Thronsaal (40 x 16 m)
3 Gebäude vermutlich für die Unterbringung vom Gefolge
4 Kirche

M 2

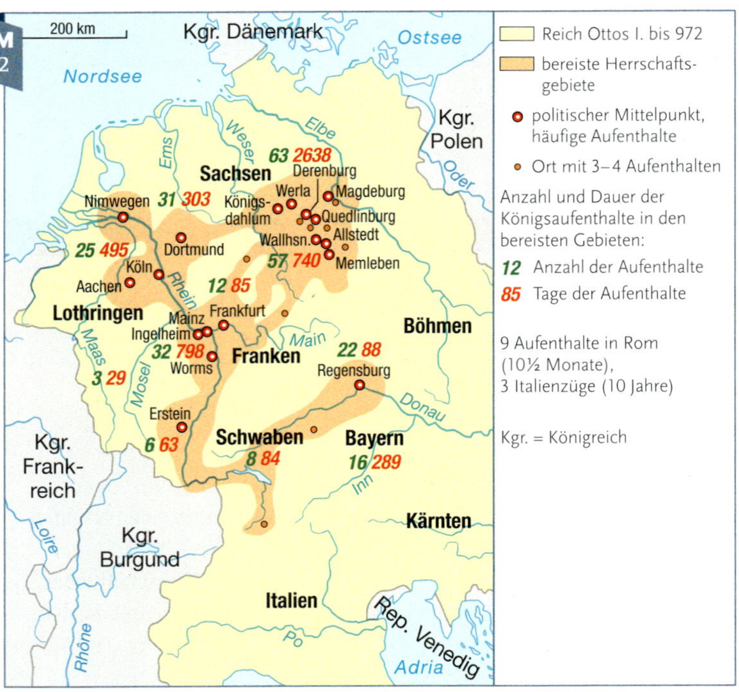

Bereiste Herrschaftsgebiete und Aufenthalte Ottos I. Rekonstruierte Wegbeschreibungen der reisenden Herrscher werden Itinerare (lat. Itinerarien: Wegbücher) genannt.

Sattel statt Thron: Reisekönigtum und Pfalzen

Im 10. Jahrhundert gab es noch keinen festen Regierungs- und Wohnsitz des Königs. Vielmehr besuchte ein Herrscher viele Orte im Reich, um sich zu zeigen. Die Menschen im Mittelalter mussten den König sehen und hören, nur so konnte er auf Dauer seine Macht durchsetzen. Die königliche Familie, weltliche und geistliche Berater sowie Gefolgsleute begleiteten ihn. Nicht selten bestand der Königszug aus über tausend Menschen, die dann in ausgewählten Unterkünften auch versorgt und verköstigt werden mussten. Orte, die überhaupt fähig waren, eine so große Zahl von Gästen zu bewirten, waren die Pfalzen*, riesige Gutshöfe, die von den umliegenden Bauernhöfen mit Lebensmitteln versorgt wurden.

Die Aufgaben des Königs

Als „Gesalbter des Herrn" war Otto Schutzherr der Christen und der Kirche. Eine weitere wichtige Aufgabe war die Bewahrung des Friedens innerhalb des Reichs und nach außen. Zur Verteidigung konnte er ein Heer zusammenstellen und anführen. Nur er durfte im Namen des Reichs Verträge abschließen. Der König unterzeichnete Urkunden, er sprach Recht und überwachte selbst oder durch Vertreter die Treue der ihm dienenden Herzöge und Geistlichen. Schriftkundige Kirchenvertreter und eine königliche Kanzlei* unterstützten ihn bei der Ausführung seiner Aufgaben. Im 11. Jahrhundert entstand eine neue Gruppe von Dienstleuten des Königs, die Ministerialen*.

Bischöfe und Äbte als Helfer des Königs

Die ständigen Auseinandersetzungen zwischen konkurrierenden Adelsfamilien erschwerten die Aufgaben des Königs beträchtlich. Dass sich der König selbst seiner Macht nicht sicher sein konnte, zeigt ein Vorfall aus dem Jahr 953: Damals wollte Otto I. mit seinem Gefolge in der Pfalz Ingelheim das Osterfest verbringen. Als bekannt wurde, dass sein Sohn Liudolf und sein Schwiegersohn Konrad mit anderen Adligen einen Aufstand gegen ihn organisierten, verließ er die Pfalz mit seinem Gefolge und zog über Mainz und Köln nach Dortmund weiter, wo es ihm sicherer schien. Um sich vor Treuebruch und Machtstreben der ihm untergeordneten Adligen und Verwandten zu schützen, übertrug Otto den Bischöfen und Äbten* im Reich weltliche Ämter. Anders als die weltlichen Adligen konnten Geistliche lateinisch lesen und schreiben. Sie besaßen Erfahrung im Bereich der Verwaltung, z. B. im Verfassen von Urkunden. Da die Geistlichen unverheiratet waren und keine Erben hatten, fiel das verliehene Amt nach ihrem Tod wieder an den König zurück. Er konnte es dann erneut einem geistlichen Getreuen übertragen. Historiker haben die Einsetzung von Bischöfen für die Verwaltung des Reichs als Reichskirchensystem bezeichnet.

M 3

Bruno I., (925–965) Erzbischof von Köln

Aus der Webseite des Erzbistums Köln (2017):

Jugend im Machtzentrum

Schon als Kind wurde Bruno zum Geistlichen bestimmt und an der Utrechter Domschule ausgebildet. Kaum 15-jährig, berief ihn sein älterer Bruder Otto I. an den Königshof. Der Königshof war damals Machtzentrum und Mittelpunkt des geistigen und geistlichen Lebens. Der Hof reiste ständig durch das Reich.

Vertreter und Stütze von Otto I.

Noch in jungen Jahren wurde Bruno Kanzler[1] und Erzkaplan[2] und damit zur zentralen Persönlichkeit am Hof. 953 machte ihn der König zum Herzog von Lothringen. Dazu gehörte auch das nördliche Rheinland. So erhielt Bruno Bezug zum Rheinland und sicherte seinem Bruder hier die Macht. Im selben Jahr wurde Bruno auch Erzbischof von Köln. Gemeinsam mit dem Erzbischof von Mainz vertrat Bruno seinen Bruder an der Spitze des Reichs, als Otto I. nach Italien zog, um dort zum Kaiser ... gekrönt zu werden ...

Organisation der Reichskirche

Bruno war selbst sehr gebildet, verbesserte auch die Bildung der hohen Geistlichkeit und zog Begabte an den Königshof. Mit dieser geistigen Elite wurden die wichtigen Bischofsstühle besetzt. Die „Reichsbischöfe" und das Königtum, also Kirche und weltliche Gewalt, bildeten eine feste ideelle[3] Einheit.

Zit. nach Homepage des Erzbistums Köln, www.thema.erzbistum-koeln.de/grosse-geschichte/bischoefe/bruno/ (Stand: 24. 03. 2018). Verfasst von Ulrich Helbach und Joachim Oepen.

[1] *Leiter einer Stelle, die Urkunden ausstellt*
[2] *Vorsteher der Geistlichen am Hof*
[3] *gleiche Gedanken und Wertvorstellungen*

Partnerarbeit: Sammelt mithilfe der folgenden Arbeitsaufträge Informationen für die Erstellung eures Lernplakats. Legt gemeinsam fest, welche Themen auf dem Plakat dargestellt werden sollen. Die Arbeitsschritte auf Seite 195 helfen euch dabei.

1 a) Notiere Regionen und Orte, in denen sich der König in seinem Reich besonders oft aufhielt (M2).
b) Begründe aus dem Darstellungstext die Häufigkeit der Reisen des Königs.

2 Nenne in Stichpunkten den Zweck einer Königspfalz. Nutze dazu M1 und den Darstellungstext.
Tipp: Noch mehr Informationen zum Reisekönigtum findest du auf Seite 178/179.

3 Stelle alle Kennzeichen der Königsherrschaft im Mittelalter zusammen (M3 und Darstellungstext).
Tipp: Z. B. Kanzlei, Pfalz ...

Otto I. wird Kaiser

Im Jahr 955 besiegte König Otto mit seinen Reitertruppen auf dem Lechfeld bei Augsburg die ungarischen Angreifer, die immer wieder zu Plünderungszügen in sein Land eindrangen und es verwüsteten (siehe S. 14, M1). 10 000 ostfränkische Krieger wehrten den Ansturm der Ungarn dauerhaft ab und Otto wurde als „Kaiser" und „Imperator" gefeiert.

- ***Wie kam es zur Kaiserkrönung und welche Folgen hatte diese?***

M 1

Otto I. empfängt als Zeichen der Unterwerfung ein Schwert vom links knienden König Berengar II. Der Gefolgsmann Ottos rechts trägt ein Schwert mit der Spitze nach oben als Zeichen der obersten Gewalt, Buchmalerei, um 1150
Inschriften: Otto I Teutonicus Rex = König der Deutschen (oben), Berengarius (links)

Der Beiname verpflichtet

Dass Otto später „der Große" genannt wurde, verdankte er dem entscheidenden Sieg 955 über die Ungarn. Den Beinamen bekam er auch, weil er, ausgehend vom Erzbistum* Magdeburg, die Missionierung der im Osten lebenden Slawen förderte. Die Unterwerfung des selbstbewussten Königs Berengar von Italien gehörte ebenfalls zu den Leistungen Ottos, die den Beinamen und den Griff nach der Kaiserwürde begründeten. Diese konnte nur der Papst vergeben und so zog Otto mehrmals nach Italien. Erst der zweite Italienzug führte zum Erfolg, denn der Papst zögerte mit der Anerkennung des mächtigen Königs jenseits der Alpen. Als der Papst jedoch von den Langobarden, einem Volk in Norditalien, bedroht wurde, war er auf Ottos Hilfe angewiesen.
Am 2. Februar 962 fand die Kaiserkrönung in der Peterskirche in Rom statt. Das Datum gilt auch als Geburtsstunde des „Reichs der Deutschen". Endgültig ab dem 15. Jahrhundert trug es den Namen „Heiliges Römisches Reich Deutscher Nation" und hatte bis 1806 Bestand.

M 2

Relief aus der Gruppe der Magdeburger Elfenbeinplatten, entstanden nach der Kaiserkrönung Ottos I.
Der Herrscher (unten links) übergibt eine Nachbildung des von ihm gegründeten Magdeburger Doms dem thronenden Christus im Beisein von Heiligen. Petrus, der erste Bischof von Rom (rechts), hält den Schlüssel als Zeichen seines himmlischen Auftrags auf Erden.

Vorbilder und Bedeutung des ottonischen Kaisertums

Die Rangerhöhung, die Otto durch den Erwerb der Kaiserwürde erfuhr, nützte ihm auch im Innern seines Reichs: Nördlich der Alpen diente sie dem Zweck, die vier bedeutenden Stämme der Franken, Sachsen, Bayern und Schwaben in einem gemeinsamen Reich zusammenzuhalten. Vom Kaisertitel leitete Otto den Anspruch ab, über die Päpste und deren Nachfolge zu bestimmen. Denn Otto rechtfertigte sein Kaisertum durch eine unmittelbare Beziehung zum Gott der Christen. Im Herrschertitel fand sich nun der Zusatz „durch göttliche günstige Gnade erhabener Kaiser". Vom Papst als dem höchsten Stellvertreter Gottes auf Erden war keine Rede. Später entwickelte sich daraus ein Streit um die Frage: Wer ist mächtiger – Kaiser oder Papst? (siehe S. 24/25). Das Kaisertum Ottos hatte Geltung für das Ostfränkische Reich. Gleichwohl führte Otto die karolingische-römische Kaisertradition fort. Diese hatte sich auf die ost- und westfränkischen Teile des Karlsreichs bezogen. Sowohl Otto als auch der byzantinische Kaiser beanspruchten für sich, Nachfolger der römischen Kaiser zu sein. Als der Byzantiner seine Stellung bedroht sah, erlangte Otto I. durch die Heirat seines Sohnes mit der Nichte des Kaisers in Byzanz die Anerkennung seines Kaisertums.

M 3

Wodurch unterschied sich der König vom Kaiser?

Das Königtum des Mittelalters entwickelte sich aus germanischen Regeln. Die deutschen Könige gelangten auf den Thron, weil sie erstens als Söhne des Vorgängers ein Recht auf die Nachfolge hatten (Erbrecht). Das reichte aber nicht aus, denn jeder König musste von den mächtigsten Fürsten im Reich bestätigt und anerkannt werden (Wahlrecht). Kaiser hingegen durfte sich nur nennen, wer vom Papst gesalbt und gekrönt worden war.

Die Kaiserkrönung brachte keine genau beschreibbare Machterweiterung. Wer Kaiser werden wollte, musste bereits über eine herausragende Stellung als deutscher König verfügen. Als solcher war er oberster Lehnsherr, also ein Herr, der Land und Rechte verlieh. Nur wer von den deutschen Fürsten allgemein anerkannt wurde, konnte König werden. Das war die unmittelbare Voraussetzung für das Kaisertum.

Mit dem Kaisertitel waren in Erinnerung an das römische Reich Ansprüche auf die Vorherrschaft im Abendland verbunden. Kaiser zu sein, verhieß einen Zuwachs an Autorität, die aber tatsächlich nicht mit mehr Herrschaftsrechten verbunden war.

Verfassertext auf der Grundlage von Claudia Märtl, Die 101 wichtigsten Fragen. Mittelalter, München (C. H. Beck) 2006, S. 31.

M 4

Die Bedeutung der Kaiserkrone

Die Krone ist das Zeichen seiner von Gott verliehenen Herrschergewalt. Ihre acht Ecken spielen auf Gottes Bund mit den Menschen an, die Acht ist eine bedeutende Zahl für die Christen, die Zahl der Auferstehung und Erlösung. Je zwölf große und kleine Steine schmücken die goldene Stirnplatte. Sie verweisen auf die Zahl der Apostel Christi und die Stämme des Volkes Israel.

Reymer Klüver, Geburt eines Reiches, in: GEO Epoche Nr. 70 (Karl der Große und das Reich der Deutschen 800–1806), Hamburg (Gruner + Jahr) 2014, S. 45.

Grundlegendes Datum

962 n. Chr. Kaiserkrönung Ottos des Großen

1 a) Beschreibe die Darstellung König Ottos I. nach der Unterwerfung des Königs Berengar II. von Italien (M1).
b) Begründe die Behauptung: Die Buchmalerei M1 weist schon auf eine spätere kaiserliche Stellung Ottos hin. Nutze dazu M3.

2 Erschließe aus M2 das Bild Ottos I. nach der Kaiserkrönung.

3 Erkläre die Bedeutung von Form und Schmuck der Kaiserkrone (M4 und S. 10/11).

4 **Zusatzaufgabe:** Neben der Krone mussten noch bestimmte andere Gegenstände bei einer Königs- und bei der Kaiserkrönung vorliegen. Nenne zwei Beispiele und erläutere ihre Bedeutung. Recherchiere unter „Reichskleinodien" oder „Reichsinsignien".

L Otto der Große und Augustus – ein Vergleich

Das Wort „Kaiser" ist vom Namen Caesars abgeleitet. Dessen Adoptivsohn Octavian nannte sich aber Augustus. Letzterer war das Vorbild für Karl den Großen und nun auch für Otto.

- ***Finde die Gemeinsamkeiten und Unterschiede zwischen dem Kaisertum des Augustus und Ottos des Großen.***

M1

a) Römische Silbermünze mit der Seitenansicht des Kopfes von Augustus, um 18 n. Chr.

b) Wachssiegel Ottos des Großen, 968. Die Abkürzungen stehen für IMPERATOR AUGUSTUS.

M2

Von Augustus zu Otto I.

Aus einem Zeitungsartikel, 2012:

Es beginnt mit Augustus und den Anfängen in der römischen Antike. Im Jahr 27 vor Christus entschied sich Octavian, der Adoptivsohn und ehrgeizige politische Erbe Caesars, für den Namen „Augustus": „Erhaben, heilig" sollte jetzt auch der Herrscher sein, ein Beiname, der bislang Göttern und heiligen Orten vorbehalten war. Augustus schickte sich an, die Welt neu zu ordnen – und er sollte ein ganzes Zeitalter prägen. Nach seinem Tod galt er in vieler Hinsicht als bewundernswertes Vorbild, seine Nachfolger formten über drei Jahrhunderte hinweg die römische Kaiserherrschaft weiter aus.

Im 4. Jahrhundert entstand indes im Osten des Reichs unter Konstantin dem Großen ein weiteres Machtzentrum. In diesem bald christlich geprägten Kaisertum verstanden und inszenierten sich [stellten sich dar] die Kaiser fortan auch als Stellvertreter Gottes auf Erden. Jetzt beanspruchten die oströmischen Herrscher von Konstantinopel aus die Hoheit über das gesamte römische Imperium.

Das Erbe des Imperium Romanum und des Kaisertums von Konstantinopel griffen Karolinger und schließlich Ottonen auf und machten es zum Bauplan ihrer Herrschaft. In der rauen Wirklichkeit hatte zwar das Kaisertum Ottos des Großen eher wenig Ähnlichkeit mit dem Kaisertum des Augustus, zumal Otto ja nicht einmal über eine zentrale Hauptstadt verfügte und stattdessen seine Herrschaft durch permanentes Umherreisen und in ständigem Konflikt mit anderen Reichsfürsten stabilisieren musste.

Dennoch gibt es Kontinuitäten – eben im Anspruch auf Universalität (Allgemeingültigkeit) oder in der religiösen Begründung der Herrschaft.

Gekürzt und leicht verändert nach Tillmann Bendikowski, Von Augustus zu Otto, in: DIE ZEIT Nr. 35, vom 23. 08. 2012 (http://www.zeit.de/2012/35/Otto-der-Grosse-Ausstellung-Mittelalter-Magdeburg, Stand: 16. 04. 2018).

M 3 *So präsentierte man Herrscher in der Antike und im Mittelalter.*

a) Marmorstandbild des Augustus. Marmorkopie einer Bronzestatue, die der Senat um 20 v. Chr. in Auftrag gegeben hatte. Die Statue ist barfüßig, um die gottähnliche Stellung zu zeigen.

b) Der Magdeburger Reiter, Standbild um 1240. Kunsthistorisches Museum Magdeburg. Die Statue stand ursprünglich auf dem Alten Markt in Magdeburg vor dem einstigen Gerichtsplatz. Historiker nehmen an, dass sie Otto I. darstellt.

1 Vergleiche die Darstellungen des Augustus und Ottos in M1.
Tipp: Beachte Herrschaftszeichen und Titel.

2 **Wähle eine Aufgabe aus:**
a) Fertige einen Zeitstrahl an, in dem du zu den Daten 27 v. Chr., 4. Jh. n. Chr., 800 n. Chr. und 962 n. Chr. die wichtigen Veränderungen festhältst Verwende dazu M2 und dein Wissen über Grundlegende Daten und Begriffe.
b) Vergleiche in den Herrscherdarstellungen (M3) die Haltung und Kleidung. Beurteile die Wirkung und begründe dein Urteil.

3 Wählt eine der beiden Herrscherdarstellungen aus und stellt sie im Standbild nach. Beschreibt, welchen Eindruck die jeweilige Position auf den Darsteller selbst und auf das Publikum/die Klasse macht. Begründet euren Eindruck.

L Das Lehnswesen: Herrschaft durch persönliche Bindung

Um im Mittelalter sein Land zu regieren, reichte es nicht aus, nur von Ort zu Ort zu reisen (siehe S. 16/17), auch gab es damals noch nicht so viele Beamte wie heute. Der König benötigte die Unterstützung der Adligen, um seine Herrschaft zu sichern.

- *Untersuche die Verbindungen zwischen König und Adligen sowie ihre Auswirkungen auf die Königsherrschaft.*
- *Gestaltet aus diesen Erkenntnissen ein Rollenspiel, bei dem ihr die Verleihung eines Lehens darstellt.*

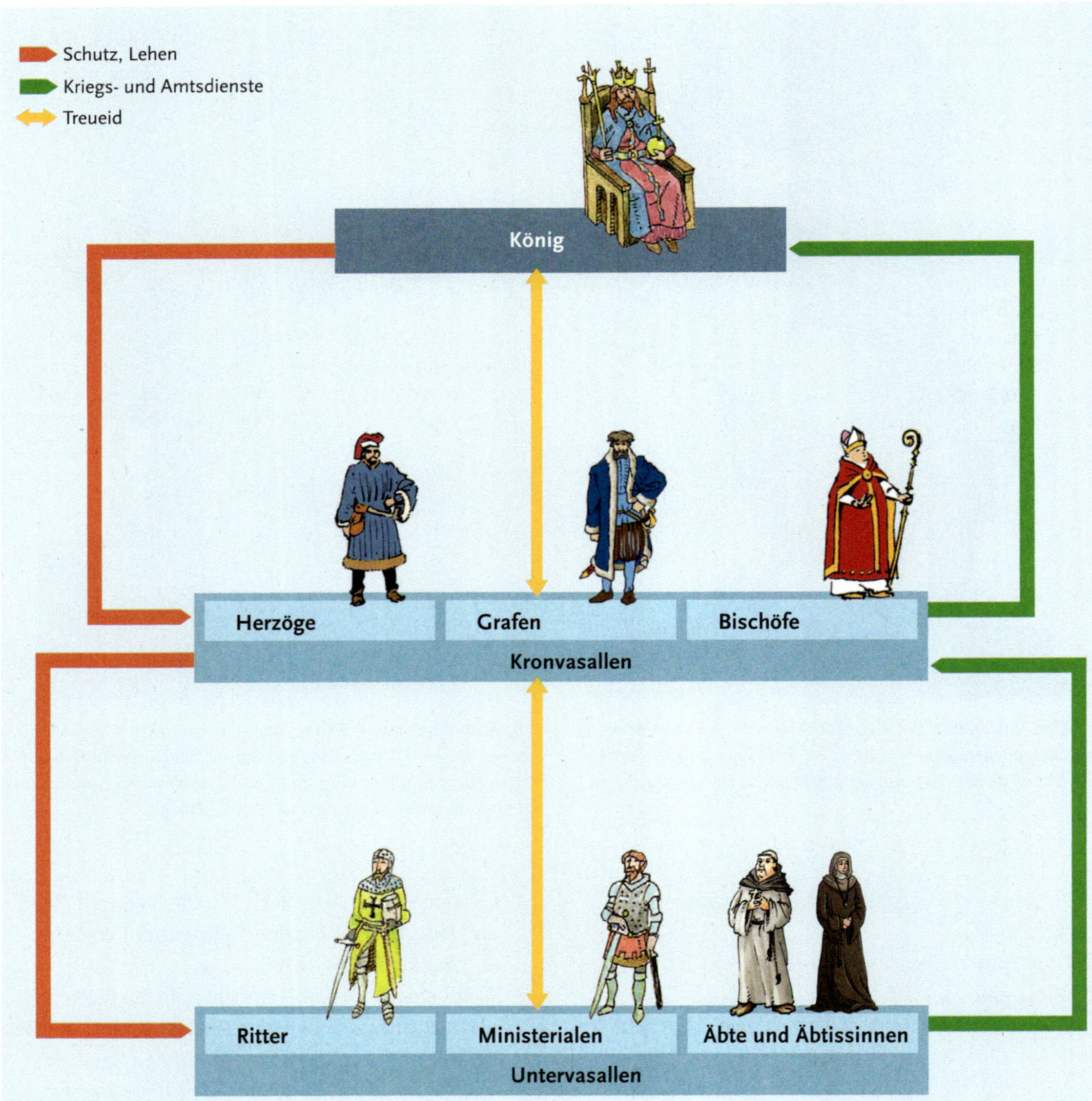

M 1 *Vereinfachte Darstellung des Lehnswesens*

M 2 *Die Belehnung geistlicher und weltlicher Fürsten, Abbildung aus dem Sachsenspiegel, 13./14. Jh.*
Der zu schwörende Treueid lautete: „Deine Feinde sind meine Feinde, deine Freunde sind meine Freunde. Ich will dir allzeit treu zugetan und gegenwärtig sein, wenn du mich brauchst."

Grundlegender Begriff: Lehnswesen

Auf gegenseitiger Treue beruhende Herrschaftsform des Mittelalters. Ein adliger Lehnsherr verlieh Land und/oder Ämter bzw. Rechte an einen adligen Lehnsmann (Vasallen) auf Lebenszeit, der dafür Kriegs- und Amtsdienste leisten musste. Mit der Zeit wurden die Lehen erblich. So wurde Otto von Wittelsbach 1180 durch Kaiser Friedrich I. Barbarossa mit dem Herzogtum Bayern belehnt. Seine Nachkommen, die Wittelsbacher, regierten Bayern bis 1918 als Herzöge, Kurfürsten und Könige.

Tipps zur Deutung mittelalterlicher Symbole und Gesten in Bildquellen:

- Beachte die Stellung der Personen und versuche sie zu deuten: Wer sitzt, steht oder kniet? Wer ist erhöht dargestellt? Wohin richtet die Person ihren Blick? Wie ist die Handhaltung?
- Welche Bekleidung und Dinge haben die Personen und was sagt das über deren Stellung aus?
  Tipps zur Deutung:
  z. B. Krone > König oder Kaiser; zweizackige oder gewölbte Bischofsmütze (= Mitra) > Bischof; weibliche Person mit Schleier > Äbtissin; Zepter > Macht- und Lehnsübergabe an geistliche Fürsten/innen; Fahne > Macht- und Lehnsübergabe an weltliche Fürsten

Die Vergabe von Lehen

Die Übergabe bestand aus drei Teilen:
1. **Mannschaft:** Der Vasall gab seine zusammengelegten Hände in die Hände des Herrn; der umschloss sie als Zeichen von Schutz und gegenseitiger Treue.
2. **Treueid des Vasallen:** Der Vasall versprach Rat und Hilfe.
3. **Lehnsübergabe an den Vasallen:** Je nach Art des Lehens wurde ein Symbol übergeben. Kronvasallen, das waren Vasallen des Königs, konnten Teile des empfangenen Lehens an Untervasallen weiterverleihen. Letztere waren dann ihrem unmittelbaren Lehnsherrn, aber nicht mehr dem König zu Treue verpflichtet.

1 a) Erkläre anhand des Schaubilds M1, wie das Lehnswesen funktionierte. Mache dir Notizen.
Tipp: Beachte die Farbzuordnung und die Pfeilrichtungen. Lies nach auf S. 194.
Mithilfe folgender Satzanfänge kannst du das Schaubild beschreiben:
Der König war der oberste ... Er vergab ... an ... Als Gegenleistung ... Kronvasallen waren ... Sie vergaben an die Untervasallen ... Diese mussten ...
b) Begründe, warum das Lehnswesen für die Ausübung von Herrschaft im Mittelalter so wichtig war.

2 Interpretiere die Bildquelle M2 mithilfe der Tipps zur Deutung mittelalterlicher Symbole und Gesten. Lies auch auf S. 194 nach.

3 Gruppenarbeit: Gestaltet in Dreiergruppen ein Rollenspiel, das die Lehnsübergabe darstellt. Nutzt die Erkenntnisse aus den vorigen Aufgaben, den Darstellungstext sowie den Grundlegenden Begriff „Lehnswesen". Verfasst für die drei genannten Personen kurze Dialoge.
Dazu benötigt ihr folgende Personen: Lehnsherr, Vasall, Diener des Lehnsherrn, der diesem die Insignien (= Zeichen der Macht) reicht.

4 Zusatzaufgabe: Beurteile die Folgen, die sich daraus ergaben, dass Untervasallen ihren unmittelbaren Lehnsherrn, aber nicht dem König zur Treue verpflichtet waren.

Wer ist mächtiger: Kaiser oder Papst?

Der Kaiser als bedeutendster weltlicher Herrscher stritt sich mit dem Papst, dem höchsten kirchlichen Herrscher, der sich zugleich als Stellvertreter Gottes auf Erden sah, um die Macht.

- ***Wie verlief der Höhepunkt dieser Auseinandersetzung und was waren die Folgen?***

M1

Buchillustration zum Verhältnis zwischen Kaiser und Papst, Sachsenspiegel, 13./14. Jh.
Nach der im frühen Mittelalter entstandenen „Zwei-Schwerter-Lehre" hatte Gott dem Kaiser ein Schwert als Zeichen der Herrschaft über den weltlichen Bereich und dem Papst ein Schwert als Symbol der geistlichen Gewalt gegeben.

Wie begann der Investiturstreit?

Seit Otto I. waren viele Bischöfe als Kronvasallen zu Stützen des Königtums geworden (siehe S. 16/17). Sie waren zur Ehelosigkeit verpflichtet. Daher gab es keine Nachkommen, die vom König verliehene Rechte oder Besitzungen erben konnten. Beim Tod eines Bischofs vergab der König das Lehen wieder neu an einen seiner Getreuen. Diese Kirchenmänner erwiesen sich als zuverlässige Helfer in der Reichsverwaltung. Deshalb war das Recht auf die Einsetzung von Bischöfen (Investitur*) zu einem wichtigen Bestandteil der Königsherrschaft geworden.

Im 11. Jahrhundert regte sich Widerstand: Von dem Kloster Cluny in Burgund ging eine Reformbewegung aus, die die Kirche von weltlichen Einflüssen befreien wollte. Den Geistlichen wurde unter anderem vorgeworfen, ein weltliches Leben zu führen und zu geringe Bibelkenntnisse zu haben. Sie sollten sich wieder um ihre eigentlichen Pflichten wie das Abhalten der Gottesdienste und die Betreuung von Not leidenden Mitgliedern der Kirchengemeinde kümmern. Weltliche Adlige sollten keine Geistlichen in ein geistliches Amt einsetzen dürfen.

Grundlegender Begriff: Investiturstreit

Machtkampf zwischen römisch-deutschem Königtum und Papsttum im 11. und 12. Jh. um die Vorherrschaft. Ausgangspunkt für den Streit, war die Frage, wer die Investitur vornehmen, also Bischöfe einsetzen durfte.

M2

Unter dem Titel „Dictatus papae" stellte Papst Gregor VII. im Jahr 1075 folgende kirchenrechtliche Grundsätze auf:

1. Einzig und allein von Gott ist die römische Kirche gegründet ...
3. Er [der Papst] ganz allein kann Bischöfe absetzen und auch wieder einsetzen ...
7. Nur er darf ... neue Gemeinden gründen ..., ein reiches Bistum teilen und arme zu einem einzigen zusammenlegen.
8. Nur er verfügt über die kaiserlichen Insignien.
9. Alle Fürsten haben die Füße einzig und allein des Papstes zu küssen ...
12. Der Papst kann Kaiser absetzen ...
18. Sein Entscheid kann von niemandem aufgehoben werden, er selbst aber kann Urteile aller anderen ... aufheben.
19. Über ihn besitzt niemand richterliche Gewalt ...
27. Er kann Untertanen vom Treueid gegen unbillige [Herrscher] entbinden.

Zit. nach Wolfgang Lautemann und Manfred Schlenke (Hg.), Geschichte in Quellen, Bd. 2, 4. Aufl., München (bsv) 1996, S. 291f. Bearb. und übers. von Wolfgang Lautemann.

Was war der Höhepunkt des Streits?

Gegen Ende des 11. Jahrhunderts kam es zum erbitterten Kampf zwischen König Heinrich IV. und Papst Gregor VII. In Mailand, das zum Heiligen Römischen Reich gehörte, setzte der König gegen den Willen von Bevölkerung und Papst einen Erzbischof ein. Da drohte ihm der Papst mit der härtesten Strafe, die ihm zur Verfügung stand: dem Ausschluss aus der Kirche (Kirchenbann*). Viele deutsche Bischöfe unterstützten den König, ihren Lehnsherrn. Sie forderten den Papst 1076 auf, von seinem Amt zurückzutreten. Doch Papst Gregor machte seine Drohung wahr: Er bannte Heinrich IV. und erklärte alle dem König geleisteten Treueide für ungültig.

Nun entstand eine bislang undenkbare Situation: Der Papst und der König erklärten sich gegenseitig für abgesetzt! Da der König aus der Gemeinschaft der Christen ausgeschlossen war, durfte kein Christ mehr mit ihm reden oder ihm helfen. Im Herbst 1076 stellten Fürsten und Bischöfe Heinrich IV. ein Ultimatum: Wenn er nicht innerhalb eines Jahres vom Kirchenbann gelöst wäre, würden sie einen neuen König wählen. Heinrichs Thron wankte. Deshalb entschloss er sich, noch im Winter mit seiner Familie die Alpen zu überqueren, um Papst Gregor VII. aufzusuchen. Am 25. Januar 1077 erschien Heinrich im Büßergewand vor dem Papst auf der Burg Canossa in Norditalien und unterwarf sich ihm. Dieser „Gang nach Canossa" beendete jedoch nicht den Streit zwischen König und Papst, der schon kurze Zeit später mit Waffengewalt weitergeführt wurde.

Wie wurde der Investiturstreit gelöst?

Erst unter den Nachfolgern Heinrichs IV. und Gregors VII. kam es zu einer Einigung (Wormser Konkordat*, 1122): Ein Bischof hatte auch weiterhin weltliche und geistliche Aufgaben. Er verwaltete das Bistum und bestimmte über das religiöse Leben. Nach der Auswahl eines Kandidaten im Bistum und dessen anschließender Bestätigung durch den Papst wurde ihm mit der Bischofsweihe das geistliche Amt übertragen. Zum Abschluss der Investitur verlieh der König dem Bischof die weltlichen Herrschaftsrechte, z. B. durch Übertragung von Ämtern.

M 3 **Zwei Briefe Heinrichs IV. an Papst Gregor VII.**

Im Jahr 1073 schrieb Heinrich IV. dem neuen Papst:

Da weltliche und geistliche Herrschaft ... wechselseitiger Hilfe bedürfen, o mein Herr und geliebter Vater, darf zwischen ihnen auch nicht die geringste Spannung bestehen, sondern sie müssen unauflöslich zusammenhängen, wobei Christus sozusagen der Leim zwischen ihnen ist.

Zit. nach Geschichte in Quellen, Bd. 2, a. a. O, S. 285.

Am 24. Januar 1076 antwortete Heinrich IV. auf die Androhung des Kirchenbanns:

Heinrich, durch Gottes Willen König, an den falschen Mönch Hildebrand, der nicht mehr Papst ist ... Du hast ... gedroht, uns die Kaiserkrone zu entreißen ... und nun werden von dir noch die Untergebenen gegen ihre Herren aufgehetzt ... Sei verflucht und verdammt für alle Zeiten. Ich befehle dir vom römischen Bischofsstuhl herabzusteigen, damit ein anderer ihn besteige.

Zit. nach Quellen zur Geschichte Kaiser Heinrichs IV., hg. v. Franz-Josef Schmale, Darmstadt (Wissenschaftliche Buchgesellschaft) 1963, S. 64. Bearb. vom Verf.

1 Beschreibe M1 mithilfe der Hinweise auf S. 194.
Tipp: Beachte die Gegenstände, die übergeben werden, und vergleiche die Stellung von König und Papst.

2 **a)** Ein Partner bearbeitet aus M2 die zentralen Aussagen der Texte zur Stellung von König und Papst, der andere aus M3. Nehmt die Arbeitsschritte auf Seite 194 zu Hilfe. Vergleicht dann eure Ergebnisse aus der Quellenanalyse. Formuliert in zwei Sätzen, worin die Auseinandersetzung zwischen Gregor und Heinrich bestand.
b) Vergleicht die Darstellung M1 mit euren Ergebnissen. Erklärt, welche Veränderungen sich im Verhältnis zwischen Papst und Kaiser ergeben haben.

3 **Gruppenarbeit:** Stellt zwei Standbilder zum Höhepunkt und der Lösung des Investiturstreits dar. Macht dabei die Veränderungen deutlich und begründet sie.

4 Beurteile das Wormser Konkordat aus der Sicht des Königs und der des Papstes.

Machtkämpfe zwischen Kaiser und Fürsten

Nicht nur die Päpste stellten im Investiturstreit die Macht des Kaisers infrage, sondern auch die vielen Fürsten des Reichs, die in ihren Territorien ihre Macht ausbauten. Aus Lehnsmännern des Königs wurden selbstständige Landesfürsten.*
- *Wie gelang den Fürsten der Ausbau ihrer Landesherrschaft?*
- *Welche Rolle spielten die Fürsten für die königliche Herrschaft?*

M1

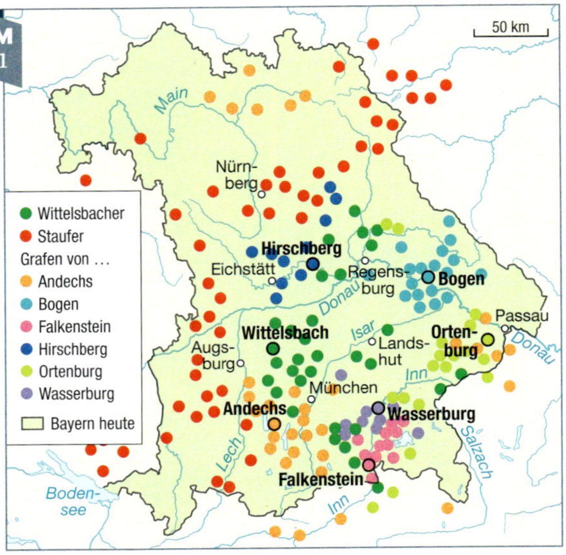

Bayern um 1200

M2

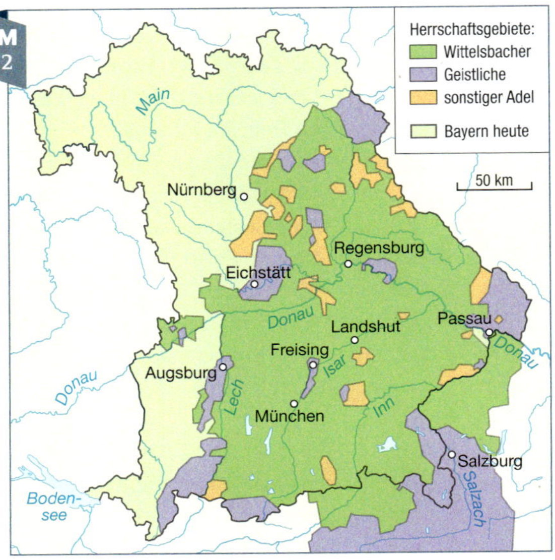

Bayern um 1350

Vom Lehnsmann zum Landesfürsten

Im 12. und 13. Jahrhundert wuchs die Macht der Fürsten und das auf persönlichen Bindungen beruhende Lehnswesen verlor an Bedeutung. Lehen, die einst vom König verliehen worden waren, wurden erblich und blieben so im Besitz der Fürstenfamilie. Diese vergrößerte darüber hinaus durch Verträge und Kriege aber auch durch Heirat ihr Gebiet. Vielen Fürsten gelang es so, ihre weit verstreuten Gebiete zu einem geschlossenen Herrschaftsraum (Territorium) zu vereinigen. Historiker nennen einen solchen Vorgang Territorialisierung*. Ein Flächenstaat konnte leichter erfasst und verwaltet werden. Folglich gelang es den Fürsten hier besser als dem König im Reich, eine Verwaltung einzurichten. Die Wittelsbacher in Bayern bauten auf diese Art und Weise ihre Herrschaft aus.

1232 rangen die Fürsten dem Stauferkönig Friedrich II. weitere wichtige Rechte ab. So durften nur mehr die Fürsten, nicht einmal der König, auf dem Gebiet eines Landesherrn eine Burg oder eine Stadt errichten oder Münzen prägen.

Die „Goldene Bulle“: Ein Gesetz für die Fürsten?

Die Machtverschiebung im Reich vom König zu den Landesherren zeigte sich auch in der Regelung der Königswahl: Seit dem 13. Jahrhundert beanspruchte eine kleine Gruppe geistlicher und weltlicher Fürsten das Recht, den König zu wählen. Diese Fürsten hießen Kurfürsten. Das Vorgehen war nicht neu, denn schon seit Jahrhunderten wählten die mächtigsten Fürsten im Reich den deutschen König. Um Zweifel und Streit bei künftigen Königswahlen auszuschließen, regelte Karl IV. 1356 im Einvernehmen mit den Kurfürsten die Wahl erstmals in Schriftform. In dem Gesetz wurde u. a. festgelegt:
- die Zusammensetzung des Kurfürstenkollegiums
- das Wahlverfahren
- die Rechte der Kurfürsten
- die Durchführung der Reichstage*
- Weitervererbung des Kuramts an den Erstgeborenen und Unteilbarkeit der kurfürstlichen Territorien
- jährliche Zusammenkunft der Kurfürsten zur Beratung der Angelegenheiten des Reichs

Das Wahlgesetz war eines der wichtigsten Gesetze des Heiligen Römischen Reichs, und blieb es bis zu dessen Ende 1806.

Starke Landesherrschaften: Folgen bis heute

Mit der Thronfolge des erstgeborenen Sohnes, die in der „Goldenen Bulle" festgelegt wurde, sicherte der König seiner eigenen Familie die Nachfolge. Die Urkunde stärkte aber auch die Kurfürsten, denen der König wichtige Rechte gewähren musste, um gewählt zu werden. So wurde die Grundlage gelegt, dass Deutschland aus vielen kleinen Staaten bestand, die ihre Rechte gegenüber dem Kaiser verteidigten. Auch die starke Stellung der heutigen Bundesländer gegenüber der Bundesregierung in Berlin geht teilweise auf die Macht der Landesherrschaften zurück. Anders verlief die Entwicklung in vielen Nachbarländern. In Frankreich z. B. entstand ein Königreich mit zentraler Verwaltung von der Hauptstadt aus.

Grundlegender Begriff: Kurfürsten

Die meist sieben zur Königswahl berechtigten geistlichen und weltlichen Fürsten; das Wahlverfahren sowie die Zahl der Kurfürsten bildeten sich vor allem im 13. und 14. Jh. heraus.

M 3

„Männleinlaufen" an der Frauenkirche in Nürnberg: Die Kurfürsten drehen sich um den König, o. J.

M 4

Bestimmungen aus der „Goldenen Bulle" (1356)

Es handelt sich um ein Wahlgesetz des Kaisers Karls IV., das der Herrscher zusammen mit den Kurfürsten ausgearbeitet hat. Benannt ist es nach dem zugehörigen Goldsiegel (lat. aurea bulla):

Die Kurfürsten sollen zur Wahl schreiten und ... Frankfurt nicht verlassen, bevor die Mehrzahl von ihnen ... ein weltliches Oberhaupt gewählt hat, nämlich einen römischen König und künftigen Kaiser ... Wir bestimmen ferner, dass [der Gewählte] sogleich ... allen Kurfürsten ihre Privilegien [Vorrechte], Rechte, Freiheiten ... und alles, was sie bis zum Tag seiner Wahl empfangen und besessen haben, ohne Verzug durch seine Briefe und sein Siegel bestätigen und bekräftigen soll.

Wir verordnen daher, dass von jetzt an künftig und auf ewige Zeiten die ... Fürstentümer [und] Lehnsverhältnisse ... nicht getrennt oder zersplittert werden dürfen, sondern es soll der erstgeborene Sohn in ihnen nachfolgen, und ihm allein soll Recht und Herrschaft zustehen.

Zit. nach Quellen zur Neueren Geschichte, hg. vom Historischen Seminar der Universität Bern, Heft 25 (1957), bearbeitet von Konrad Müller.

1 Zeige anhand von M1 und M2 auf, wie sich der Herrschaftsbereich der Wittelsbacher innerhalb von 150 Jahren veränderte.

2 Erarbeite mithilfe des Darstellungstextes ein Schaubild mit dem Titel „Auf dem Weg zur Landesherrschaft". Erkläre dabei auch den Begriff „Territorium".

3 Stelle die Bestimmungen der „Goldenen Bulle" (M4) in eigenen Worten dar. Zeige auf, wodurch die Stellung der Kurfürsten gestärkt wurde. Nimm den Darstellungstext zu Hilfe.

4 Diskutiert, ob die Figurendarstellung an der Nürnberger Frauenkirche vom „Männleinlaufen" (M3) die rechtliche Situation zwischen Kaiser und Kurfürsten wiedergibt. Bezieht den Grundlegenden Begriff „Kurfürst" mit ein.

5 Beschreibe den Zusammenhang zwischen den starken Landesherrschaften seit dem Spätmittelalter und den heutigen Bundesländern wie Bayern (Darstellungstext, letzter Abschnitt).

6 **Zusatzaufgabe:** Finde heraus, wer die sieben Kurfürsten waren.

500 | 600 | 700 | 800 | 900 | 1000

Antike

500–850
europäisches Frühmittelalter

850–1250
europäisches Hochmittelalter

seit 7./8. Jh. Lehnswesen

962 Kaiserkrönung Ottos des Großen

König und Reich: Herrschaft im Mittelalter

Das Reich im 10. und 11. Jahrhundert

Nach dem Tod Karls des Großen im Jahr 814 entstanden durch Erbteilung ein Westfränkisches und ein Ostfränkisches Reich. Daraus entwickelten sich im Lauf der Jahrhunderte Frankreich und Deutschland. Seit dem 11. Jahrhundert wird das Ostfränkische Reich auch „regnum teutonicum" (Deutsches Reich) genannt. Mächtige Herzöge der Franken, Schwaben, Bayern und Sachsen regierten in diesem Reich, das seine Grenzen insbesondere nach Osten ausdehnte. Je schwächer die Herrschaft der Karolinger, der Nachfahren Karls des Großen, wurde, desto stärker konkurrierten die Herzöge aus Bayern und Sachsen um die Königskrone.

Ein Sachsenherzog wird König und Kaiser

Seit dem 10. Jahrhundert herrschten Könige aus dem Stamm der Sachsen. Seit Otto I., dem zweiten Sachsenkönig, wird die Familie Ottonen genannt. Sein Vater Heinrich entschied, dass die Herrschaft nicht mehr unter allen Söhnen aufgeteilt werden sollte, und bestimmte Otto zum Nachfolger. 936 wurde er in Aachen zum König erhoben. Mit der Wahl des Krönungsortes, der Bestätigung der Königserhebung durch die Fürsten und der Salbung durch den Erzbischof setzte man die Tradition Karls des Großen fort. Auch **Otto I.** erhielt den Beinamen „der Große", denn er schützte das Reich vor den eindringenden Ungarn und ließ sich 962 vom Papst in Rom zum Kaiser krönen. Die christliche Rechtfertigung der Herrschaft und die römische Kaisertradition führten dazu, dass man nicht nur von einem „Deutschen Reich" sprach, sondern von einem „Heiligen Römischen Reich".

Das Reisekönigtum

Die Könige des Mittelalters hatten keinen festen Herrschaftssitz. Der Herrscher reiste mit seinem Gefolge durch sein Land. Er sprach Recht, schloss Verträge ab und vergab Lehen. Er verbrachte Tage und manchmal Wochen in großen Gutshöfen, den Pfalzen. Als Verwaltungsfachleute dienten schreibkundige Kirchenmänner. Da Geistliche keine Familien hatten, fiel ihr Amt nach ihrem Tod an den König zurück und er konnte es wieder neu an zuverlässige Bischöfe vergeben (Reichskirchensystem).

Der Streit um die Einsetzung von Bischöfen

Der **Investiturstreit** entzweite Kaiser und Papst im 11. Jahrhundert. Papst Gregor VII. war strikt dagegen, dass die Kirchenmänner immer mehr weltliche Aufgaben für den König übernehmen mussten. Der Konflikt steigerte sich so sehr, dass der damals herrschende König Heinrich IV. vom Papst aus der Kirche ausgeschlossen, d. h. gebannt, wurde. Die Adligen drohten, einen neuen König zu wählen. Heinrich unterwarf sich dem Papst im „Gang nach Canossa" (1077) und leistete Abbitte. Eine wirkliche Lösung wurde erst viele Jahre später im Wormser Konkordat (1122) gefunden: Der Papst hatte allein das Recht, Bischöfe einzusetzen. Erst dann durfte der König sie mit weltlichen Aufgaben betrauen.

Das Lehnswesen

Neben der Kirche beruhte die Macht des Königs auch auf dem **Lehnswesen**. Dieses band die Gefolgsleute des Königs, die Lehnsmänner, durch einen persönlichen

1100 | 1200 | 1300 | 1400 | 1500

1250–1500
europäisches Spätmittelalter

Beginn der Neuzeit

seit dem 11. Jahrhundert Bezeichnung „Deutsches Reich" in der Verwaltung des Ostfränkischen Reichs

11./12. Jh. Investiturstreit zwischen Kaiser und Papst

1122 Wormser Konkordat: Regeln zur Investitur/Einsetzung von Bischöfen

seit 13. Jh. Machtausbau der Landesherren gegenüber dem Königtum

1356 „Goldene Bulle": Gesetz über die Königswahl durch die Kurfürsten

Treueid an den Herrscher. Der König gewährte Schutz und vergab Lehen (Land und Leute, aber auch Rechte) an die geistlichen und weltlichen Lehnsmänner (= Vasallen), die ihm wiederum Rat und Hilfe (im Kriegsfall) leisten mussten.
Im Lauf der Zeit wurden die Lehen erblich. Das führte zu einer Vergrößerung der Macht des **Adels**, insbesondere der Herzöge und Fürsten.

Kaiser und Fürsten im Spätmittelalter

Die Fürsten im Reich strebten nach einem zusammenhängenden Herrschaftsgebiet und bauten eigene Verwaltungen auf; damit konnten sie ihre Macht noch mehr vergrößern. Diesen Vorgang nennt man Territorialisierung. Allmählich bildete sich ein fester Kreis von Fürsten heraus, die man **Kurfürsten** nennt (küren = wählen). Diesen vier weltlichen und drei geistlichen Fürsten wurde 1356 in einem wichtigen Gesetz, der Goldenen Bulle, das dauerhafte Recht der Königswahl zugesprochen. So wuchsen Einfluss und Macht der Landesfürsten weiter. Die heutige föderale Struktur der Bundesrepublik Deutschland lässt sich auf diese frühe Entwicklung starker Landesfürstentümer zurückführen. Föderalismus kommt vom lateinischen Wort „foedus" (Bund, Bündnis, Vertrag) und bezeichnet einen Staat, in dem die einzelnen Bundesländer in bestimmten Bereichen Eigenständigkeit haben.

Aufgaben für das gesamte Schuljahr:

1 Partnerarbeit:
Lest die zusammenfassenden Texte und erklärt euch gegenseitig die rot markierten Grundlegenden Begriffe.
Oder: Fasst abwechselnd jeden Abschnitt der Texte für euren Partner mündlich zusammen.
Ihr könnt euch aber auch gegenseitig Fragen zu jedem Abschnitt stellen und diese beantworten.

2 Wir erstellen eine Zeitleiste – Vorschlag für eine Gruppenarbeit:
Erstellt in der Klasse über das Schuljahr hinweg eine eigene Zeitleiste vom Mittelalter bis zum Zeitalter des Absolutismus. Geht folgendermaßen vor:

a) Bildet Arbeitsgruppen zu folgenden Themen: Königliche und kaiserliche Herrschaft im Mittelalter, Leben und Kultur im Mittelalter, neue räumliche und geistige Horizonte, Wirtschaft und Handel, das konfessionelle Zeitalter, Absolutismus und Barock, Bauwerke als Ausdruck politischen Denkens.

b) Sammelt in jeder Arbeitsgruppe Material (Bilder, Texte) und/oder erstellt Zeichnungen und Texte zum Verlauf der Ereignisse oder zu Besonderheiten, z. B. zu Bauwerken als Mittel herrscherlicher Repräsentation in der jeweiligen Epoche. Nehmt auch immer die Grundlegenden Daten und Begriffe mit auf. Nutzt für die Bearbeitung entweder Plakate oder eine Papierrolle (Tapete).

c) Einigt euch auf einen Zeitplan, der einen Termin für die Fertigstellung einer Zeitleiste zur jeweiligen Epoche angibt.

In diesem Kapitel konntest du folgende Kompetenzen erwerben:

- die Herausbildung von Grundlagen der Herrschaft im Mittelalter erkennen und das mittelalterliche Königtum mit einer antiken Monarchie vergleichen
- die Entstehung des Ottonischen Reichs und die Rechtfertigung für die Herrschaft Ottos I. aus Quellen erschließen
- Text- und Bildquellen sowie Darstellungen zur Machtverteilung zwischen König und Kirche auswerten
- Schaubilder und Karten nutzen, um Grundlagen und Entwicklungen von Herrschaft im Mittelalter zu erklären
- Grundlegende Daten und Begriffe zur Beschreibung von Herrschaftsformen in Mittelalter sicher anwenden.

M1

Kreuzworträtsel

1 Name des Ortes, wo Heinrich IV. den Papst um Aufhebung des Kirchenbanns bat
2 Personenkreis, der Otto I. zum König machte
3 Fachbegriff für die Einsetzung von Bischöfen
4 anderes Wort für Lehnsmann
5 Herr, der Schutz und Treue bietet
6 die „Goldene Bulle" regelte die ...
7 936 wurde Otto I. zum ...
8 weltliche Aufgabe der Bischöfe im Reich
9 Name der sieben Adligen, die den König wählten
10 Herrschertitel in der römischen Antike

M2

Krönung eines französischen Königs im 14. Jahrhundert. Die gleichen Handlungen wurden auch bei der Königserhebung Ottos I. 936 vollzogen, Buchmalerei, 14. Jh.

M3

Papst und Kaiser, Sachsenspiegel, 13./14. Jh.

M4 **Die Historikerin Claudia Märtl über das Lehnswesen, 2006:**

In der Karolingerzeit wurde das Lehnswesen von den Herrschern genutzt, um alle Herrschaft auf den König hin auszurichten. Doch bereits in dieser Zeit war es nicht die einzige Form sozialer Bindung und Ordnung; als wichtigste Alternative sind verwandtschaftliche Beziehungen zu nennen. Auch schwächte die Erblichkeit der Lehen den Zugriff des Lehnsherrn auf das Lehen des Lehnsmannes. Die schriftliche Abfassung von Lehnsverträgen seit dem 12. Jahrhundert unterstützte den Verbleib der Lehen in der Familie des Lehnsmannes. Aber bis ins Spätmittelalter blieb das Lehnswesen für die Durchsetzung politischer Ansprüche grundlegend.

Nach Claudia Märtl, Die 101 wichtigsten Fragen. Mittelalter, München (C. H. Beck Verlag) 2006, S. 30. Bearb. v. Verf.

M5 *Münze aus dem 13. Jahrhundert mit dem Abbild Kaiser Friedrichs II., Inschrift: C(a)ESAR AVG(ustus) IMP(erator) ROM(anus)*

Orientierungskompetenz

1 **Partnerarbeit:** Spielte die königliche Herrschaft in der Antike und im Mittelalter eine zentrale Rolle? Beantwortet diese Frage, indem ihr Argumente sammelt, die für oder gegen diese Aussage sprechen. Berücksichtigt dabei den Grundlegenden Begriff „Monarchie" und die Rechtfertigung für diese Herrschaftsform. Beachtet auch M4, insbesondere Z. 1–3. Lest im Kapitel nach.

Sachkompetenz

2 Löse das Kreuzworträtsel in M1.
Tipp: Wenn du den Webcode eingibst, erhältst du eine Vorlage zum Ausfüllen des Kreuzworträtsels.

3 Beschreibe den Vorgang der Lehnsübergabe und nenne die gegenseitigen Versprechen, die Lehnsherr und Lehnsmann einander gaben. Lies nach auf S. 22/23.

Methodenkompetenz und Narrative Kompetenz

4 Stelle anhand von M2 dar, wie Otto I. zum König erhoben wurde.
Tipp: Sieh nach auf S. 15, M2.

5 Erschließe aus der Buchmalerei M3 die Stellung von Papst und Kaiser und ihre unterschiedlichen Aufgaben.

6 Vergleiche die Buchmalerei M2 auf S. 30 mit M2 auf S. 12 und erläutere, wie sich das Verhältnis von Kaiser und Papst zwischen dem Jahr 800 und dem 13. Jahrhundert gewandelt hat.
Tipp: Stelle den Investiturstreit (S. 24/25) in deiner Geschichte als Höhe- und Wendepunkt dar.

7 Erarbeite aus M5 Merkmale der Darstellung des Kaisers Friedrich II., die eine Verbindung zwischen der Monarchie des Mittelalters und der Antike belegen.

Methodenkompetenz und Urteilskompetenz

8 **a)** Erschließe aus M4 die Bedeutung des Lehnswesens für das mittelalterliche Königtum.
b) Erörtere die Frage, ob das Lehnswesen die Monarchie stärkte oder schwächte. Lies nach auf den Seiten 22/23 und 26/27.

cornelsen.de/webcodes
Code: gegidu
Selbsteinschätzungsbogen, Kreuzworträtsel

Ce liure fut extrait & translate du liure du ver

cornelsen.de/webcodes
Code: huzeme
Alle Darstellungstexte zum Anhören

2 Leben und Kultur im Mittelalter

Vor rund 600 Jahren hat ein Mönch dieses Bild gemalt. Es zeigt die wichtigsten Personengruppen im Mittelalter: den König, Adlige, Geistliche, Kaufleute und Bauern.

Ordne die aufgelisteten Gruppen dem jeweiligen Bild zu. Entscheide dich für zwei Personen und formuliere Fragen, die du ihnen gerne stellen würdest.

Französische Buchmalerei, um 1420

500 600 700 800 900

Antike

500–850
europäisches Frühmittelalter

seit 6. Jh. Ordensregeln des Benedikt von Nursia
Gründung von Klöstern in Europa

seit 7./8. Jh. Entstehung der Grundherrschaft

ca. 900–1100 Romanik

800 Kaiserkrönung Karls des Großen

962 Kaiserkrönung Ottos des Großen

seit 7./8. Jh. Lehnswesen

Leben und Kultur im Mittelalter – prägend für die Gegenwart?

Das Mittelalter, der Zeitraum vom Ende des Weströmischen Reichs bis zum Übergang zur Neuzeit, fasziniert uns noch heute. Wir denken meist an Ritter, Burgen und mittelalterliche Städte. Nur wenig wissen wir über die Bauern, die 90 Prozent der Bevölkerung ausmachten und deren Leben hart und voller Entbehrungen war. Grund und Boden gehörten den Adligen. Die Gesellschaft war nach Ständen geordnet, jeder hatte seinen festen Platz. Um die unterschiedlichen Lebensbedingungen im Mittelalter miteinander zu vergleichen und sie mit unserem heutigen Alltag in Bezug setzen zu können, muss man auf Spurensuche gehen und Antwort auf folgende Fragen finden:

- Wie lebten die Menschen in der Stadt und auf dem Land, auf der Burg oder im Kloster?
- Welche Bedrohungen erschwerten ihren Alltag und wie gingen sie mit diesen um?
- Welche besonderen kulturellen Leistungen erbrachted die Menschen im Mittelalter und welche Bedeutung haben sie für unser heutiges Dasein?

M 1

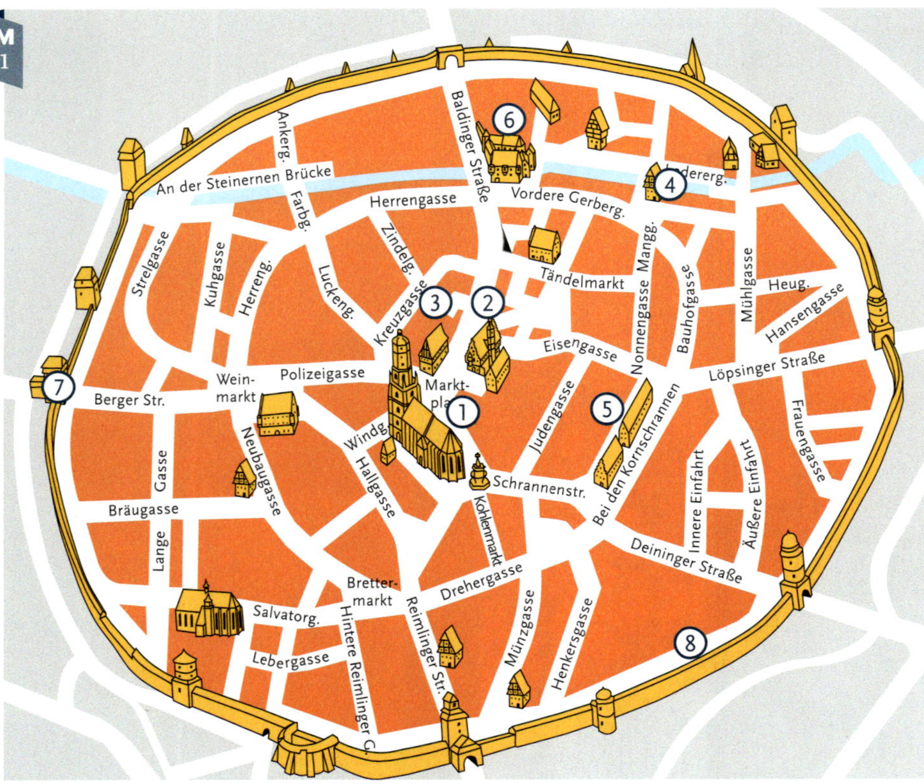

Stadtplan von Nördlingen, heute, 2018
1 St. Georgskirche
2 Rathaus
3 Brot- und Tanzhaus (Saal für Feiern reicher Bürger; während Messen Verkaufsgebäude der Tuchhändler; im unteren Stockwerk Bäckerei)
4 Gerberhäuser (Verarbeitung von Häuten)
5 Kornschranne (= Kornspeicher)
6 Spitalhof (Versorgung von Kranken und Armen)
7 Berger Tor
8 Stadtmauer

1000	1100	1200	1300	1400	1500

850–1250
europäisches Hochmittelalter

1250–1500
europäisches Spätmittelalter

Neuzeit

ab 1000 Beginn der Städtegründungen
Bevölkerungsanstieg
Zeit der Burgen und Ritter

um 1200 kulturelle Blüte zur Zeit der Stauferkaiser

ca. 1150–1500 Gotik

11./12. Jh. Investiturstreit zwischen Kaiser und Papst

1356 Goldene Bulle

M 2 *Besuch im Bayerischen Nationalmuseum, München, Foto, 2008*

M 3 *Mittelalterspektakel Landshuter Hochzeit, Lanzenträger in der „Igel-Formation", Foto, 2009*

1 Wo und in welcher Form hast du bereits das Mittelalter kennengelernt? Zähle einige Beispiele auf: z. B. Filme, Romane …

2 **a) Partnerarbeit:** Betrachtet den aktuellen Stadtplan von Nördlingen (M1). Erklärt, was euch an dieser Stadt typisch für das Mittelalter erscheint.
b) Untersucht die Namensgebung von Plätzen und Straßen: Erarbeitet daraus mindestens drei Berufsgruppen, die in der mittelalterlichen Stadt lebten und arbeiteten.

3 Stelle mithilfe von M3 Vermutungen darüber an, weshalb sich viele Menschen heutzutage für das Leben im Mittelalter interessieren.

In diesem Kapitel übst du folgende Kompetenzen:

- Du erfasst, wie die Menschen im Mittelalter lebten und welche kulturellen Leistungen sie erbrachten.
- Du erkennst Gemeinsamkeiten und Unterschiede zwischen der mittelalterlichen und deiner heutigen Lebenswelt.
- Du beschreibst mithilfe von verschiedenen Quellen und Darstellungen Lebens- und Wirtschaftsformen, die den mittelalterlichen Alltag prägten.
- Du untersuchst Beispiele von Architektur und höfischer Kultur und beurteilst Quellen und Darstellungen des Mittelalters im Internet.
- Du erkennst, was ein heutiger Stadtplan über das Leben in einer mittelalterlichen Stadt verrät.
- Du erläuterst den Umgang des mittelalterlichen Menschen mit äußeren Bedrohungen wie Seuchen.

L Wie sah die mittelalterliche Gesellschaftsordnung aus?

Bis ins 19. Jahrhundert gab es für die Mitglieder einer Gesellschaft keine rechtliche Gleichheit: Geburt und Vermögen bestimmten die Stellung des Einzelnen. Im Mittelalter hatte jeder Mensch seinen festen Platz in der Gesellschaft.

- ***Zeigt in einem Rollenspiel die Rechte und Pflichten der einzelnen Stände auf.***

M 1

Bischof Adalbero von Laon (971–1030) an den französischen König Robert:

Dreigeteilt ist das Haus Gottes: die einen beten, die anderen kämpfen, die dritten arbeiten. Es gibt nur diese drei Gruppen, und eine weitere Teilung gibt es nicht. Durch die Pflicht des einen Teils können die anderen sich ihren Aufgaben widmen, und durch die jeweiligen Pflichten ist allen gedient.

Zit. nach Stefan Weinfurter, Herrschaft und Reich der Salier. Grundlinien einer Umbruchzeit, Sigmaringen (Thorbecke Verlag) 1992, S. 72 f.

M 2

Die Äbtissin Hildegard von Bingen schrieb an die Äbtissin von Andernach (1150):

Gott achtet bei jedem Menschen darauf, dass sich der niedere Stand nicht über den höheren erhebe, wie es einst Satan und der erste Mensch getan ... Wer steckt all sein Viehzeug zusammen in einen Stall: Rinder, Esel, Schafe, Böcke? Da käme alles übel durcheinander! ... Gott teilt sein Volk auf Erden in verschiedene Stände, wie die Engel im Himmel in verschiedene Gruppen geordnet sind, in die einfachen Engel und in die Erzengel.

Zit. nach Werner Heil, Welt des Mittelalters und der frühen Neuzeit (Geschichte im Unterricht 3), Stuttgart (Kohlhammer) 2012, S. 49.

M 3

Die drei Stände, Holzschnitt von Johannes Lichtenberger, 1488. Die Beschriftung lautet: Tu supplex ora – du bete demütig! Tu protege – du beschütze! Tuque labora – Und du arbeite!

Die Einteilung in Stände

Schon in der Antike suchten Gelehrte nach Erklärungen dafür, dass es innerhalb einer Gesellschaft Unterschiede gab. Sie teilten die Gesellschaft in zwei Gruppen ein: die Herren und die Knechte. Aus dieser Vorstellung entwickelten seit dem 11. Jahrhundert Gelehrte ein neues Bild von der Gesellschaft: die Lehre von den drei Ständen, nach der jeder Mensch einem Stand zugewiesen wurde. Zum ersten Stand gehörten die Geistlichen (= Klerus), zum zweiten die Adligen und zum dritten alle anderen wie die Bauern und später die Bürger in den Städten (siehe S. 50/51). In den zweiten und dritten Stand wurde man hineingeboren.

Die Stände hatten bestimmte Aufgaben und Rechte innerhalb dieser Ordnung und grenzten sich gegeneinander ab. Geistliche und Adlige waren nicht zur körperlichen Arbeit verpflichtet. Sie lebten von den Abgaben und Diensten der Bauern, die die größte Gruppe im dritten Stand ausmachten.
Eine Heirat war nur innerhalb eines Standes möglich. Da die Ständeordnung als von Gott gegeben bezeichnet wurde, durfte sich niemand gegen sie auflehnen. Diese Gliederung der Gesellschaft galt über Jahrhunderte: in Frankreich bis zur Revolution 1789 und in den meisten europäischen Ländern bis weit ins 19. Jahrhundert.
Frauen und Kinder spielten keine Rolle. Die jüdische Bevölkerung stand außerhalb der Ständeordnung (siehe S. 50). Auch Berufe wie der des Totengräbers und Henkers und Gruppen wie Schausteller und Bettler zählten zu keinem Stand, sie waren „Standeslose".

Die Wirklichkeit der Ständeordnung

In Wirklichkeit waren die Stände in sich sehr uneinheitlich: Es war ein Unterschied, ob man als abhängiger oder freier Bauer, als kleiner Landadliger oder Fürstensohn geboren wurde. Bei den Geistlichen gab es sowohl arme Mönche und Dorfpriester als auch reiche Äbte und Bischöfe. Hohe Kirchenämter und die wichtigen Ämter in der Reichsverwaltung waren Angehörigen des hohen Adels vorbehalten.

M 4

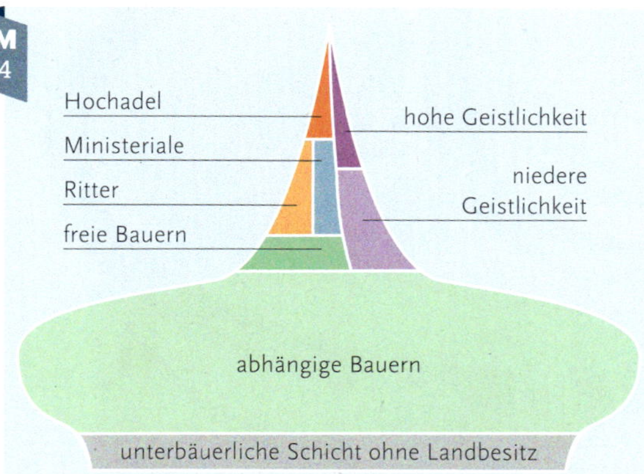

Schema der ländlichen mittelalterlichen Gesellschaft
1 Ministeriale (= Dienstmannen) waren ursprünglich Unfreie, die von ihrem Herrn zu Verwaltungsaufgaben oder Kriegsdienst herangezogen wurden. Seit dem 12. Jahrhundert verbanden sie sich mit dem Adel zum Ritterstand.

M 5

Aufruf eines Priesters an die Bauern (1381):
Aus welchem Grund sind die, die wir Herren nennen, größere Meister als wir? ... Warum halten sie uns in Knechtschaft? Und wenn wir alle von einem Vater und einer Mutter, Adam und Eva, abstammen, inwiefern können sie behaupten und beweisen, dass sie mit besserem Grund als wir Herren sind? Höchstens damit, dass sie uns erbringen und erpflügen lassen, was sie ausgeben.
Zit. nach Arno Borst, Lebensformen im Mittelalter, Hamburg (Nikol) 2004, S. 284.

Grundlegender Begriff: Stände

Durch Geburt definierte Großgruppen in der mittelalterlichen Gesellschaft: Klerus (erster Stand), Adel (zweiter Stand), Bauern und Bürger (dritter Stand). Die drei Stände hatten unterschiedliche Rechte und Pflichten.

Rollenspiel: Bildet Dreiergruppen. Erarbeitet zuerst die folgenden Arbeitsaufträge.

1 Nennt die drei gesellschaftlichen Gruppen sowie ihre Aufgaben und Rechte (M1–M3, Darstellungstext, Z. 12–17).

2 Sammelt Gründe für diese Ordnung der Stände (M2, M3 und Darstellungstext, Z. 1–7).

3 **a)** Überprüft eure Ergebnisse aus Aufgabe 1 und Aufgabe 2 anhand des Schaubildes M4.
Tipp: Wo stimmen eure Ergebnisse mit dem Schaubild überein? Worin unterscheiden sich eure Ergebnisse?
b) Entwerft ein kurzes Rollenspiel, in dem jeweils einer aus der Gruppe einen der drei Ständevertreter spielt und dabei dessen Rechte und Pflichten beschreibt.

Variante für Vierergruppen:
Fasst den Aufruf des Priesters in M5 zusammen. Nennt seine Argumente, die gegen eine Ständeordnung sprechen.
Das vierte Gruppenmitglied spielt einen protestierenden Bauern und ruft zur Veränderung der Ständeordnung auf. (Er kann so auch Widerspruch von den anderen Gruppenmitgliedern erhalten.)

Nutzt die Tipps zum „Rollenspiel" auf S. 195.

4 Bewertet eure Rollenspiele im Plenum und stellt Vergleiche zur heutigen Gesellschaft an.
Tipp: Gibt es heute noch unterschiedliche gesellschaftliche Gruppen? Wenn ja, woran sind die Unterschiede zu erkennen? Was weißt du über die Rechte und Möglichkeiten unterschiedlicher Gruppen heute?

L Die Grundherrschaft

Über 90 % der Menschen gehörten im Mittelalter dem Bauernstand an. Die meisten von ihnen waren einem Grundherrn untertan. Dieser besaß das Land, auf dem sie lebten und arbeiteten.

- ***Wie funktionierte diese Grundherrschaft? Welche Rechte und Pflichten hatten die Beteiligten? Zeige dies in einer Präsentation auf.***

M 1

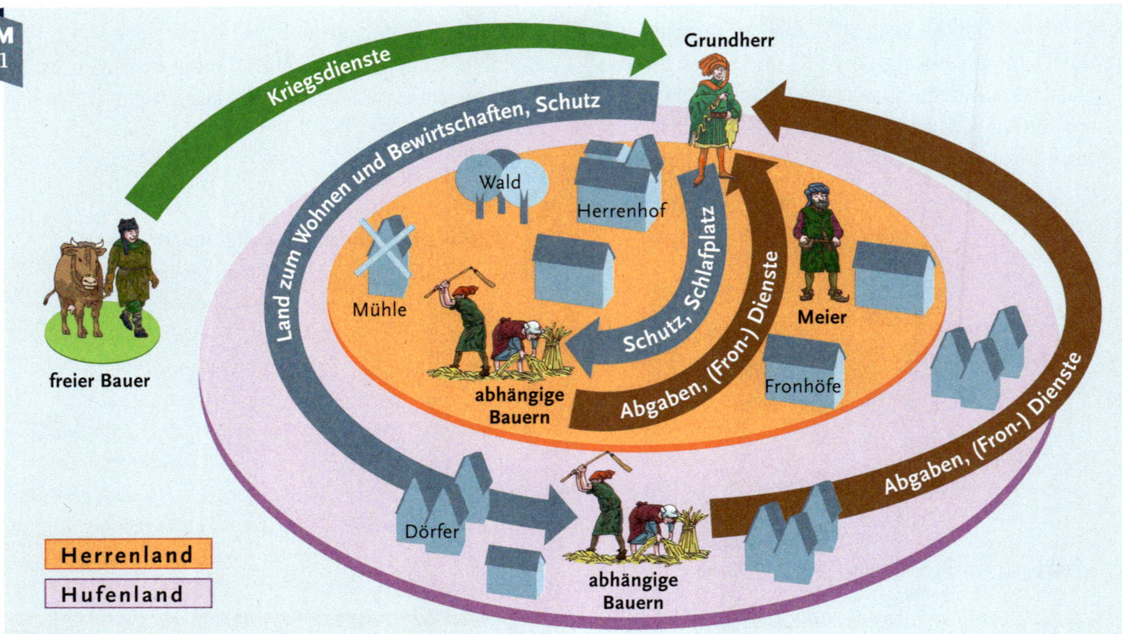

Vereinfachtes Schaubild zur mittelalterlichen Grundherrschaft

Wie war die Grundherrschaft organisiert?

Im Laufe des Mittelalters wurden immer mehr Bauern von einem Grundherrn abhängig. Grundherr konnte ein weltlicher Adliger, z. B. ein Graf, oder ein Geistlicher, wie ein Bischof oder der Abt eines Klosters, sein. Auch der König war ein Grundherr. Innerhalb der Grundherrschaft bestanden unterschiedliche Formen der Abhängigkeit: Es gab Bauernfamilien, die auf dem Hof des Grundherrn, dem Herrenhof, lebten und arbeiteten. Andere Bauern wiederum wohnten in den Dörfern des Grundherrn auf sogenannten Hufen mit einem kleinen Bauernhaus und dazugehörigen Feldern. Die abhängigen Bauern mussten keinen Kriegsdienst leisten, im Gegensatz zu den freien Bauern, die keinem Grundherrn unterstanden. Weil sie diesen Kriegsdiensten entgehen wollten, aber auch wegen Überfällen und Verwüstungen ihres Landes durch Kriege oder Naturkatastrophen, unterstellten sich im Laufe des Mittelalters jedoch immer mehr freie Bauern einem Grundherrn und wurden dadurch unfrei.

Abgaben und Dienste für den Grundherrn

Für die Bewirtschaftung des Landes und weitere Abgaben und Dienste versprach der Grundherr im Gegenzug den Bauern seinen Schutz und bei Missernten seine Hilfe. Alle abhängigen Bauern mussten für ihren Herrn unterschiedliche Arten von Frondiensten leisten, das heißt, sie mussten für ihn Arbeiten verrichten. Von den Erträgen der Landwirtschaft hatten die Bauern jährlich einen festgelegten Anteil abzuliefern, den sogenannten Zehnt. Oft genug betrug der Zehnt mehr als den zehnten Teil, weil z. B. nicht jedes zehnte Huhn, sondern immer das erste von zehn Hühnern abzugeben war – Pech für den Bauern, der nur acht Hühner hatte! Diese Abgaben wurden auf Fronhöfen (althochdeutsch fro = Herr) abgeliefert. Hier wohnte auch der Meier (lat. maior = höher gestellt). Er war der Verwalter des Grundherrn, dem mehrere Bauernhöfe oder Dörfer und die dort lebenden Bauern unterstellt waren.

M 2

Abgaben und Frondienste

Der abhängige Bauer Widrad, der mit seiner Familie auf einem Bauernhof des Klosters Prüm in der Nähe von Trier lebte, musste folgende Abgaben und Frondienste leisten:

Widrad hat einen Bauernhof mit einigen Feldern. Dafür muss er einmal im Jahr ein Schwein, drei Hühner und 18 Eier, außerdem ein Bündel Garn beim Meier abgeben. Er liefert dem Kloster 50 Bretter. Im Mai muss er fünf Wagenladungen vom Mist seiner Tiere als Dünger in den Weinberg des Klosters fahren und im Oktober die Weintrauben zum Fronhof bringen. Im Herbst muss er in den Wäldern des Klosters beim Holzmachen helfen. Außerdem auch beim Bierbrauen. Im Winter hütet er im Wald eine Woche lang die Schweine. Außerdem leistet Widrad Wachdienst. Seine Familie bearbeitet drei Morgen[1] Land des Klosters, und zwar jede Woche drei Tage. Wenn sie Heu ernten und die beschriebenen Frondienste leisten, erhalten sie Brot, Bier und Fleisch in reichen Jahren, zu anderen Zeiten nichts.

Verfassertext nach Günther Franz, Quellen zur Geschichte des deutschen Bauernstandes im Mittelalter, Darmstadt (Wissenschaftliche Buchgesellschaft) 1967, S. 83ff.

[1] *Fläche, die mit einem Pferde- oder Ochsenpflug an einem Vormittag pflügbar war; unterschiedlich groß; meist zwischen 2000 und 5000 m²*

Grundlegender Begriff: Grundherrschaft

Herrschaftsform, bei der Grundherren (beispielsweise Herzöge, Grafen, Bischöfe, Äbte und Äbtissinnen) Land an unfreie Bauern vergaben. Diese bewirtschafteten es, zahlten Abgaben und leisteten Frondienste, im Gegenzug bekamen sie insbesondere Schutz und Sicherheit.

M 3

Bauern liefern Abgaben ab, Holzschnitt, 1479

M 4

Bauern bei der Fronarbeit, Buchmalerei, 15. Jh.

Du bereitest einen Kurzvortrag über die Grundherrschaft vor. Das Schaubild M1 steht im Mittelpunkt.

1 Beantworte zunächst aus dem Schaubild die Fragen im Einführungstext. Nimm die Arbeitsschritte auf S. 194 zu Hilfe.

2 Erstelle dann Karteikarten für deine Präsentation mit wichtigen Informationen zu den Begriffen Grundherrschaft, Grundherr, Meier, freier Bauern, Abgaben und Frondienste (M1 und Darstellungstext).

3 Erarbeite die Pflichten des Bauern Widrad (M2). Erstelle eine Karteikarte zu dem Begriff abhängiger Bauer.

4 **Wählt eine Aufgabe aus: Partnerarbeit**

a) Verfasst einen kurzen Dialog aus Sicht der Beteiligten (M3). Beachtet bei euren Formulierungen die Stellung der Beteiligten im grundherrschaftlichen Verhältnis.

b) Verfasst Sprechblasentexte zu je zwei Bauern aus M3 und M4.

Tipp: Nehmt dabei euer Wissen zur Grundherrschaft (Schaubild M1, Darstellungstext) zu Hilfe.

5 Beurteile, ob die Bedingungen der Grundherrschaft für die Beteiligten akzeptabel sind.

Tipp: Wer hatte welche Vor- bzw. Nachteile?

Warum waren Klöster im Mittelalter so wichtig?

Im Alltag sehen wir heute nur selten Mönche oder Nonnen. Trotzdem gibt es noch zahlreiche Klöster und auch viele Klosterschulen, in Bayern z. B. in Würzburg, Scheyern oder Metten.

- ***Welche Rolle spielten Klöster im Mittelalter?***

Rückzug aus der Welt

Der Begriff „Mönch" bedeutet Einsiedler, da sich die ersten christlichen Mönche in die Wüste zurückzogen, um durch Enthaltsamkeit (Askese) Christus nahezukommen. In Westeuropa gaben Mönche und Nonnen die Bindung an ihre Familie für ein Leben in Klostergemeinschaften auf. Sie mussten strenge Klosterregeln einhalten, um ganz Gott zu dienen. Wer in ein Kloster eintrat, musste dort sein Leben lang bleiben, auf jedes Eigentum und die Ehe verzichten sowie dem Abt* oder der Äbtissin* gehorchen. Jede Klostergemeinschaft sorgte selbst für ihren Lebensunterhalt, also für Wohnung, Kleidung, Ernährung und Dinge des täglichen Bedarfs.

Das Kloster als Wirtschaftsraum

Nach dem Motto „Ora et labora" („Bete und arbeite") des Klostergründers Benedikt von Nursia (480–547) sollten Mönche und Nonnen nicht nur beten und wertvolle Bücher abschreiben, sondern unter anderem auch landwirtschaftliche Tätigkeiten ausführen und Nutztiere züchten. Im Kloster gab es Bäcker, Schreiner, Apotheker und Fachleute für Kräuterkunde oder Architektur. Ein mittelalterliches Kloster war kein Ort der Stille, sondern ein Wirtschaftshof voller Leben.

Klöster als Wissenszentren

Vom Wissen der Mönche und Nonnen profitierte die Bevölkerung des Umlandes. Klöster wetteiferten darin, antike Schriften aufzufinden und zu erwerben. Mönche und Nonnen schrieben diese Bücher sorgfältig ab oder übersetzten sie. Das Abschreiben konnte Monate oder Jahre dauern. Die gebildeten Mönche wurden von den Herrschenden als Schreiber und Verwalter oder Berater geschätzt. Wohlhabende Adlige ließen ihre Söhne und Töchter gegen Bezahlung in Klöstern ausbilden.

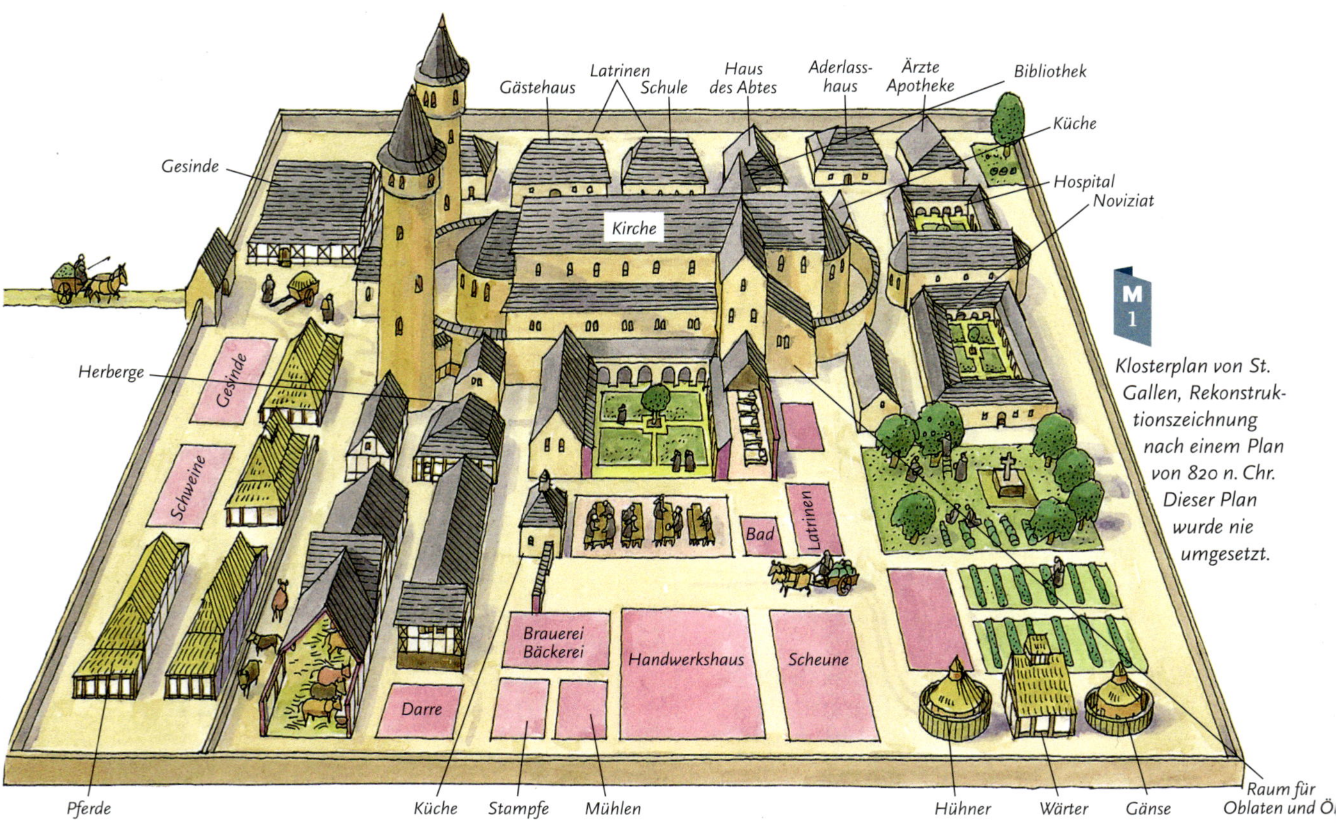

M 1 *Klosterplan von St. Gallen, Rekonstruktionszeichnung nach einem Plan von 820 n. Chr. Dieser Plan wurde nie umgesetzt.*

M 2

Mönche an ihren Schreibtischen, Fresko, 1342

M 3

Klosterladen der Erzabtei St. Ottilien, Foto, 2018

M 4

Nachbau des mittelalterlichen Klosterplans von St. Gallen in Meßkirch:

40 Jahre soll das Projekt dauern. Im süddeutschen Meßkirch bauen Handwerker an einer mittelalterlichen Stadt samt Kathedrale. Sie schuften für niedrige Löhne, haben wenig Freizeit – und arbeiten mit dem Werkzeug des neunten Jahrhunderts.

Statt moderner Maschinen gibt es Ochsen und Muskelkraft: Ausschließlich mit mittelalterlichen Methoden wollen Handwerker im baden-württembergischen Meßkirch eine ganze Klosterstadt bauen. Das in Deutschland einmalige Projekt soll Hunderttausende Touristen anziehen.

Mit einer modernen Säge ginge es schneller, aber Michael Straub arbeitet mit einer mittelalterlichen Axt. Immer wieder schlägt er auf Äste und Stämme ein und bringt sie in Form. Sie sind das Baumaterial für eine Kirche – dem Herzstück der mittelalterlichen Klosteranlage, für die an diesem Wochenende die Bauarbeiten beginnen.

Nur mit Methoden aus dem neunten Jahrhundert wollen Handwerker die Klosterstadt mit 50 Häusern und einer Kathedrale für 2000 Menschen aufbauen. Es wird Jahrzehnte dauern, bis sie fertig ist. Touristen sollen jeden Schritt hautnah verfolgen.

Zit. nach www.spiegel.de/wissenschaft/technik/in-messkirchentsteht-eine-stadt-wie-im-mittelalter-a-907375.html (Stand: 25. 06. 2018).

1 **Partnerarbeit:** Erklärt anhand der Abbildung M1, welche Gebäude zu welchen Bereichen des klösterlichen Lebens gehören. Bezieht M2 und den Grundlegenden Begriff „Kloster" mit ein. Recherchiert euch unbekannte Begriffe in einem Lexikon oder im Internet.

Tipp: Du kannst z. B. Oberbegriffe wie Glaube, Bildung, Ernährung und Handwerk nutzen.

2 **Wähle eine Aufgabe aus:**
Recherchiere über Klöster heute auf der Homepage
a) der Erzabtei St. Ottilien (M3) oder
b) eines Klosters in der Nähe deines Schul- oder Wohnortes.
Stelle dann in einer Tabelle die Aufgaben mittelalterlicher Klöster denen der heutigen gegenüber.

3 Sammelt in der Klasse Argumente, die für oder gegen den Nachbau des Klosters sprechen (M4).

4 **Zusatzaufgabe:** Informiere dich im Internet über den Baufortschritt an der Klosterbaustelle (M4). Gib dazu die Stichpunkte „campus galli" oder „Klosterbaustelle Meßkirch" ein

Grundlegender Begriff: Kloster

Eine oft aus mehreren Gebäuden bestehende Anlage, in der Nonnen oder Mönche sich dauerhaft, gemeinschaftlich und meist auf Grundlage bestimmter Ordensregeln auf die Ausübung ihres Glaubens konzentrierten. Im Mittelalter waren die Klöster wichtige Träger und Bewahrer von Wissenschaft, Kunst und Kultur.

Burgen und Ritter

Das Leben der Ritter fasziniert die Menschen bis heute: Wir besuchen Ritterburgen und Ritterspiele und bewundern Leistung, Geschick und Mut der einstigen Helden – oder war der mittelalterliche Ritter doch ganz anders?
- ***Untersuche die Lebenswelt der Ritter mithilfe der vorliegenden Materialien.***
- ***Plane dann einen Kurzvortrag über die Burg Trausnitz.***

Die Burg als Wohnsitz und Verteidigungsanlage

Die wichtigste Pflicht eines Adligen bestand darin, sein Land und dessen bäuerliche Bewohner zu schützen. Als Vasall musste er für den König Kriegsdienste leisten. Deswegen erlernten adlige Männer den Umgang mit Waffen während ihrer Ausbildung zum Ritter*. Ein Ritter war also ein bewaffneter Kämpfer zu Pferde, der aber auch im Fußkampf geübt sein musste. Seine teure Ausrüstung bestand neben dem Pferd aus Lanze, Schwert, Schild und Rüstung.

Jeder Adlige hatte mindestens einen oder auch mehrere Wohnsitze, von denen aus er seinen Besitz beherrschte. Dieses „Haus" bestand entweder aus einem befestigten Holzgebäude auf einem Hügel, einer sog. Motte, oder einer größeren Burganlage. Es diente dem Adligen und seinen Angehörigen als Wohnort und Schutz vor Angriffen. Auch die abhängigen Bauern der umliegenden Dörfer, die zu der Adelsfamilie gehörten, durften sich bei Gefahr dorthin zurückziehen. Im Laufe der Zeit baute jeder Adlige, der es sich leisten konnte, seinen stark befestigten Wohnsitz aus Stein. Die Burg war „geboren". Was wir heute als mittelalterliche Burg zu sehen meinen, ist meistens ein Bauwerk, das mehrfach erweitert und oft zu Schlössern ausgebaut wurde.

Das höchste Gebäude innerhalb einer Burganlage war der Bergfried, ein Wehrturm. Das Zentrum bildete der Palas, Wohn- und Festsaal für den Burgherrn und seine Familie. Dort waren auch die Verwaltung und die Besatzung der Burg untergebracht. Da die Burgen in erster Linie als Verteidigungsanlage dienten, hatten sie nur kleine Fenster in den Mauern, die im Winter gegen die Kälte mit Holzläden verschlossen wurden. Lediglich einige wenige Wohngebäude wurden im Winter beheizt. Dieses nannte man Kemenate (siehe S. 180/181). Holzmöbel bestimmten die Einrichtung. Erst ab dem 11. Jh. bauten wohlhabende Adlige neue Wohnräume mit Kachelöfen aus. Nur wer sehr reich war, konnte sich Glasfenster leisten.

M 1

In Bayern gibt es weit über 100 erhaltene Reste von frühen Burganlagen. Hier: Nachbau einer Turmhügelburg (Motte, um 1000 n. Chr.) im Geschichtspark Bärnau-Tachov im Landkreis Tirschenreuth, Oberpfalz.
Die Hügel waren zwischen 5 und 10 Meter hoch und hatten auf der Kuppe einen Durchmesser von bis zu 30 Metern.

M 2

Sehen und gesehen werden

Der Burgenforscher Joachim Zeune schreibt 1997:

Mittlerweile begreifen wir die mittelalterliche Burg als einen Mehrzweckbau, dessen militärische Bedeutung wir ... spürbar reduzieren müssen. Für den mittelalterlichen Menschen war die Burg das sichtbare Zentrum der Herrschaft: Wer die Burg besaß, hatte auch die Herrschaft inne. Von einer Burg aus wurde das zugehörige Land verwaltet, regiert und befriedet. Zur Burg gehörte auch ein Rechtsbezirk[1] ... Die Burgendichte veranschaulichte, wie intensiv eine Herrschaft die Gegend durchdrungen und befriedet hatte ... Die herausragende gesellschaftliche Stellung eines Landbesitzers und Landherrn ließ sich in der Tat nicht besser demonstrieren als durch eine Burg, die sich weithin sichtbar über das Tal ... erhob. Sehen und vor allem Gesehen werden spielten bei der Wahl des Burgenstandortes eine ganz wesentliche Rolle.

Joachim Zeune, Steinerne Symbole der Macht, in: Damals, 8. Jg. (Konradin Medien) 1997, S. 13 f.

[1] *Nur der Burgherr durfte dort Recht sprechen.*

M 3

Harburg in Schwaben aus dem 11./12. Jh., im 18. Jh. erweitert. Sie ist eine der flächenmäßig größten Burgen des 12. Jh.

1 Untere Toranlage
2 Rote Stallung
3 Oberes Tor
4 Burgvogtei (Wohnung des Vogts, der für den Schutz der Burg verantwortlich war und den Burgherrn vertrat)
5 Kastenhaus (Waffenkammer)
6 Diebsturm (unterschiedliche Nutzung: Verteidigung, Vorratslagerung, Gefängnis)
7 Saalbau (Gebäude für die Burgmannschaft als Unterkunft)
8 Faulturm (Wehrturm)
9 Fürstenbau (Palas)
10 Pfisterbau (Bäckerei)
11 Schlosskirche

M 4

Ritter Ulrich von Hutten (1488–1523) berichtete über den Alltag eines niederen Adligen:

Die Leute, von denen wir unseren Unterhalt beziehen, sind ganz arme Bauern, denen wir unsere Äcker, Weinberge, Wiesen und Felder verpachten. Der Ertrag daraus ist im Verhältnis zu den darauf verwandten Mühen sehr gering ...
Wir dienen auch einem Fürsten, von dem wir Schutz erhoffen ...
Gleichgültig, ob eine Burg auf einem Berg oder in der Ebene steht, so ist sie auf jeden Fall doch nicht für die Behaglichkeit, sondern zur Wehr erbaut, mit Gräben und Wall umgeben, innen von bedrückender Enge, zusammengepfercht mit Vieh- und Pferdeställen, Dunkelkammern, vollgepfropft mit schweren Büchsen, Pech, Schwefel und allen übrigen Waffen und Kriegsgerät. Überall stinkt das Schießpulver, und der Duft der Hunde und ihres Unrates ist auch nicht lieblicher, wie ich meine.

Zit. nach Wolfgang Schuerl, Burgen und Städte des Mittelalters, Wiesbaden (Ebeling) 1977, S. 92f.

1 Berichte, was du bereits über Ritter und Burgen weißt.

2 Beschreibe die Anlage einer frühen Turmhügelburg (M1). Gehe dabei besonders auf die Verteidigungsanlagen ein.

3 „Für den mittelalterlichen Menschen war die Burg das sichtbare Zentrum der Herrschaft.“ (M2, Z. 3 ff.). Begründe diese Aussage.

4 **Partnerarbeit:** Fasst die Informationen zu den Lebensverhältnissen der Ritter auf der Burg und zur Entstehung von Burgen zusammen. Ein Partner verwendet dazu M3, der andere M4. Tauscht euch anschließend über eure Ergebnisse aus und notiert die wichtigsten Stichpunkte.

5 Beschreibe die wesentlichen Veränderungen bei der Anlage einer Burg (M1 und M3).

6 **Internetrecherche: Partnerarbeit**
Plant einen Kurzvortrag über die Burg Trausnitz und nutzt dazu Materialien aus dem Internet. Zieht eure Kenntnisse, die ihr aus der Beantwortung der Arbeitsaufträge gewonnen habt, hinzu. Hilfreich sind auch die Seiten 180/181.
Tipp: Im Internet findet ihr einen virtuellen Rundgang durch die Burg Trausnitz, den die Bayerische Schlösserverwaltung herausgegeben hat.
Stellt nun die gesammelten Informationen für euren Vortrag zusammen. Berichtet zugleich auch darüber, welche Vorteile die Suche im Internet bei der Zusammenstellung der Materialien bzw. für die Beantwortung eurer Fragen hatte, ob Fragen unbeantwortet blieben, weil ihr keine aussagekräftige Darstellung oder passende Quelle dafür gefunden habt. Lest die Hinweise auf S. 196.

Wie prägten die Staufer die höfische Kultur?

Die schwäbische Adelsfamilie der Staufer wurde zu Anfang des 12. Jahrhunderts so mächtig, dass sie an die 150 Jahre lang die Könige des Reichs stellte und die höfische Kultur prägte.

- ***Warum spielten die Staufer eine so wichtige kulturelle Rolle?***
- ***Wie verhielt man sich „höfisch" am Stauferhof und welche dieser Ideale spielen heute noch eine Rolle?***
- ***Finde heraus, wie Ritter heute in den Medien dargestellt werden.***

Die Staufer – Förderer von Literatur und Gesang

Die Stauferkönige veranstalteten prächtige Feste am Königshof, um ihre Macht und ihren Reichtum zu zeigen. Neben guten Speisen und Weinen musste für die Unterhaltung der edlen Gäste gesorgt werden. Daher engagierte man fahrende Minne- oder Bänkelsänger, die im Festsaal, oft auf einer Bank stehend, Musik, Lieder und Geschichten vortrugen. Diese Art der Unterhaltung wurde so beliebt, dass Adlige und Geistliche nach dem Vorbild des Stauferhofes ebenfalls Dichter, Sänger und Musiker förderten. Nach und nach schrieb man die mündlich vorgetragenen Erzählungen und Gedichte in reich ausgeschmückten Handschriften auf. Bald versuchten sich die bisherigen Förderer auch selbst in den Künsten: Der Stauferkönig Heinrich VI. soll mehrere Gedichte geschrieben haben und König Friedrich II. verfasste eigenhändig ein Buch über die Falkenjagd.

Ritterromane und Minnelieder

Wie in unserer Zeit hörten die Menschen damals gerne spannende Geschichten. Besonders beliebt waren Erzählungen über das Leben von Rittern, z. B. der Roman „Parzival". Darin wurden nicht nur Abenteuer eines Ritterhelden, sondern auch das Leben bei Hofe mit seinen prächtigen Festen beschrieben. Ritterliche Zweikämpfe mit dem Schwert oder Turniere wie der Tjost, der Lanzenkampf Mann gegen Mann zu Pferde, waren in der Wirklichkeit wie in den Ritterromanen beliebt. Durch die Erzählungen sollten die Zuhörer auch dazu angehalten werden, sich tugendhaft und höfisch zu verhalten. Die jungen Ritter erlernten die „Minne"*. Sie erfuhren, wie eine adlige Dame durch Liebesgedichte, Gesang oder den Kampf im Turnier umworben werden konnte. Die Frauen urteilten dann, ob der Ritter sie mit Worten und Taten aus der Ferne angemessen verehrte. Manche adlige Mädchen lernten lesen, schreiben und ein Musikinstrument spielen.

M 1

b) Ritterturnier in Kaltenberg, Foto, 2007

a) Ritterturnier, Manessische Liederhandschrift, um 1300. Sie war die umfangreichste und berühmteste deutsche Liederhandschrift des Mittelalters.

M 2

Aus dem Ritterroman „Parzival“ von Wolfram von Eschenbach (um 1210)

Der Junge Parzival wird am Hof des Adligen Gurnemanz in die gewünschten Eigenschaften (= Tugenden) eines Ritters eingeführt:

Ihr habt eine schöne Gestalt und seht gut aus, Ihr könnt wohl ein Herrscher werden. Doch auch, wenn Ihr von hoher Geburt seid ..., so sollt Ihr doch stets Erbarmen mit den Notleidenden haben. Bekämpft ihre Not mit Großherzigkeit und Güte; seid immer bereit, anderen zu dienen ... Ihr sollt das rechte Augenmaß behalten, ob Ihr nun arm oder reich seid. Verschwendung steht einem Herrn ebenso wenig an wie das Anhäufen von Schätzen; auch das ist unehrenhaft. Haltet immer das rechte Maß.

Wolfram von Eschenbach, Parzival 170,21–172,16, hg. v. Walther Hofstaetter, Stuttgart (Reclam) 1934/2001. Übers. v. Wilhelm Hertz.

M 3

Bischof Jakob von Vitry über Ritter (13. Jh.):

Es fehlt nämlich nicht Hochmut bei den Rittern, wenn sie, ... eitlem Ruhm zuliebe, unfromm und eitel herumstolzieren. Es fehlt auch nicht der Neid bei ihnen, wenn einer den anderen beneidet, weil dieser im Waffenhandwerk für tüchtiger gehalten wird und größeres Lob erntet. Es fehlen nicht Hass und Zorn bei ihnen, wenn einer den anderen durchbohrt und ... meistens tödlich verwundet oder direkt gleich tötet ... Sie ... rauben die Güter von anständigen Menschen, ohne Mitleid zu haben, sie zertrampeln die Ernte oder rauben den Ernteertrag ... und schädigen und bedrängen die armen Bauern sehr. Die Turniere sind auch mit der Fress- und Trunksucht verbunden ... nicht nur ihre Güter, sondern auch das Eigentum der armen Leute verschwenden sie bei ihren Gelagen.

Zit. nach Hans-Henning Kortüm, Menschen und Mentalitäten. Einführung in die Vorstellungswelten des Mittelalters, Berlin (Akademie) 1996, S. 58f. Bearb. v. Verf.

Grundlegendes Datum

um 1200 kulturelle Blüte zur Zeit der Staufer

M 4

Buchmalerei aus der Manessischen Liederhandschrift, um 1300

1 Erkläre mithilfe des Darstellungstextes, warum die staufische Königsfamilie die Literatur förderte. Stelle auch eigene Überlegungen dazu an.

2 Interpretiere die Bildquellen M1 und M4 mithilfe der Arbeitsschritte auf S. 194.
Tipp: Wertvolle Handschriften wie die Manessische Liederhandschrift kannst du z. B. auf der Internetseite der Bayerischen Staatsbibliothek virtuell betrachten und darin blättern.

3 **a) Partnerarbeit:** Partner 1 erarbeitet die ritterlichen Tugenden aus M2, Partner 2 die Kritik des Bischofs von Vitry am Rittertum in M3. Stellt dann eure Ergebnisse einander gegenüber.
b) Erklärt, welche dieser Tugenden bis heute besonders wichtig sind.

4 **Gruppenarbeit:** Recherchiert im Internet nach Computerspielen zum Thema Ritter (Suchbegriff: „Mittelalterspiel“; für Jugendliche geeignet).
Stellt euch gegenseitig die Ergebnisse vor. Beurteilt dann die historische Richtigkeit der Darstellungen von Rittern in digitalen Medien.
Tipp: Worauf wird in Computerspielen Wert gelegt, was nicht mit historischen Aussagen zu tun hat? Klärt dazu, welche Eigenschaften, welche Bereiche des Rittertums hervorgehoben, welche vernachlässigt und welche eventuell sogar erfunden wurden. Bezieht für eure Bewertung auch die Informationen und das Bildmaterial aus dieser Doppelseite mit ein. Lest nach auf S. 196.

Wie sahen mittelalterliche Städte aus?

Viele unserer heutigen Städte wie München, Coburg, Burghausen, Nördlingen, Kulmbach oder Abensberg wurden im Mittelalter gegründet. Die Straßen in den Stadtzentren verlaufen noch wie damals. Oft können wir noch zahlreiche mittelalterliche Gebäude wie Kirchen, Wohngebäude oder Rathäuser entdecken, die bis heute genutzt werden.

- *Wie und wo entstanden im Mittelalter Städte?*
- *Woran können wir eine mittelalterliche Stadtanlage erkennen?*

M 1

Luftbild der Stadt Nördlingen, die 1215 zur Stadt erhoben wurde, Foto, 2017

Städtegründungen

Über das gesamte Mittelalter hinweg wurden immer wieder Städte gegründet, zunächst an Plätzen, die geeignet für den Handel waren, z. B. an wichtigen Straßen oder Flüssen. Aber auch ehemals römische Siedlungen und bedeutsame Bischofssitze entwickelten sich zu Städten. Die Städtegründer waren entweder hohe Adlige bzw. Bischöfe. Reichsstädte*, z. B. Nördlingen oder Nürnberg, waren nur dem Kaiser unterstellt. Sie alle bekamen im Gegenzug für die den Städten verliehenen Rechte hohe Steuereinnahmen. Besonders im hohen Mittelalter ab dem 11. Jahrhundert blühte das Städtewesen. Immer mehr Menschen zogen in die Städte, da sie sich dort, wo Handel und Handwerk gediehen, eine bessere Zukunft erhofften. Doch nur einem kleinen Teil der dort ansässigen Bevölkerung gelang es auch wirklich, sich das Stadtbürgerrecht (siehe S. 50/51) und ein Leben in Wohlstand zu erarbeiten.

Grundlegender Begriff: Stadtrecht

besondere Rechte (Privilegien) von Städten, z. B. Münz-, Markt-, Zoll- und Befestigungsrecht

M 2

Der Herzog von Zähringen verlieh 1120 den Bürgern von Freiburg in einer Urkunde folgende Rechte:

Kundgetan sei allen, den zukünftig und den gegenwärtig Lebenden, dass ich, Konrad, an dem Ort, der mein Eigengut ist, nämlich Freiburg, einen Markt gegründet habe im Jahre des Herrn 1120 …

Darauf habe ich einem jeden Kaufmann … ein Grundstück zugeteilt, damit Häuser errichtet werden; und ich habe festgesetzt, dass von jedem Grundstück ein Schilling mir und meinen Nachkommen jährlich als Zins gezahlt werden soll, am Fest des heiligen Martin. Nun also sei allen kundgetan, dass ich auf Bitten jener die nun folgenden Privilegien[1] eingeräumt habe …

1. Allen, die meinen Markt besuchen, verspreche ich Frieden und sicheres Geleit innerhalb meines Besitzes und Herrschaftsbereichs.

2. Wenn einer von ihnen in diesem Gebiet beraubt werden sollte, so will ich die Rückerstattung des geraubten Gutes veranlassen oder selbst dafür zahlen.

3. Wenn einer meiner Bürger stirbt, so soll seine Frau mit ihren Kindern alles behalten, was auch immer ihr Mann hinterlassen hat.

4. Allen Kaufleuten erlasse ich den Zoll[2].

5. Meinen Bürgern will ich keinen anderen Vogt[3] oder Priester geben außer dem, welchen sie selbst gewählt haben.

6. Wenn sich unter meinen Bürgern eine Streitfrage erheben soll, so ist nicht nach meinem Ermessen oder dem ihres Vorstandes zu entscheiden, sondern … nach dem gebräuchlichen … Recht aller Kaufleute, insbesondere dem der Kölner[4] …

7. Jeder, der in diese Stadt kommt, darf sich hier frei niederlassen, wenn er nicht der Leibeigene [abhängiger Bauer] irgendeines Herrn ist … und diesen auch anerkennt als seinen Herrn … Wer aber über Jahr und Tag in der Stadt gewohnt hat …, genießt von da an sicher die Freiheit.

Zit. nach Friedrich Keutgen, Urkunden zur städtischen Verfassungsgeschichte, Berlin (Felber) 1901, Nr. 133, S. 117.

[1] *Sonderrechte*
[2] *Abgabe an den Stadtherrn, wenn fremde Kaufleute Waren zum Weiterverkauf in die Stadt brachten*
[3] *Der Vogt leitete im Auftrag des Stadtherrn die Verwaltung und sprach Recht.*
[4] *Bei Stadtgründungen orientierten sich die Gründer meist an bereits vorhandenen Stadtrechten, hier an dem Kölner Stadtrecht.*

M 3

Marktplatz der Stadt Nördlingen heute, Foto, 2010

1 **Partnerarbeit:** Betrachtet das Luftbild der Stadt Nördlingen (M1). Stellt Vermutungen an, anhand welcher Gebäude oder Straßen man erkennen kann, dass Nördlingen eine mittelalterliche Stadtgründung ist.

2 **a)** Erstelle eine Tabelle nach dem folgenden Muster:

Stadtrecht	*Bauwerk*

Fasse dann die Stadtrechte der Freiburger Bürger (M2, Grundlegender Begriff) zusammen und trage sie in die entsprechende Spalte ein.

b) Erkläre, welche Bauten der Stadt zu welchen Stadtrechten (2a) gehören. Vervollständige dazu die rechte Spalte die Tabelle.

Tipp: Nicht alle Stadtrechte spiegeln sich im Stadtbild wider.

3 Leite mithilfe der erarbeiteten Stadtrechte aus 2a die Nutzung der mittelalterlichen Stadt ab.

Tipp: Du kannst folgendermaßen beginnen: Im Mittelalter wurde die Stadt als Platz für Märkte, zum Wohnen … genutzt.

4 **Zusatzaufgabe:** Zähle Gründe dafür auf, warum es so viele Touristen nach Nördlingen zieht (M1, M3 und M1 Seite 34).

5 Recherchiere, wann deine Heimatstadt oder die deinem Heimatort am nächsten liegende Stadt gegründet wurde und ob es dort mittelalterliche Spuren gibt.

Mittelalterliche Gebäude untersuchen

Kirchen sind die beeindruckendsten und größten Gebäude, die aus dem Mittelalter erhalten geblieben. Der Baustil der Romanik (ca. 900–1100 n. Chr.) wurde um 1150 von der Gotik abgelöst (bis ca. 1500). Bauherren waren Herrscher, Adlige und hohe Geistliche, zurzeit der Gotik auch die reichen Bürger in den Städten.

- *Vergleiche anhand der Bilder und Informationen romanische (Gruppe A) mit gotischen Bauwerken (Gruppe B). Benenne Merkmale und Unterschiede.*

A

M 1

M 2

links: Außenansicht der romanischen Basilika St. Michael (Schongau, Oberbayern), erbaut zwischen 1180 und 1220, Foto, 2013*
rechts: Innenraum der romanischen Basilika St. Michael, Foto, 2011
Die wichtigsten Maße: 40 m lang, 18 m breit; Höhe des Mittelschiffs: 13 m hoch; Höhe der Türme: 32 m

1 **Gruppenarbeit:** Erarbeitet mithilfe der Bilder M1 und M2 die Hauptmerkmale für den romanischen Baustil. Der Wortspeicher bietet einige passende Begriffe. Nutzt dazu insbesondere auch eure Kenntnisse aus dem Kunstunterricht.

2 **a)** Macht im Internet einen virtuellen Rundgang durch den Dom zu Speyer. Weist nach, dass es sich um ein romanisches Bauwerk handelt.
b) Recherchiert im Internet nach Beispielen von romanischen Bauwerken in eurer Nähe. Die Karte im Buchumschlag hinten zeigt einige Beispiele auf.

B

M 3

M 4

links: Der Dom St. Peter in Regensburg, dessen Erbauung 1275 begonnen wurde, ist eines der bedeutendsten gotischen Baudenkmäler. Foto, 2010, rechts: Innenraum des Regensburger Doms, Foto, 2010
Die wichtigsten Maße: 40 m lang, 18 m breit; Höhe des Mittelschiffs: 13 m hoch; Höhe der Türme: 32 m

1 **Gruppenarbeit:** Erarbeitet mithilfe der Bilder M3 und M4 die Hauptmerkmale des gotischen Baustils. Der Wortspeicher bietet einige passende Begriffe. Nutzt dazu insbesondere auch eure Kenntnisse aus dem Kunstunterricht.

2 a) Macht im Internet einen virtuellen Rundgang durch den Kölner Dom. Weist nach, dass es sich um ein gotisches Bauwerk handelt.

b) Recherchiert im Internet nach Beispielen von gotischen Bauwerken in eurer Nähe. Die Karte im Buchumschlag hinten zeigt einige Beispiele auf.

Wortspeicher zum Gebäudetyp Kirche:
Entstehungszeit, Bau außen/innen, Säulen, Fenster, Türme, burgartige Mauern ohne Verzierungen oder Außenmauern vielfach aufgelockert durch Fenster und Strebepfeiler, Bauwerk mehr in die Breite als in die Höhe oder in die Höhe strebend, schlichte kleine oder große Fenster, massiv und rund oder dünn und gebündelt, schmale und bogenförmige Fenster oder große Spitzbogenfenster; hohe spitze oder dicke massive Türme

Aufgaben für alle:

1 a) Stellt euch eure Ergebnisse zu Romanik und Gotik abschließend gegenseitig vor: Gestaltet z. B. ein Infoplakat zu einem der beiden Baustile. Vergleicht die beiden miteinander.

b) Diskutiert darüber, ob ein virtueller Rundgang eurer Meinung nach einen tatsächlichen Besuch ersetzen kann. Zeigt Vor- und Nachteile einer digitalen Tour auf. Lest nach auf S. 196.

Die Stadtgesellschaft im Mittelalter

Die mittelalterlichen Städte boten ihren Einwohnern mehr Freiheiten, aber hatten alle Bewohner die gleichen Rechte?

- ***Welche gesellschaftlichen Unterschiede gab es in einer Stadt?***
- ***Wer besaß die Bürgerrechte*?***
- ***Wie wurde die Stadt verwaltet?***

M 1

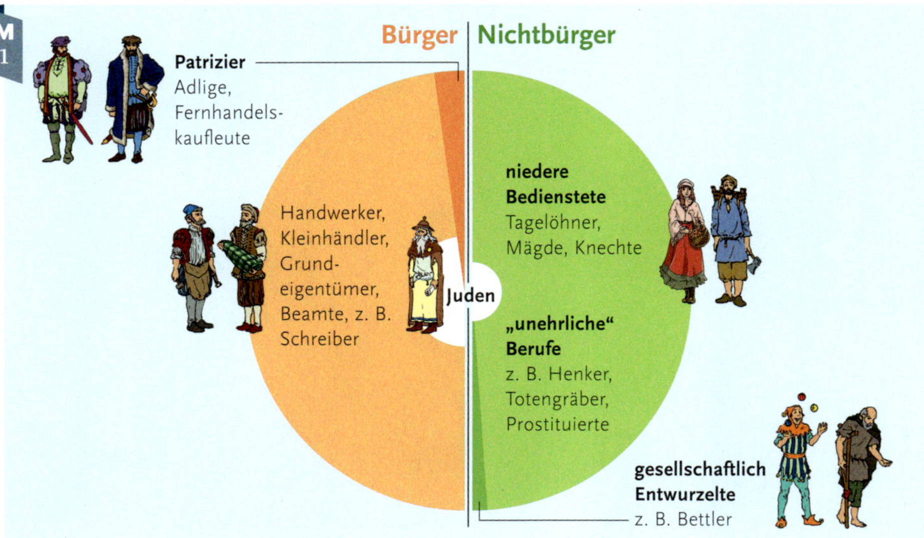

Grafik zur mittelalterlichen Stadtgesellschaft. Die Aufteilung im Schaubild stellt die wesentlichen Gruppen dar und war in jeder Stadt unterschiedlich. Die Geistlichen hatten eine Sonderstellung und werden hier nicht aufgeführt.

Wer wohnte in den mittelalterlichen Städten?

Die reichsten Bürger, die Patrizier*, waren die Fernhandelskaufleute und die Stadtadligen. Sie bildeten die Oberschicht und wohnten mit ihren Familien in prächtigen Häusern in Zentrumsnähe oder um den Markt.

Zahlenmäßig hoch war der Anteil der Handwerker und Händler, deren ehemalige Wohnstraßen man bis heute an Namen wie „Färbergraben" oder „Schustergasse" erkennen kann. Sie besaßen neben den Patriziern die Bürgerrechte. Nur vermögende Stadtbewohner, die über Grundbesitz besaßen, ein Handwerk ausübten oder Handel verfügten, konnten Stadtbürger werden. Mit einem Eid schworen sie, regelmäßig Steuern zu zahlen, auf der Stadtmauer Wachdienst zu leisten und die Stadt notfalls gegen Angreifer zu verteidigen.

In vielen Städten bildeten Bewohner mit geringem Einkommen die größte Gruppe. Dazu gehörten auch von ihrem Grundherrn geflohene Bauern, die nach einem Jahr und einem Tag in der Stadt frei wurden. Menschen mit sogenannten „unehrlichen" Berufen, wie Henker, die nicht immer arm, aber sehr schlecht angesehen waren, zählten gleichfalls zu dieser Gruppe. Die ärmeren Familien wohnten in eng bebauten Vierteln am Stadtrand. Es gab aber auch viele arme Einwohner ohne festen Wohnsitz wie Bettler.

In der Stadt lebten zahlreiche Geistliche, Nonnen und Mönche, meist in der Nähe von Kirchen oder in städtischen Klöstern. Einen Sonderstatus nahmen die Juden einer Stadt ein (siehe S. 52/53).

Wie wurde eine Stadt verwaltet?

Als viele Patrizier und Fernhandelskaufleute im Laufe des 11. Jh. zu großem Reichtum gelangten, stellten sie die Alleinherrschaft des Stadtherrn immer häufiger infrage. Nach zahlreichen Auseinandersetzungen gelang es ihnen, in fast allen Städten des Reichs, einen Rat als Stadtregierung einzusetzen. Mit dem Erstarken der Zünfte* ab dem 13. Jahrhundert (siehe S. 54/55) erhielten auch wohlhabende Handwerker ein Mitspracherecht bei der Stadtregierung. Dies gelang allerdings meist auch erst nach blutigen Auseinandersetzungen mit der bisherigen Oberschicht.

M2

Grafik zur mittelalterlichen Stadtverwaltung

Grundlegender Begriff: Bürger

im Mittelalter die Einwohner einer Stadt, die das Bürgerrecht besaßen und damit politisches Mitspracherecht hatten (z. B. Wahl des Stadtrats). Heute bezeichnet der Begriff überwiegend Bewohner eines Staates, welche die Staatsbürgerschaft besitzen.

M3

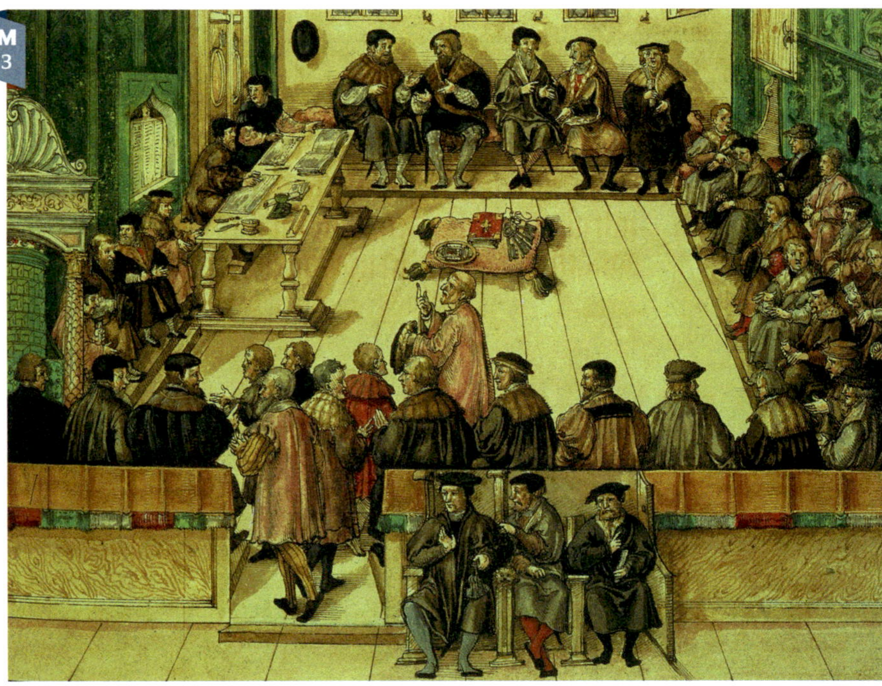

Vertreter der Zünfte betreten die Ratsstube, Buchillustration aus Augsburg, 15./16. Jh. Die Patrizier sitzen auf den Bänken an der Wand. In der Mitte der Ratsstube liegt neben Siegel und Schlüsselbund das „Statutenbuch" der Stadt, in dem alle Anordnungen und Vorgänge der Stadtverwaltung festgehalten wurden.

1 Erläutere den Aufbau der mittelalterlichen Stadtgesellschaft anhand der Grafik M1. Beziehe den Grundlegenden Begriff „Bürger" und den Darstellungstext mit ein.

2 Erkläre die zentrale Bedeutung des Stadtrates für die Stadt mithilfe von M2, M3 und dem Darstellungstext.

3 Erkläre, wie die Sitzordnung im Ratssaal den Austausch und die Beratung förderte.

4 **Zusatzaufgabe:** Informiere dich über Zusammensetzung und Ablauf heutiger Stadtratssitzungen und nenne Gemeinsamkeiten und Unterschiede im Vergleich zu damals.
Tipp: Gib im Internet die Suchbegriffe „Stadtrat Nürnberg", „... Augsburg", „... München", „... Ingolstadt" usw. ein.

Jüdisches Leben in der mittelalterlichen Stadt

Wurden im Mittelalter Städte gegründet, ließen sich auch in der Regel sehr früh Juden dort nieder. Zeiten des friedlichen Miteinanders wechselten mit Zeiten von Diskriminierung und Verfolgung.

- ***Welche Rolle spielten die jüdischen Einwohner in der mittelalterlichen Stadt?***

M 1

Aus einem Katalog zur deutsch-jüdischen Geschichte (2002):

Jüdische Fernhändlerfamilien hatten sich entlang der Handelsstraßen am Rhein niedergelassen. Jede Besiedlung war den weltlichen und geistlichen Herrschern will-kommen, denn jeder Acker, der bestellt wurde, jeder Marktflecken, um den herum sich eine Stadt bildete, mehrte ihr Ansehen und bedeutete Fortschritt. Im Vergleich zu anderen Bevölkerungsgruppen verfügten gerade die jüdischen Händler häufig über Kenntnisse, die für den Aufbau des Städtewesens und den Ausbau des Handels wichtig waren. Um das göttliche Gebot des Torastudiums[1] zu erfüllen, lernten jüdische Kinder schon von alters her Hebräisch lesen, während die meisten Christen noch für Jahrhunderte Analphabeten[2] blieben. Die Lektüre des Talmud[3] mit seinen rechtlichen Regelungen zu Streitschlichtung und Gesetzesbruch, Maßen und Gewichten, Schadenersatz ... zu Astronomie, Geometrie und Medizin ... vermittelte auch wertvolle Kenntnisse für Handel und Gewerbe. Diese Kenntnisse machten sich die Fürsten gern zunutze. Juden waren als Ärzte ebenso geschätzt wie als Fernhändler und Seefahrer, die im 8. und 9. Jahrhundert eine wichtige Stellung im Mittelmeerhandel einnahmen und die königlichen Pfalzen und bischöflichen Paläste mit Gewürzen, Juwelen, Parfümen, Purpurkleidern und anderen Luxusgütern belieferten.

Ingke Brodersen, Rüdiger Damman u. a. (Hg.), Geschichten einer Ausstellung. Zwei Jahrtausende deutsch-jüdische Geschichte, Berlin (Jüdisches Museum) 2002, S. 36.

[1] *Tora: Heilige Schrift des jüdischen Glaubens*
[2] *jemand, der nicht lesen und schreiben kann*
[3] *Lehrbuch zum jüdischen Glauben*

M 2

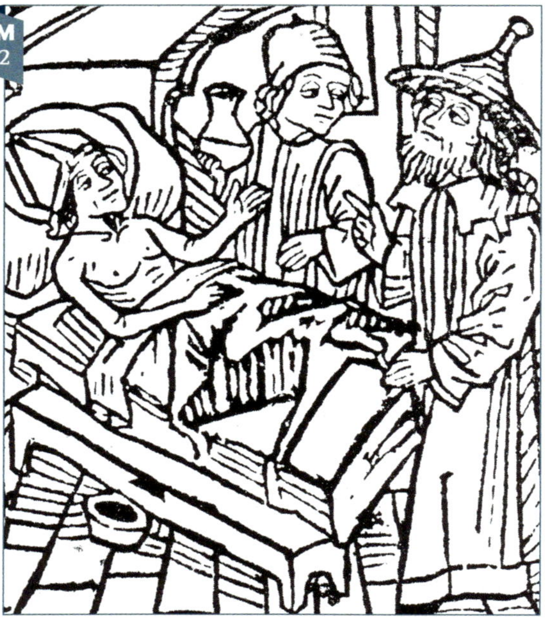

Ein jüdischer Arzt und sein Patient, Holzschnitt (1487), Augsburg 1487

M 3

Die Historikerin Karin Dengler-Schreiber über die jüdische Bevölkerung im mittelalterlichen Bamberg, 2006:

Die Bamberger Juden lebten anfangs in der Judenstraße, wo sie neben den christlichen Bürgern besonders viele Grundstücke besaßen und ... ein integrierter und geachteter Teil der Bamberger Bevölkerung waren ... 1422 beschlossen die drei mächtigsten fränkischen Fürsten ... die Juden aus ihren Ländern zu vertreiben. Der Bamberger Bischof Friedrich von Aufsees konfiszierte[1] den Judenhof[2] und strich einen Teil des Vermögens der Juden ein. Das war einer seiner Versuche, mit der Verschuldung Bambergs fertigzuwerden.

Karin Dengler-Schreiber, Kleine Bamberger Stadtgeschichte. Regensburg (Pustet) 2006, S. 64f. Bearb. v. Verf.

[1] *in Beschlag nehmen*
[2] *jüdisches Gemeindehaus*

Ein Vorurteil und seine Folgen

Jüdische Bewohner leisteten einen wichtigen Beitrag zum Wohlstand der Stadt. Mancherorts standen sie unter dem Schutz des Kaisers. Dennoch hegten viele Christen Vorurteile gegenüber den jüdischen Mitbewohnern. Man warf ihnen insbesondere vor, für den Tod Christi verantwortlich zu sein. Während der Kreuzzüge im 11. und 12. Jahrhundert gegen die Muslime (siehe S. 66 ff.) kam es vermehrt zu Angriffen auf die jüdische Bevölkerung. Die Juden wurden nach und nach rechtlich benachteiligt; Historiker verweisen allerdings auf regionale Unterschiede. Seit dem 13. Jahrhundert begann man, den jüdischen Einwohnern am Rande der Stadt gelegene Viertel zuzuweisen, in denen sie streng abgesondert von der übrigen Bevölkerung wohnen mussten. Die Mauer, die in manchen Städten das Judenviertel von anderen Stadtteilen abgrenzte, wurde zu einer Einrichtung der Ausgrenzung. Von Ghettobildung kann erst in der Zeit des Spätmittelalters gesprochen werden. Wo keine Mauern standen, diente vielfach die „Judengasse" als Bezeichnung für das Wohngebiet. Ab dem 14. Jahrhundert verschlechterte sich die Stellung der jüdischen Bevölkerung in den Städten weiter. Oftmals erhielten Juden nur eine eingeschränkte Siedlungserlaubnis und mussten diese teuer bezahlen. Wenn der Stadtherr sich weigerte, der jüdischen Gemeinde ein Schutzversprechen zu geben, war jede jüdische Familie für sich gezwungen, sich um einen Vertrag mit einem neuen Schutzherrn zu bemühen. Wegen der hohen Abgaben an die Fürsten oder den Kaiser mussten viele aus den deutschen Territorien abwandern.

Grundlegender Begriff: Ghetto

von der übrigen Stadt oft durch Mauern und Tore abgetrenntes Wohngebiet der jüdischen Gemeinschaft. Der Begriff „Ghetto" bezieht sich auf das „Geto Novo" genannte Wohnviertel der Juden in Venedig, das Anfang des 16. Jh. auf dem Gebiet einer Gießerei (ital. „geto") ausgewiesen wurde.

M 4

Bericht des Rabbiners Ephraim ben Jakob (1133–nach 1196) über einen Vorfall in Speyer 1195:

Im Jahre 4956 im Adar[1] wurde nahe der Stadt Speyer eine ermordete Christin gefunden. Da freuten sich die Christen, dass sie grundlos die Stimme gegen die Juden erheben konnten, indem sie sagten, sie hätten sie ermordet. Da umringten die Bewohner der Stadt das Haus des Rabbiners, brachen in dieses ein, töteten ihn und acht Menschen mit ihm. Die Juden stiegen auf das Obergeschoss der Synagoge hinauf, darauf zogen sie die Leiter, auf welcher sie hinaufgestiegen, zu sich empor. Dort retteten sie sich, bis ihnen Hilfe kam. Dann ließen sie die Leiter herunter und gingen noch während der Nacht aus der Stadt weg. Die Feinde aber plünderten alles, was sich in den Häusern befand ... und die Synagoge äscherten sie ein.

Zit. nach Karl Heinz Debus, Geschichte der Juden in Speyer bis zum Beginn der Neuzeit. In: Beiträge zur Speyerer Stadtgeschichte Nr. 9, Speyer, 2004, S. 11.

[1] *Das Jahr 4956 entspricht in der christlichen Zeitrechnung dem Jahr 1195. Der Monat Adar entspricht dem Monat März.*

M 5

Zwischen 1336 und 1338 kam es mehrfach zu Ausschreitungen gegen Juden in Unterfranken, am Mittelrhein und im Elsass. Wirtschaftliche Gründe bildeten das wesentliche Motiv für diese Gräueltaten. Vorrangig sollten durch die Ermordung der jüdischen Kreditgeber die Schulden nicht mehr zurückgezahlt werden müssen. Abbildung aus einer Würzburger Chronik, Mitte des 16. Jh.

1 Beschreibe die Leistungen der jüdischen Bewohner für die Entwicklung der Städte im Mittelalter (M1 und M2).
2 Zeige Maßnahmen, Ereignisse und Entwicklungen auf, die sich gegen die jüdische Bevölkerung im Mittelalter richteten (M3–M5 und Darstellungstext).
3 Fasse Leistung, Abwertung und Ausgrenzung der jüdischen Stadtbevölkerung im Mittelalter in einem abschließenden Fazit zusammen.

Handwerk und Handel in der Stadt

Bis heute befindet sich im Zentrum von Städten aus dem Mittelalter ein Marktplatz. Der Markt bildete den Mittelpunkt des Handels innerhalb jeder Stadt. Besonders wichtig war er für die städtischen Handwerkszünfte.

- ***Warum waren die städtischen Märkte die Drehscheibe des Handels?***
- ***Welche Bedeutung hatten die Zünfte in der mittelalterlichen Stadt?***

M1

Glasfenster im Freiburger Münster, gestiftet von einer Handwerkerzunft, um 1330, Foto, 2003

M2

Der Marktplatz in Augsburg, Ausschnitt eines Gemäldes von Jörg Breu d. Ä., um 1530

Der Markt als zentraler Handelsplatz

Auf dem Markt verkauften die Bauern aus der Umgebung die Produkte ihrer Felder an die Stadtbewohner. Die Handwerker aus der Stadt boten Waren aller Art an, wie Kleidung, Stoffe oder Möbel. Wenn große Märkte stattfanden, kamen Fernhändler mit seltenen Gütern wie teuren Stoffen, Pelzen oder kostbaren Gewürzen, z. B. Pfeffer. Diese Waren konnten sich nur reiche Bürger leisten.

Wer als Bauer kein Fuhrwerk besaß und den weiten Weg in die Stadt scheute, verkaufte seine Produkte an Zwischen- oder Fernhändler. Diese boten die Waren dann sehr viel teurer auf dem Markt an.

Der Stadtrat erließ Marktordnungen über die Höhe der Abgaben, die Verkaufszeiten und Regelungen zum Erhalt des Marktfriedens.

Die Handwerkszunft – nur ein Berufsverband?

Um ihre Stellung zu stärken und abzusichern, schlossen sich ab dem 12. Jahrhundert die Handwerker verschiedener Berufsgruppen zu Zünften zusammen, z. B. zur Bäcker-, Metzger- oder Weberzunft. Die Zunftordnung regelte die Handwerksausbildung, die Anzahl der Betriebe und die Zulassung eines Gesellen als Meister. Nur ein Meister durfte einen Betrieb eröffnen. Auch die Qualität der Waren und die Preise wurden von der Zunft überwacht. Bei Vergehen drohten Strafen. In Zunftversammlungen wurden Oberhäupter gewählt, die auf die Ausführung der Regelungen achteten, Strafen aussprachen oder Geld aus der Zunftkasse an in Not geratene Mitglieder wie Waisen und Witwen gaben. Die bedeutendsten und reichsten Handwerker aus den Zünften wurden oft Ratsmitglieder im Stadtrat und konnten so wichtige Regelungen für den Handel in der Stadt mitbestimmen.

M 3

Aus der Marktordnung des Rates der Stadt Landshut, 1256:

Wir verbieten, Schwerter und Dolche innerhalb der Stadt zu tragen. Wer ein Schwert trägt, zahlt der Stadt 6 Schilling und dem Richter 60 Pfennig ...

Wir verordnen, 2 ½ Pfund Rindfleisch für einen Schilling[1] zu verkaufen und ebenso viel Hammelfleisch und 3 Pfund Ziegenfleisch. Die Leute, die es anders machen, werden der Stadt 6 Schillinge und dem Richter 60 Pfennige zahlen ...

Wir verordnen, dass kein Kauf außerhalb des öffentlichen Marktes stattfindet. Dies gilt für Leute, die Waren in die Stadt bringen. Wer gegen diese Bestimmung handelt, muss der Stadt 6 Schillinge und dem Richter 60 Pfennige zahlen.

Lotterbuben[2] in jeder Art ... halten wir fern. Die Leute, die sie über Nacht hinaus beherbergen, verurteilen wir zu 1 Pfund ...

Zit. nach Heinrich Pleticha, Bürger, Bauer, Bettelmann. Stadt und Land im späten Mittelalter, Würzburg (Arena) 1976, S. 87.

[1] *Schilling = 12 Pfennige; ein Tagelöhner verdiente pro Tag 5 Pfennige; 500 g Butter kosteten ca. 9 Pfennige*

[2] *Taugenichtse*

M 4

Aus der Wochenmarktsatzung der Stadt Landshut, 2017:

[Marktstandbesitzer] dürfen Waren nur innerhalb der Marktzeit gemäß Absatz 1 verkaufen ... Gegenstände des Wochenmarktverkehrs sind ... Produkte des Obst- und Gartenbaus, der Land- und Forstwirtschaft und der Fischerei ... Die Marktaufsicht wird von den zuständigen Bediensteten der Stadtverwaltung ausgeübt ...

(2) Die im Marktverkehr tätigen Personen haben ... den Anordnungen und Weisungen der Marktaufsicht im Interesse der Ordnung und Sicherheit des Marktes Folge zu leisten. [Jeder] ... kann mit einer Geldbuße bis zu zweitausendfünfhundert Euro belegt werden, wer vorsätzlich ... entgegen § 3 Abs. 2 nach Ablauf der Marktzeit den Verkauf nicht einstellt ... die in § 9 Abs. 1 und 2 aufgeführten Verhaltensvorschriften und Verbote nicht beachtet ...

www.landshut.de/portal/rathaus/referat-3/amt-f-oeffentl-ordnung-u-umwelt/oeffentliche-ordnung/markt-maerkte.html (Stand: 24.07.2018).

M 5

Aus den Zunftordnungen der Ulmer Leineweber von 1346 und 1403:

Allen Bürgern und Bürgerinnen, die seit fünf Jahren bei uns wohnen, gestatten wir, dass ihre Kinder, die das Weberhandwerk lernen wollen, das tun dürfen. Wenn sie die Lehrzeit beendet haben, dürfen die Weber diesen Bürgerkindern ihr Zunftrecht verleihen, das heißt sie in die Zunft aufnehmen.

Wenn von heute an ein Fremder ... der dieses Handwerk betreibt, zu uns zieht und Bürgerrecht haben will, soll er von dem Tag an, da er Bürger wird, fünf Jahre lang das Weberhandwerk nicht ausüben und die Weber sollen ihn auch nicht in die Zunft aufnehmen.

Kein Geselle darf selbstständig in Ulm arbeiten oder einen Webstuhl betreiben.

Die vereidigten Beschauer [Prüfer] sollen ... alle Leinwand in der Stadt ... allwöchentlich beschauen.

Wenn sie in den Häusern oder auf dem Markt eine Leinwand finden, die zu dünn ist ..., so soll ein Meister der Zunft einen Schilling [als Strafe] geben ...

Zit. nach Friedrich Keutgen, Urkunden zur städtischen Verfassungsgeschichte, Berlin (Felber) 1901, Nr. 286 und 287. Teilw. übers. und bearb. v. Verf.

1 Beschreibe die Marktszene in M2 mithilfe der Arbeitsschritte auf S. 194.

2 **Partnerarbeit:** Vergleicht die heutige und die mittelalterliche Marktordnung (M3 und M4): Erarbeitet Gemeinsamkeiten und Unterschiede (Tabelle). Begründet die Ergebnisse.

3 **Wähle eine Aufgabe aus:**

a) Fasse die Aufgaben der Zünfte mithilfe der Zunftordnung M5 zusammen.

b) Erkläre anhand von M5, wie die Zünfte Konkurrenz verhinderten.

c) Erörtere ausgehend von M5 die Vor- und Nachteile des Zunftwesens.

4 Gestalte eine Mindmap zum Thema Handel, Handwerk und Markt in der Stadt (im Mittelalter und heute). Nutze dazu deine Erkenntnisse aus den Aufgaben 1–3. Beziehe die Informationen aus dem Darstellungstext mit ein.

L Krankheit und Tod als ständige Begleiter

Seuchen und Hunger begegnen uns heute noch immer in vielen ärmeren Ländern der Welt. Im Mittelalter waren diese Bedrohungen auch in Europa gegenwärtig.

- *Untersuche, wodurch die Menschen im Mittelalter bedroht wurden und wie sie mit diesen Bedrohungen umgingen. Erarbeite dazu einen kurzen Vortrag.*

M 1

Der Tod und das Kind, Holzschnitt von Hans Holbein d. Jüngeren (um 1497–1543)

M 2

Gaben und Fürsorge für Arme und Kranke, Gemälde eines unbekannten Kölner Malers, um 1470/80

Wen traf die Not?

Seuchen wie die Pest forderten insbesondere in den dicht bewohnten Städten unter allen Bevölkerungsgruppen hohe Opfer. Aber auch das Leben der Bauern auf dem Land war von Entbehrungen und Krankheiten gezeichnet. In der Regel konnte nur das erwirtschaftet werden, was unmittelbar für den Eigenbedarf nötig war und wenn überhaupt, nach Abgabe von dem Zehnt an den Grundherrn, noch etwas übrig blieb. Ernteausfälle durch Verwüstungen aufgrund von Kriegen, Trockenheit und Überschwemmungen führten in den betroffenen Regionen Europas zu Katastrophen. Zahlreiche Hungersnöte durchzogen Europa im 12. Jahrhundert und führten beispielsweise dazu, dass die Menschen im Rheinland Gras aßen und die Frauen im französischen Westen ihre Kinder vor die Klostertore legten, weil sie keine Nahrung mehr finden konnten. Kriege kosteten unzählige Menschenleben und zerstörten die Lebensgrundlage vieler Familien.

Im Durchschnitt wurden Menschen im Mittelalter nur etwa 35 Jahre alt. Die medizinische Versorgung und die hygienischen Zustände waren schlecht. Die Hälfte aller Neugeborenen starb bei oder kurz nach der Geburt. Von denen die überlebten, erreichte die Hälfte von ihnen das 14. Lebensjahr nicht.

Welche Bedrohungen gab es?

Hunger sorgte für Mangelernährung und geringe Widerstandskraft gegen Krankheitserreger. Andauernde Regenfälle führten zu Überschwemmungen. Das mit Abfällen verseuchte Trinkwasser brachte Krankheiten wie Ruhr (Darminfektion) mit sich. Im 14. Jahrhundert erreichten mehrere Pestwellen aus Zentralasien Europa über die Handelswege und entvölkerte ganze Landstriche. Zwischen 20 und 25 Millionen Menschen starben. Malaria, Pocken, Lepra (Erkrankung der Haut und Nervenzellen) und eine durch schimmeliges Getreide hervorgerufene Vergiftung (Getreiderost) führten zu einer großen Zahl von weiteren Todesopfern.

Wie begegneten die Menschen Hunger und Tod?

Viele Menschen lebten mit der allgegenwärtigen Gefahr und nahmen sie hin, weil es kein Mittel gab, die Bedrohungen zu beseitigen. Es wuchs die Bereitschaft, an Bußprozessionen teilzunehmen, da die Menschen in Krankheiten und Katastrophen eine Strafe Gottes sahen, die es abzuwenden galt. Kranke wurden aus der Gesellschaft ausgeschlossen oder ausgesetzt. Daher war Lepra unter der Bezeichnung „Aussatz" bekannt. Andererseits sollte Barmherzigkeit gegenüber Armen und Hilfsbedürftigen für das Seelenheil im Jenseits sorgen. Reiche Bürger stifteten nicht nur Fenster und Bänke für die Kirchen, sondern sie gaben Geld für die Einrichtung von Spitälern in den Städten, in denen Alte und Kranke gepflegt wurden. Im 13. Jahrhundert entstanden neue Ordensgemeinschaften. Die Mönche suchten nicht die Einsamkeit, sondern sie ließen sich oft in Städten nieder und widmeten sich der Fürsorge für Notleidende und Kranke.

Wenn Krankheit und Not unerträgliche Ausmaße annahmen, wie dies etwa bei der Ausbreitung der Pest im 14. Jahrhundert der Fall war, entluden sich Angst und Verunsicherung in wüsten Angriffen auf Minderheiten. Diese trafen oft die jüdischen Einwohner, die fälschlicherweise für den Ausbruch dieser Seuchen verantwortlich gemacht wurden. Vielfach waren die Morde jedoch wirtschaftlich motiviert, weil man sich so von Schulden befreien und jüdischer Besitz neu verteilt werden konnte (siehe auch S. 53 M5).

M 3

Bericht des italienischen Gelehrten Gabriele de Mussis über die Pest in Caffa am Schwarzen Meer, 1347

In Caffa befand sich eine Handelsniederlassung der italienischen Stadt Genua. Diese war 1347 eingeschlossen von den feindlichen Kämpfern einer dort lebenden Bevölkerungsgruppe:

Zu diesem Zeitpunkt befiel die Seuche die Feinde. Ihr ganzes Heer geriet in Panik, und täglich starben Tausende. Den Eingeschlossenen erschien es, ob Rachepfeile vom Himmel flögen, um den Übermut der Feinde zu zügeln. Diese zeigten nämlich nach kurzer Zeit charakteristische Symptome an ihren Körpern, nämlich verklumpte Körpersäfte an den Gelenken und Leisten. Folgte dann das Fäulnisfieber, starben sie, denn die Ärzte konnten ihnen weder Rat noch Hilfe bieten. Als die nunmehr von Kampf und Pest geschwächten Feinde bestürzt und völlig verblüfft zur Kenntnis nehmen mussten, dass ihre Zahl immer kleiner wurde, und erkannten, dass sie ohne irgendeine Hoffnung auf Rettung dem Tod ausgeliefert waren, banden sie die Leichen auf Wurfmaschinen und ließen sie in die Stadt Caffa hineinschleudern, damit dort alle an der unerträglichen Pest zugrunde gehen sollten. Man sah, wie sich die Leichen, die sie auf diese Weise hineingeworfen hatten, zu Bergen türmten ... Bald war ... die ganze Luft verseucht und ebenso das Wasser durch die krankmachende Fäulnis vergiftet. Es breitete sich ein solcher Gestank aus, dass von Tausenden nur noch einer in der Lage war, das Heer zu verlassen und die Flucht zu wagen. Auch er trug die Pest mit sich und brachte ihr Gift überall zu den Menschen, wobei er allein durch seinen Anblick Orte und ihre Bewohner infizierte.

Nach Kay Peter Jankrift, Krankheit und Heilkunde im Mittelalter, Darmstadt (Wissenschaftliche Buchgesellschaft) 2003, S. 86. Bearb. v. Verf.

1 **Wähle eine Aufgabe aus:**
   a) Beschreibe das Geschehen in M1 und nenne Ursachen für den häufigen Tod von Kindern im Mittelalter (Darstellungstext Z. 1–24).
   b) Erschließe die Leiden der Bedürftigen, die in M2 zu sehen sind.
2 Beantworte die Fragen, die über den drei Abschnitten des Darstellungstextes stehen.
3 Erkläre, wie der italienische Gelehrte in M3 die Symptome und Ursachen der Pest wahrgenommen hat. Achte dabei besonders auf die Zeilen 7–8 sowie 22–28.
4 Fertige einen kurzen Vortrag über Krankheit, Tod und Barmherzigkeit im Mittelalter an. Bei der Gliederung helfen dir die drei Überschriften des Darstellungstextes.
5 Beurteilt den Umgang mit äußeren Bedrohungen im Mittelalter, indem ihr Vergleiche zur Situation heute zieht (Darstellungstext).
   Tipp: Seuchen, Kriege und Hunger gibt es auch heute noch. Informiert euch im Internet, nennt ein aktuelles Beispiel und berichtet von den Reaktionen der Menschen. Wie wird den Betroffenen geholfen?

Das Erbe des Mittelalters – Beispiel Regensburg

- *Diskutiert, ausgehend von den Bildern: Was ist vom Mittelalter geblieben?*

M1

Altes Rathaus, um 1360 erbaut, Foto, 2008

M2

Wappen von Regensburg, Foto

M3

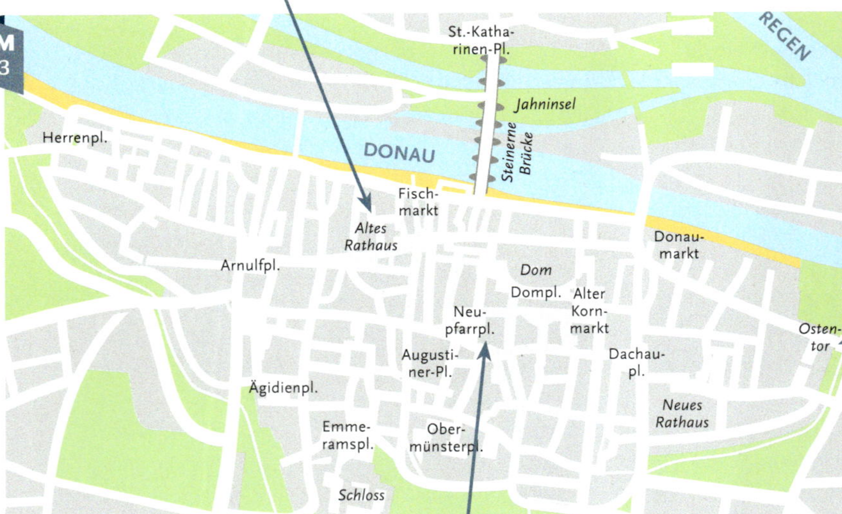

Stadtplan von Regensburg

M4

Ostentor, Teil der einstigen Stadtbefestigung, um 1300 erbaut, Foto, 2012

M5

Künstlerischer Nachbau des Grundrisses der 1519 zerstörten Synagoge auf dem Neupfarrplatz in Regensburg; von dem israelischen Künstler Dani Karavan entworfen, Foto, 2005

1 Erkläre mithilfe von M1 bis M5, wie das mittelalterliche Erbe heute in einer Stadt sichtbar wird. Lies nach im Buch, u. a. auf S. 34, 46/47 und S. 49.

2 **Gruppenarbeit:** Sammelt in der Klasse weitere Beispiele, aus denen mittelalterliches Erbe ersichtlich wird (z. B. Spiele, Filme …).

3 **Zusatzaufgabe:** Das Wappen von Regensburg ist hier abgebildet (M2). Finde heraus, woran es erinnert.

500	600	700	800	900	1000	1100	1200	1300	1400

seit 6. Jh. Gründung von Klöstern in Europa

seit 7./8. Jh. Grundherrschaft

ab 1000 Zeit der Burgen und Ritter
Anstieg der Bevölkerung

ab 1100 vermehrt Städtegründungen in Europa

um 1200 kulturelle Blüte zur Zeit der Staufer

ab 1200 Kämpfe der Bürger gegen die Stadtherren um Mitsprache

1348–1350 Pestwelle in Europa

Leben und Kultur im Mittelalter

Ständeordnung

Im Mittelalter bestimmte die Geburt die Zugehörigkeit zu einem der drei **Stände**: Geistlichkeit, Adel und Bauern. Gleichheit im rechtlichen Sinn gab es nicht. Die **Bürger** zählten zum dritten Stand. Sie unterschieden sich von den Bauern, denn sie waren frei und von keinem adligen oder geistlichen Grundherrn abhängig. Jeder Stand hatte bestimmte Rechte und Pflichten.

Grundherrschaft

Grundherren konnten weltliche Adlige oder Geistliche sein. Sie vergaben Land und Besitz an Bauern, die zu Abgaben an den Grundherrn und zu Diensten verpflichtet waren. Dafür schützte der Grundherr seine unfreien Bauern. Dieses Verhältnis regelte die Bewirtschaftung des Landes und überdauerte das Mittelalter bis zum Ende des 18. Jahrhunderts.

Klöster – Wirtschafts- und Wissenszentren

Auch Klöster vergaben als Grundherren eigenes Land an abhängige Bauern. Schulen, Handwerk und die Anbaumethoden der Klöster waren vergleichsweise fortschrittlich und daher für die mittelalterliche Gesellschaft von großem Nutzen. Der Klosterplan von St. Gallen zeigt uns die vielfältigen Funktionen, die Klöster im Mittelalter hatten, auch wenn der Plan nie umgesetzt wurde.

Burgen und Ritter

Anfangs waren Burgen einfache Holzbauten auf einem Hügel, um vor Angriffen geschützt zu sein. Später bauten Adlige Burgen aus Stein, wenn sie die Mittel dazu hatten. Komfortabel waren diese Wohnsitze keineswegs. Vor Kälte und Nässe schützten Holzläden. Im Innern herrschte Dunkelheit und nur das Kaminzimmer, die Kemenate, war beheizt. Als bewaffnete Kämpfer zu Pferd waren die Ritter die bedeutendsten Helfer des Königs im Krieg. Die Zeit der Kaiser aus dem Geschlecht der Staufer um 1200 war eine kulturelle Blütezeit. Hoffeste mit Turnieren und Feierlichkeiten zeigten das ideale Bild des Rittertums, aber der Alltag sah eher ärmlich aus.

Städte als Wirtschaftszentren

Ab dem 11. Jahrhundert entstanden zahlreiche Städte. Dort entwickelte sich eine arbeitsteilige Gesellschaft. Die Handwerker, die in Zünften organisiert waren, und die Kaufleute nahmen zahlenmäßig einen hohen Anteil ein. Die meisten von ihnen besaßen zusammen mit den Patriziern, die Handel und Politik kontrollierten, die Bürgerrechte. Einen Sonderstatus nahmen die Juden ein. Ihre Rechtslage war in den Städten unterschiedlich. Juden wohnten mitunter, aber nicht immer, in einem Judenbezirk, das **Ghetto**, der von der übrigen Stadt oft durch Mauern und Tore abgesperrt war. Mit dem **Stadtrecht** erhielten die Städte zahlreiche Privilegien, so z. B. das Zoll- und Münzrecht. Seit dem 12. Jahrhundert befreiten sich viele Städte von der Herrschaft der adligen Stadtherren und setzten eigene Verwaltungen ein.

Ständige Begleiter: Krankheit und Tod

Hunger, Naturkatastrophen, Seuchen und Krankheiten bildeten ständige Bedrohungen für das Leben. Das medizinische Wissen über die Heilung von Krankheiten war im Mittelalter begrenzt. Vielmehr hoffte man auf Wunder und göttliche Gnade. In den Städten entstanden Spitäler für die Alten- und Krankenversorgung. Durch Spenden für Arme und Kranke glaubten viele Menschen für das eigene Seelenheil im Jenseits vorsorgen zu können.

In diesem Kapitel konntest du folgende Kompetenzen erwerben:

- grundlegende Merkmale des Lebens der Menschen im Mittelalter sowie ihre kulturelle Leistungen kennenlernen und sie mit der heutigen Lebenswelt vergleichen
- verschiedene Quellen und Darstellungen erschließen, um typische mittelalterliche Lebens- und Wirtschaftsformen zu erfassen
- Beispiele der höfischen Kultur und der mittelalterlichen Architektur untersuchen und in diesem Zusammenhang die Möglichkeit und Grenzen digitaler Quellen und Darstellungen beurteilen
- historische Wurzeln einer heutigen Stadt erkennen und wichtige Aspekte des Lebens in einer mittelalterlichen Stadt beschreiben.
- Bedrohungen durch Krankheiten und Hunger im Mittelalter beschreiben und den Umgang der Menschen damit beurteilen
- Grundlegende Begriffe und Daten zur Beschreibung vom Leben und Kultur im Mittelalter anwenden

M1

Wer oder was ist das?

A Er lebt in der Stadt, ist frei und hat Mitspracherechte in politischen und wirtschaftlichen Angelegenheiten.

B Es gibt drei davon und die Menschen in jeder dieser drei Gruppen haben unterschiedliche Pflichten und Rechte.

C Stadtviertel, das in der Regel der jüdischen Bevölkerung vorbehalten war.

D Ohne deren Zustimmung konnte niemand Handwerker werden.

E Sänger und Dichter erzählen zu dieser Zeit Geschichten von Ritterabenteuern.

F An diesen Orten hieß es: Ora et labora.

G Ein freier Herr gibt abhängigen Bauern Land und Schutz. Er verlangt dafür Abgaben und Dienste.

H Die Gesetze und Regeln für Menschen, die in städtischen Siedlungen zusammenlebten, förderten deren Teilhabe an Gesellschaft und Wirtschaft.

M2

Französische Buchmalerei zum Werk des Gelehrten Petrus de Crescentiis (ca. 1230–1320) über Ackerbau, Viehhaltung und Jagd, 15. Jh.

M 3

Die Journalistin Kristina Maroldt 2013 über das Schicksal eines kleinen Jungen um 850:

St. Gallen, 850. Vor der Pforte des aufstrebenden Benediktinerklosters nahe dem Bodensee steht ein kleiner Junge. Etwa sechs Jahre ist er alt, ein schüchternes, schmächtiges Kerlchen, seine Eltern, wohlhabende Gutsleute aus dem benachbarten Thurgau, sind gestorben. Für den Jungen ist es sein Schicksalstag: Heute wird ihn sein Betreuer, ein alter Freund der Familie, für immer ... dem Kloster übergeben. Notker, das Waisenkind, soll Mönch werden.

Aus heutiger Sicht klingt dieser Lebensplan für ein Kind ziemlich düster. Doch im Mittelalter war ein solcher Weg nichts Ungewöhnliches, er konnte sogar eine große Chance bedeuten. Auch im Fall des kleinen Notker entpuppt sich die Übernahme als Segen – für den Jungen und für die europäische Kultur: Im Schutz des Ordens wird Notker, später berühmt ..., trotz diverser körperlicher Gebrechen, zu einem der wichtigsten Dichter und Gelehrten des Mittelalters heranwachsen.

Kristina Maroldt, Die Konzerne Gottes, SPIEGEL Geschichte 4/2013, S. 34.

M 4

Handwerker beim Bau einer Stadt, französische Buchmalerei, 14. Jh.

Orientierungskompetenz

1 **Wähle eine Aufgabe aus:**
Nenne je zwei Gemeinsamkeiten und zwei Unterschiede zwischen
a) einer Stadt im Mittelalter und in der Gegenwart,
b) einem Kloster im Mittelalter und in der Gegenwart.

Sachkompetenz

2 **Partnerarbeit:** Jeder löst abwechselnd ein Rätsel (M1) und erklärt dann dem Partner den gefundenen Begriff.

3 **a)** Finde eine passende Überschrift zur Geschichte in M3.
b) Nenne die Gründe für den Eintritt des Kindes in das Kloster.
c) Nenne Voraussetzungen, die ein Kloster bot, damit Notker ein berühmter Gelehrter werden konnte. Lies nach auf S. 40/41.

Narrative Kompetenz und Methodenkompetenz

4 Beschreibe die Arbeit der Bauern (M2) und ihre Aufgaben als Abhängige eines Grundherrn.

5 **a)** Erläutere die Tätigkeiten der Handwerker (M4).
b) Ordne mindestens zwei Steinbauten einem Zweck für das Zusammenleben in der Stadt zu.
c) Nenne den Baustil, der hier zu sehen ist und begründe deine Entscheidung.

Urteilskompetenz

6 **a)** Vergleiche die Rolle der Bauern in M2 mit der Rolle der Handwerker in M4 nach Aufgaben und Pflichten.
b) Bewerte die Chancen beider Gruppen, gesellschaftlich aufzusteigen. Begründe deine Aussage.

7 Sammelt Argumente, die dafür sprechen, dass die mittelalterliche Stadt für die Gesellschaft und die Wirtschaft viele Vorteile bot. Stelle die Nachteile gegenüber.

CLAVDII PTHOLOMEI ALLEX
ANDRINI COSMOGRAPH
OCEANVS OCCIDENTALIS
MARE GLACIALE SIVE CONGEL
MARE GLACIAL
CIRCVLVS ARCTICVS
SPAGNOLLA INSVLA
PROVINCIA INVENTA EST PER MANDATVM REGIS CASTELLE
AMERICA
MARE HIRCANV SIVE CASPIVM
LIBIA INTERIOR
AFFRICA
ETHIOPIA INTERIOR
ARABIA FELIX
MARE INDICVM
AVSTER
NOTVS
LYBONOTH
VNIVERSALIS COSMOGRAPHIA SECVNDVM PTHOLOMÆI TRA DITIONEM

📄 ▶ cornelsen.de/webcodes
+ 🔈 Code: royida
Alle Darstellungstexte zum Anhören

3 Neue räumliche und geistige Horizonte

Der Wissenschaftler Martin Waldseemüller sammelte mit anderen Gelehrten alle verfügbaren Reiseberichte und geografischen Informationen. Aufgrund seiner Forschungen entstand 1507 diese Weltkarte. Sie zeigt erstmals einen für die Europäer ihrer Zeit unbekannten neuen Kontinent.
Im frühen Mittelalter benötigten die Menschen keine Karten. Das änderte sich durch die Kreuzzüge nach Jerusalem und die Entdeckungsfahrten von Portugiesen und Spaniern über die Weltmeere. Europäer trafen dabei auf fremde Kulturen. Diese Kontakte führten zu zahlreichen Konflikten. Zugleich erwarben die Europäer neues Wissen, das ihr Denken und Handeln veränderte.

Vergleiche diese Karte mit einer heutigen Weltkarte, zum Beispiel im Einband vorne.

Weltkarte von Martin Waldseemüller, 1507. Oben links ist der Grieche Ptolemäus abgebildet, der bekannteste Kartenzeichner der Antike. Oben rechts das Bild des italienischen Kaufmanns und Seefahrers Amerigo Vespucci, dessen Vorname zur Bezeichnung des neuen Kontinents diente.

1000 | 1100 | 1200 | 1300

europäisches Mittelalter

1000 v. Chr.–ca. 16. Jh. n. Chr.
altamerikanische Hochkulturen

14. Jh.–16. Jh.
Renaissance und Humanismus

1095 Papst Urban II. ruft zum Kreuzzug auf

1096 Judenverfolgungen in deutschen Städten

1099 Eroberung Jerusalems durch die Kreuzfahrer

12. Jh.–14. Jh. Kreuzfahrerstaaten unter der Herrschaft europäischer Adliger

Städtegründungen in Europa

Begegnung zwischen Völkern und Kulturen

Heute begegnest du ständig anderen Kulturen. Du verreist in andere Länder oder erfährst über die modernen Medien Verschiedenstes aus und über entfernte Kulturen. Im Mittelalter kannten die meisten Menschen in Europa nur ihr Dorf und dessen Umgebung. Die Teilnehmer an den Kreuzzügen und die Seefahrer hatten nur ungenaue Vorstellung von den riesigen Entfernungen zu ihren gesuchten Zielen.

Ab dem 14. Jahrhundert setzte in Europa ein tiefgreifender Wandel auf vielen Gebieten ein. Selbstbewusste Bürger organisierten zuerst in den Städten Italiens den Handel mit Luxuswaren aus dem Orient. In vielen Ländern Europas studierten Gelehrte die Werke der Griechen und Römer. Zahlreiche Ideen und Kenntnisse der antiken Autoren auf den Gebieten Geografie, Astronomie und Naturwissenschaften erschienen im Vergleich zum Wissen des Mittelalters viel fortschrittlicher.

Mit den neuen Erkenntnissen wagten portugiesische und spanische Seefahrer Schifffahrten über unbekannte Ozeane. Die „Entdeckung" Amerikas, der Neuen Welt, erlaubte erstmals weltweite Handelskontakte. Die Eroberung und Kolonialisierung* der Neuen Welt durch die Europäer führte aber auch zur Zerstörung der altamerikanischen Hochkulturen*.

M 1

Schlacht zwischen einem christlichen und einem islamischen Heer bei der Stadt Antiochia im Jahre 1097, spanische Handschrift um 1200. Zwischen dem Ende des 11. und dem Ende des 13. Jahrhunderts zogen christliche Ritter in sieben Kreuzzügen zur Eroberung und Festigung der Herrschaft über das „Heilige Land" in Richtung Jerusalem. Dabei kam es zu zahlreichen Konflikten, aber auch zu Verständigung und Respekt voreinander.

1400 | 1500 | 1600 | 1700 | 1800

Beginn der Neuzeit in Europa

1453 Eroberung Konstantinopels durch die Osmanen und dadurch Ende des Oströmischen Reichs

Europäer suchen Seeweg nach Indien

1492 „Entdeckung" Amerikas durch Christoph Kolumbus

Eroberung Süd- und Mittelamerikas durch Europäer

1543 Nikolaus Kopernikus: Die Erde dreht sich um die Sonne

1517 Beginn der Reformation

M2

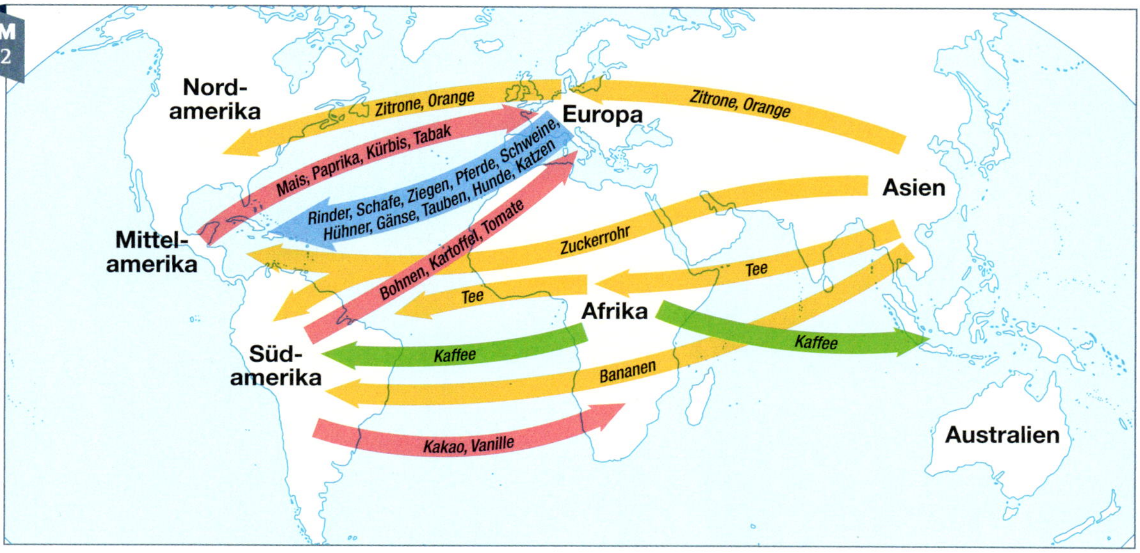

Ab 1500 setzte ein weltweiter Austausch von Pflanzen und Tieren ein, der bis heute anhält.

1 Berichte von einer persönlichen Begegnung mit Menschen aus anderen Kulturen (z. B. bei Familienfesten, einem Stadtteilfest, Restaurantbesuch, Schüleraustausch oder im Urlaub).

2 Beschreibe M1. Sammle, was du bereits von den Kreuzzügen weißt.

3 Schreibe aus M2 in eine Tabelle Produkte heraus, die aus Amerika stammen. Auf welche dieser Produkte aus der Neuen Welt könntest du in deinem Alltag am wenigsten verzichten?

4 **Zusatzaufgabe:** Ergänze deine Tabelle mit mindestens zwei Produkten, die aus Afrika und Asien in andere Kontinente gelangten (M2).

In diesem Kapitel übst du folgende Kompetenzen:

- Du erkennst, inwiefern die Begegnung von Völkern und Kulturen in Mittelalter und Neuzeit zu Konflikten, aber auch zu einem neuem Denken und Weltbild führte, und du nutzt deine Kenntnisse, um heutige Kulturkontakte zu bewerten.
- Du wertest christliche und islamische Quellen zu den Kreuzzügen aus, um Möglichkeiten und Grenzen des Kulturkontakts trotz religiöser Spannungen zu beurteilen.
- Du erfasst am Beispiel der Eroberung Konstantinopels, wie ein historisches Ereignis unterschiedlich bewertet werden kann.
- Du erfasst die Veränderungen im Menschenbild in der Epoche der Renaissance.
- Du findest heraus, wie sich in der Kunst der Renaissance ein neues Menschenbild zeigt.
- Du untersuchst die Motive und die Folgen der europäischen Entdeckungsfahrten und beschreibst deren Nachwirkungen bis heute.
- Du wertest Geschichtskarten aus und erhältst so einen Einblick in die Europäisierung der Welt seit 1492.

Die Kreuzzüge – Kriege im Namen Gottes?

Islamische Krieger vom Volk der Seldschuken* eroberten 1071 Jerusalem*. Sie töteten die dortigen islamischen Führer, ließen aber das christliche und das jüdische Viertel unberührt. Der Kaiser in Byzanz fürchtete Angriffe der Seldschuken auf sein Reich und sandte einen Hilferuf an den Papst in Rom.

- ***Wie reagierte der Papst und wie verlief der erste Kreuzzug?***

Grundlegender Begriff: Kreuzzug

Vom 11. bis zum 13. Jh. stattfindende Kriegszüge in den Nahen Osten u.a. mit dem Ziel, die muslimische Herrschaft über die Heiligen Stätten der Christen zu beenden und den christlichen Glauben zu verbreiten.

M 1

Aufruf des Papstes, 27. November 1095

Der Mönch Robert von Reims schrieb die Rede von Urban II. zwölf Jahre später auf:

Volk der Franken, von Gott auserwählt und wegen eurer Herkunft und des katholischen Glaubens geliebt von allen Völkern. An euch richtet sich meine Rede. Aus dem Land Jerusalem und der Stadt Konstantinopel kam schlimme Nachricht ... Die Seldschuken, die weder ein Herz haben noch an Gott glauben, haben mit Schwert, Raub und Feuer das Land der Christen dort verwüstet. Christen wurden als Gefangene verschleppt oder getötet und die Kirchen zerstört. Das Byzantinische Reich ist schon in Teilen besetzt worden. Wer außer euch ist in der Lage, diese Schmach zu rächen und das Land zu befreien? Euch verlieh Gott mehr als allen anderen Völkern Mut und ausgezeichneten Waffenruhm ... Jeder, der sein Haus in meinem Namen verlässt, wird hundertfach belohnt werden und das ewige Leben erhalten. Kein Besitz und keine Sorge um die Familie sollen euch zurückhalten. Denn euer Land hier ist von Meeren und Gebirgszügen umschlossen und viel zu dicht bevölkert. Es liefert seinen Bauern gerade genug für den Lebensunterhalt. Daher bekämpft ihr euch gegenseitig. Der Hass soll aufhören. Macht euch auf den Weg zum Heiligen Grab und entreißt es dem gottlosen Volk. Jerusalem ist der Mittelpunkt der Erde. Diese Königsstadt ersehnt Befreiung.

Roberti Monachi Historia Hierosolymitana, zit. nach Recueil des historiens des croisades, Bd. 3, Paris 1866 (Neudruck 1967 Gregg Press), S. 727f. Übers. v. Verf.

Wie kam es zu den Kreuzzügen?

Der oströmische Kaiser in Byzanz wandte sich an den Papst, der er ihn für mächtiger hielt als den Kaiser im Westen. Damit fühlte sich der Papst bestätigt, auch in weltlich-politischen Fragen wichtiger zu sein als der Kaiser (siehe S. 24/25). Mit großer Schnelligkeit verbreitete sich der Aufruf von Papst Urban II. in Klöstern, in Kirchen und auf Marktplätzen. Menschen aller Stände fühlten sich angesprochen. Der Ausspruch „Gott will es!" wurde zum Schlachtruf der Kreuzfahrer. Der Papst wollte erreichen, dass die Ritter ihre Kämpfe untereinander aufgaben, um gemeinsam die „Befreiung Jerusalems" zu erreichen. Den Teilnehmern am Kreuzzug wurde die Vergebung aller Sünden in Aussicht gestellt. Manchen Ritter lockte vor allem die Aussicht auf Abenteuer und Beute. Einfache Leute sahen in der Teilnahme am Kreuzzug die Möglichkeit, sich von der Last der Grundherrschaft zu befreien. Ungeheure Strapazen, Hunger, Durst, Kälte und jahrelange Abwesenheit von zu Hause standen den Kreuzfahrern bevor. Die meisten sahen ihre Heimat und ihre Familien nie mehr wieder.

Der erste Kreuzzug (1096–1099)

Kaum jemand hatte eine Vorstellung davon, wie weit der Weg in den Nahen Osten war. Rund 7000 Ritter, 22 000 Mann Fußvolk und 50 000 Pferde brachen auf. Zuvor war bereits eine bunt gemischte Schar einfacher Menschen losgezogen. Der Zug der armen Leute glich einer Räuberbande. In Worms, Speyer und Metz töteten sie an die 1000 Juden. Ein jüdischer Augenzeuge notierte die Absichten dieser Kreuzfahrer: „Wir ziehen dahin, das heilige Grab aufzusuchen und Rache an den Muslimen zu üben. Und hier sind die Juden, die Jesus umgebracht haben. Lasst uns zuerst an ihnen Rache nehmen und sie austilgen". Der Zug der Armen wurde in Anatolien in der heutigen Türkei von seldschukischen Truppen vernichtet.

Vom großen Ritterheer erreichte nach über zwei Jahren qualvoller Reise nur ein Drittel das Ziel Jerusalem. Nach der Belagerung und Eroberung der Stadt 1099 entstanden im Laufe der Jahre nach europäischem Modell christliche Staaten im Orient, die von Adligen aus Europa regiert wurden.

M 2

Die Eroberung Jerusalems 1099

2A *Ein christlicher Ritter berichtete 1099:*

Am Freitag ganz früh unternahmen wir einen allgemeinen Sturm auf die Stadt ohne etwas ausrichten zu können. In diesem Augenblick erkletterte einer unserer Ritter die Stadtmauer; alle Verteidiger flohen und die Unsrigen folgten ihnen und trieben sie tötend und mordend vor sich her. Am Tempel Salomons gab es ein Blutbad, dass die Unsrigen im Blut wateten ... auch im Tempel ergriffen sie eine große Zahl Männer und Frauen und töteten sie oder ließen sie leben, wie es ihnen gut schien. Bald durcheilten die Kreuzfahrer die Stadt und rafften Gold, Silber, Pferde und Maulesel an sich. Glücklich und vor Freude weinend, gingen die Unsrigen hin, das Grab Unseres Erlösers zu verehren. Am folgenden Tag erkletterten die Unsrigen das Dach des Tempels, griffen die Muslime an, Frauen und Männer, zogen das Schwert und schlugen ihnen die Köpfe ab.

Gesta Francorum, zit. nach Régine Pernoud, Die Kreuzzüge in Augenzeugenberichten, München (dtv) 1961, S. 100f. Übers. von Barbara Kaltenborn-Stachau.

2B *Der arabische Geschichtsschreiber Ibn-al-Atir (1160–1235):*

Die Franken nahmen Jerusalem von der Nordseite am Freitag, dem 22. Schaban [Monat vor dem Fastenmonat] 492, ein. Die Einwohner wurden ans Schwert geliefert. Die Franken blieben eine Woche in der Stadt und mordeten. Eine Gruppe Einwohner suchte Schutz in Davids Bethaus [Synagoge], verschanzte sich dort und leistete einige Tage Widerstand. Nachdem die Franken ihnen das Leben zugesichert hatten, ergaben sie sich. Die Franken hielten den Vertrag. In der Al-Aksa-Moschee töteten die Franken mehr als 70 000 Muslime. Aus dem Felsendom raubten sie mehr als 40 Silberleuchter ... Die Flüchtlinge erreichten Bagdad. Sie flehten unter Tränen um Hilfe. Wegen des schweren Unglücks, das sie erduldet hatten, brachen sie sogar das Fasten ... Die verschiedenen muslimischen Fürsten lagen damals im Streit, deswegen konnten die Franken das Land besetzen.

Zit. nach Francesco Gabrieli (Hg.), Die Kreuzzüge aus arabischer Sicht, Zürich (Artemis) 1973, S. 49f. Übers. v. Barbara von Kaltenborn-Stachau. Bearb. v. Verf.

M 3 *Die Erstürmung Jerusalems durch die Kreuzritter, französische Buchmalerei, 14. Jh.*

1 Analysiere M1 mithilfe folgender Fragen:

a) Wie beschreibt der Papst das Volk der Franken und die islamischen Gegner?

b) Welchen Auftrag gibt er den Rittern und welche Hoffnung weckt er bei ihnen?

Tipp: Beziehe auch den Darstellungstext mit ein.

c) Erläutere mögliche Gründe, warum der Papst diese Rede hielt.

Tipp: Beachte, wann die Quelle geschrieben wurde.

2 Vergleiche die beiden Berichte in M2 über die Eroberung Jerusalems. Nimm Stellung dazu, warum es zu so unterschiedlichen Berichten über dasselbe Ereignis kommt.

3 Beschreibe das Bild M3 und formuliere Vermutungen, mit welcher Absicht es gemalt wurde.

Tipp: Im Bild werden im oberen und im unteren Teil zwei Vorgänge gezeigt, die zeitlich nicht zusammenpassen.

L Muslime und Christen in den Kreuzfahrerstaaten

Rund 100 000 Menschen aus allen Bevölkerungsschichten wanderten während der sieben Kreuzzüge über einen Zeitraum von 200 Jahren aus Europa in den Nahen Osten ein. Dabei nahmen sie ihre Vorstellungen und Traditionen in den Orient mit.

- *Welche Konflikte und welche Chancen für ein friedliches Miteinander von Muslimen und Christen gab es zu jener Zeit?*

M1

Der Christ Fulcher um 1100

Fulcher von Chartres (1059–1127) nahm am ersten Kreuzzug teil und war Priester von Balduin I., König des Kreuzfahrerstaates um Jerusalem:

Wir, die wir Abendländer [Europäer] waren, sind Orientalen geworden. Wer als Römer oder Franke kam, der ist hier Bewohner Palästinas geworden. Wer in Reims oder Chartres[1] wohnte, betrachtet sich heute als Bürger von Tyrus[2] oder Antiochia[3]. Wir haben unsere Geburtsorte schon vergessen ... Manche von uns besitzen hier Häuser und Diener ... Ein anderer hat eine Frau von hier geheiratet, die Syrerin, Armenierin oder Muslima ist, und die die Gnade der Taufe empfangen hat. Der eine bebaut Weingärten, der andere Felder; sie sprechen verschiedene Sprachen und es gelingt ihnen dennoch, sich zu verstehen ... und das gegenseitige Vertrauen nähert die entfernten Kulturen einander an.

Zit. nach Die Kreuzzüge in Augenzeugenberichten, hg. von Régine Pernoud, Düsseldorf (Karl-Rauch-Verlag) 1961, S. 125. Übers. von Hagen Thürnau. Bearb. v. Verf.

1 *Städte in Frankreich*
2 *Tyrus – Stadt im Libanon,*
3 *Antiochia (heute Antakya) – Stadt in der Türkei*

M2

Der Muslim Ibn Dschubair aus Valencia (Spanien) beobachtete auf einer Pilgerfahrt nach Mekka 1184:

Bei der christlichen Festung Tibnin[1] gibt es viele muslimische Bauern, die in Harmonie mit den Franken leben. Sie geben zur Erntezeit ihren halben Ertrag an die Franken ab und zahlen dazu eine Steuer pro Person. Abgesehen davon lässt man sie in Ruhe. Dörfer und Städte gehören den Muslimen. Aber sie sind verführt worden ... Obwohl die Feuer der Uneinigkeit zwischen den beiden Parteien brennen, ziehen dennoch muslimische und christliche Reisende ohne Behelligung hin und her. Unser Weg führte dauernd durch bestellte Ländereien und geordnete Siedlungen, deren Bewohner alle Muslime waren und mit den Franken angenehm lebten. Möge Gott uns vor solchen Verführungen bewahren! Es fehlt dort die Reinheit, man lebt inmitten von Schweinen und anderen ungesetzlichen Dingen.

Zit. nach Ibn Dschubair, Tagebuch eines Mekkapilgers, hg. und übers. von Regina Günther, Stuttgart (Thienemann) 1985, S. 213 und 229.

1 *Stadt im heutigen Libanon*

M3

Ein Christ und ein Muslim spielen Schach. Spanische Buchmalerei, 13. Jh. Der Kulturaustausch zur Zeit der Kreuzzüge erfolgte auch auf der Iberischen Halbinsel, die 711 islamisch geworden war. In zahlreichen Übersetzerschulen arbeiteten jüdische, islamische und christliche Gelehrte an Übersetzungen aus dem Arabischen ins Lateinische oder Altspanische in den Bereichen Astronomie, Mathematik, Medizin und Naturwissenschaften. Auch das Schachspiel verbreitete sich auf diesem Weg.

M 4

Der Historiker Rudolf Hiestand über den Kulturkontakt in den Kreuzfahrerstaaten, 1997:

Die Kreuzfahrerstaaten waren in mehrfacher Hinsicht eine multikulturelle Gesellschaft. Zuerst galt dies für die fränkischen Bewohner, die aus allen Teilen Europas kamen: Franzosen, Italiener, Engländer, Deutsche, Spanier, Ungarn usw. Mit dem Französischen als Umgangssprache wohnten sie Seite an Seite und rasch gingen sie untereinander Ehen ein. Daneben gab es in großer Zahl Griechen, christlich-orthodoxe Araber sowie Angehörige der orientalischen Nationalkirchen, wie Armenier und syrische Christen. In Galiläa[1] gab es jüdische Siedlungen. Dazu kamen Muslime, vor allem auf dem Land, wo sie teilweise die Mehrheit stellten. Alle genossen die freie Ausübung ihres Glaubens, wenn sie auch nicht gleichberechtigt waren, weil die Franken sich die Lehen[2] vorbehielten und die Gerichtsstrafen unterschiedlich waren. Für die Muslime bildete der Kampf gegen ihre Glaubensfeinde die Basis. Andererseits musste man sich in die neue Umgebung eingliedern. Gesandte gingen hin und her, vornehme muslimische Adlige zogen mit dem christlichen König auf die Jagd und empfingen Geschenke und fanden in Krisenzeiten Aufnahme. Erst recht mussten die Christen mit den Muslimen auf dem Land, wo die Muslime wirtschaftlich unentbehrlich waren, eine Form des Zusammenlebens finden. Das ärgerte die katholischen Priester und empörte neu ankommende Kreuzfahrer. Westliche Geschichtsschreiber berichteten darüber nicht.

Rudolf Hiestand, „Wir sind Orientalen geworden", zit. in Damals Nr. 10/1997, S. 25f. Bearb. v. Verf.

[1] *Gebiet im Norden Israels*

[2] *Grundherrschaft und das Lehnswesen waren auch in den Kreuzfahrerstaaten üblich.*

Kulturen begegnen sich – Kampf oder Zusammenleben?

Der Krieg gegen die Muslime war der Ausgangspunkt für die Kreuzzüge gewesen. Zwischen Christen und Muslimen herrschte zunächst Misstrauen. Auch untereinander waren die verschiedenen christlichen und islamischen Glaubensrichtungen verfeindet. Aber man musste sich verständigen. Im Alltag passten sich die Neuankömmlinge aus dem vergleichsweise ärmlichen Europa im Laufe der Zeit an die reichhaltigere Alltagskultur im Nahen Osten an. Zwischen Christen und Muslimen wurden Verträge geknüpft, Einladungen ausgesprochen. Bald wollte jeder Adlige aus Europa in einem Steinhaus mit schönen Möbeln sowie Teppichen wohnen und sich mit edlen Stoffen kleiden. Man ging regelmäßig zur Körperpflege in Bäder und genoss die hoch entwickelten Kenntnisse der arabischen Mediziner. Dankbar übernahmen die Europäer das viel abwechslungsreichere Nahrungsangebot von Fleisch, Fisch, Gewürzen, Gemüse und Obst.

Die neu aus Europa eintreffenden Ritter und Mönche erinnerten jedoch ihre christlichen Glaubensbrüder daran, dass sie zum „Kampf gegen die Ungläubigen" aufgebrochen seien, und versuchten immer wieder, deren Kampfbereitschaft zu erhöhen.

1 Übertrage die folgende Tabelle in dein Heft und werte die Quellen M1 und M2 aus:

	Konflikte	***Zusammenleben***
Feststellungen von Fulcher		
Feststellungen von Ibn Dschubair		
Was hebt Fulcher besonders hervor?		
Was hebt Ibn Dschubair besonders hervor?		

Tipp: Gib immer die Zeilen in der Quelle an, auf die du dich beziehst

2 Diskutiert in der Klasse, ob beim Zusammenleben von Muslimen und Christen während der Zeit der Kreuzfahrer eher die Vorteile oder die Konflikte überwogen. Bezieht dazu M4 und den Darstellungstext ein.

3 Wähle eine Aufgabe aus:

a) Entwirf ein kurzes Gespräch der beiden Spieler über Gemeinsamkeiten und Konflikte beim Zusammenleben.

b) Entwirf ein kurzes Gespräch zwischen einem neu aus Europa eingetroffenen Ritter und einem bereits seit Jahren im Orient lebenden Europäer.

L Wie veränderten die Kreuzzüge das Denken und Handeln der Europäer?

- ***Finde heraus, wie die Kreuzzüge dazu beitrugen, das Weltbild der Europäer zu verändern. Untersuche dazu entweder die Folgen des Kulturkontaktes für das geografische Wissen in Europa (Gruppe A) oder die Auswirkungen für die Wirtschaft (Gruppe B).***

A

M1

Karte des Isidor von Sevilla, 623, aus einem gedruckten Buch des Jahres 1472, Größe 6,5 cm. Es handelt sich um eine so genannte T-O Karte, die die Verteilung von Erde (terra) und Meeren (oceanus) zeigt.
Mare magnum = Mittelmeer, oriens = Osten, meridies = Süden, occidens = Westen, septentrio = Norden
Die Kontinente tragen die Namen Sem, Ham oder Cham und Jafeth. Es sind die Söhne von Noah, der mit seiner Arche die Sintflut überlebte.

M2

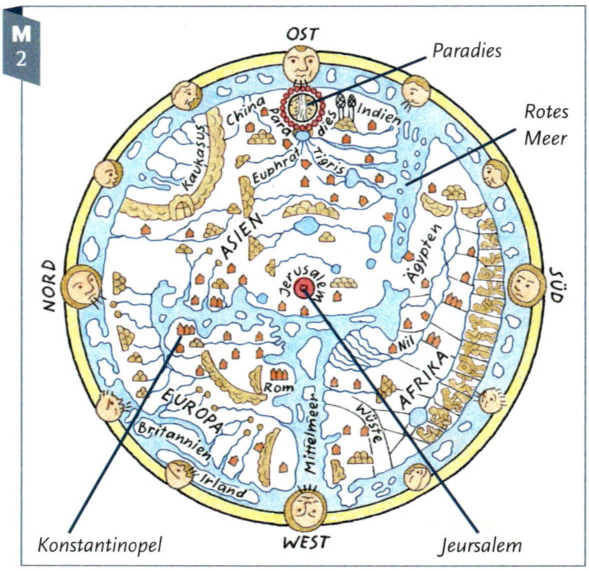

Vereinfachte Nachzeichnung einer Karte aus einem englischen Gebetbuch (um 1230)

1 Beschreibe auf den drei Karten (M1–M3) die Lage der Kontinente und der Meere. Achtet auf die Himmelsrichtungen.

2 Arbeite heraus, wo bestimmte religiöse Vorstellungen deutlich werden.

3 Begründe, warum heute die Karte M3 als Anfang der „wissenschaftlichen Erdkunde" angesehen wird.

M3

Weltkarte des Muhammad al-Idrisi (1100–1165). Die Karte stammt aus dem Jahr 1154, hier aus einem geduckten Buch des Jahres 1472 (ca. 20 cm). Der Wissenschaftler fertigte ursprünglich eine heute verlorengegangene 350 x 150 cm große Weltkarte für König Roger II. von Sizilien an, an dessen Hof er 18 Jahre arbeitete. Der Süden liegt oben, der Norden unten. Idrisi teilte die Welt in sieben Zonen ein (gekrümmte Linien), die Arabische Halbinsel lag im Zentrum seines Weltbildes.

B

Eine neue Art des Wirtschaftens?

Die Entstehung der christlichen Kreuzfahrerstaaten im Nahen Osten förderte den regelmäßigen Schiffsverkehr dorthin. Die Transportkosten über das Meer waren viel niedriger als auf dem Landweg. Von Italien und Südfrankreich legten Schiffe mit Kreuzfahrern und Pilgern ab, die mit Waren aus allen Teilen Asiens beladen zurückkehrten. Auf diesem Wege kamen auch in Vergessenheit geratene (natur-)wissenschaftliche Kenntnisse aus der griechischen und römischen Antike ins mittelalterliche Europa. Sie waren in arabischen Übersetzungen erhalten geblieben.

Ab dem 11. Jahrhundert sicherten sich Kaufleute und Seefahrer aus den italienischen Handelsstädten wie Venedig, Florenz oder Genua die Kontrolle über den Orienthandel. In Italien entstand eine neue Schicht von Kaufleuten, die mit Risikobereitschaft und guter Organisation Geschäfte machten. Die gebildeten und selbstbewussten Kaufleute Italiens verfügen über große Summen an Geld und bauten weitreichende Handelskontakte auf. Da die islamischen Handelspartner Gold als Bezahlung verlangten, gingen die Kaufleute aus Italien als Erste von den in Europa üblichen Silberwährungen zu einer Bezahlung in Gold über. Doch die Mitnahme großer Mengen an Gold- oder Silbermünzen auf Reisen war gefährlich. Überall lauerten Piraten und Straßenräuber. So erfanden italienische Kaufleute den Kredit und den Wechsel. Ein Schuldner unterschrieb an einem Wechseltisch (italienisch: banca), dass er das Geld an einem anderen Ort oder in einer anderen Währung zurückzahlt. Bei der Auszahlung wurde oft ein bestimmter Prozentsatz als Gebühr einbehalten. Damit umging man das kirchliche Verbot, Zinsen nehmen zu dürfen. Geldwechsler waren hoch angesehene Fachleute.

Für die neue Geld- und Kreditwirtschaft waren die römischen Zahlen ungeeignet. Der italienische Mathematiker Fibonnacci führte das indisch-arabische Dezimalsystem und die arabischen Zahlen in Europa ein, mit denen wir heute rechnen. Die Zahl MMCCLXXVIII zum Beispiel ließ sich als 2278 schneller schreiben.

M 4

Ein italienisches Bankhaus, Einzahlungen und Überweisungen werden getätigt, italienische Buchmalerei aus dem späten 14. Jahrhundert

1 Überprüfe, auf welchen Gebieten der Handel einen Austausch zwischen den Kulturen ermöglichte.

2 Beschreibe mithilfe des Darstellungstextes, welche Fähigkeiten ein Kaufmann haben musste. Beurteile Chancen und Risiken des Fernhandels.

3 Heutige Wissenschaftler sprechen von einer „Handelsrevolution" zur Zeit der Kreuzzüge. Wie schafften es die Kaufleute, Gewinne zu erzielen? Zähle einige Beispiele auf (M4 und Darstellungstext).

Aufgabe für alle:
Stellt euch gegenseitig die Ergebnisse vor und verfasst abschließend einen kurzen Text zu „Kreuzzüge und das Weltbild der Europäer". Macht deutlich, wer von den Veränderungen Vorteile hatte.
Bezieht auch die Seiten 68/69 und den Grundlegenden Begriff „Kreuzzug" mit ein.

L Welche Bedeutung hatte die Eroberung Konstantinopels 1453 durch die Osmanen?

Der römische Kaiser Konstantin ließ im 4. Jahrhundert eine neue Hauptstadt an der Grenze Europas und Asiens errichten. Diese Stadt hieß Konstantinopel oder Byzanz. Sie übertraf im Mittelalter an Größe und Bevölkerungszahl alle Städte in Europa und war ein bedeutendes Zentrum von Wissenschaft, Fernhandel und Gewerbe. In der Hauptstadt herrschten der Kaiser und der Patriarch, der oberste Bischof der griechisch-orthodoxen Christen. 1453 eroberten die Osmanen die Stadt.

- *Untersuche, warum die Eroberung so unterschiedlich bewertet wurde.*

M 1

Bericht des byzantinischen Geschichtsschreibers Dukas (um 1410–ca. 1464) nach dem Sieg der Türken:

Am Mittag erfuhr der Sultan [Mehmet II.], dass die Stadt vollständig in den Händen der Sieger sei, worauf er in Begleitung aller seiner Minister und Hofleute seinen Weg nach der Hagia Sophia[1] nahm ... Sein erster Blick fiel auf einen Türken, der in roher Zerstörungssucht den marmornen Fußboden mit einer Axt zerhieb. Der Sultan fragte ihn, weshalb er das Pflaster verdürbe. „Des Glaubens wegen", erwiderte der Türke. Mit Recht über einen solchen Vandalismus[2] empört, hieb der Sultan mit dem Säbel nach ihm und sagte: „Ihr habt genug an der Beute und an den Gefangenen; die Gebäude der Stadt gehören mir", worauf der halbtote Barbar bei den Füßen hinausgeschleppt und auf die Straße geworfen wurde.
Dann befahl der Sultan einem der Anwesenden, auf die Kanzel zu steigen, um das muslimische Glaubensbekenntnis auszusprechen und die Gläubigen zum Nachmittagsgebet einzuladen. Sultan Mehmet II. selbst sprang auf den Altar, auf welchem er sein Gebet verrichtete. Durch diesen Akt war die Hagia Sophia dem christlichen Kult entzogen und fortan für den Islam bestimmt.
Drei Tage dauerte die Plünderung der Stadt ... am vierten Tag begann der Sultan seine Maßnahmen zur Wiederbevölkerung und Einrichtung der neuen Hauptstadt des Osmanischen Reichs: die Ernennung eines neuen Patriarchen[3], die Verwandlung der schönsten Kirchen in Moscheen ..., die Erbauung eines neuen Palastes und die Ausbesserung der Mauern ...

Zit. nach Andreas Mordtmann, Belagerung und Eroberung Constantinopels durch die Türken im Jahr 1453. Nach den Originalquellen bearbeitet, Stuttgart/Augsburg (Cotta) 1858; Nachdruck (Jürgen Wagener Verlag) 2004, S. 298.

1 *damals größte Kirche der Welt im Zentrum Konstantinopels*
2 *Zerstörungswut*
3 *oberster Priester der orthodoxen Christen*

M 2

Rede des kaiserlichen Vertreters Ennea Piccolomini auf dem Frankfurter Reichstag 1454:

Die Niederlage von Konstantinopel, die den großen Sieg der Türken, den vollständigen Untergang der Griechen, die äußerste Schmach der Lateiner[1] mit sich brachte, bedrückt und peinigt, wie ich meine, einen jeden von euch um so mehr, je vornehmer und mutiger er ist ... Und wenn wir die Wahrheit eingestehen wollen, so hat in vielen Jahrhunderten die Christenheit keine größere Schmach erlitten als diese.
Gewiss sind wir in zurückliegenden Zeiten in Asien und in Afrika, also in fremden Erdteilen, besiegt worden; jetzt aber ist es Europa, das heißt in unserem Vaterland, in unserer Heimat, wo man uns geschlagen und zu Boden geworfen hat. Und obwohl viele sagen, die Türken seien schon vor vielen Jahren von Kleinasien nach Griechenland übergesetzt, so haben wir doch nie eine Stadt in Europa verloren, die man mit Konstantinopel vergleichen kann. Dieser Ort ging dem Erretter Christus verloren und wurde Beute des Verführers Mohammed während wir schwiegen, um nicht zu sagen: schliefen.

Zit. nach www.europa.clio-online.de/quelle/id/artikel-3850 (Stand: 07. 09. 2017).

1 *hier: die katholischen Christen*

M 3

Das Osmanische Reich 1326 bis zu seiner größten Ausdehnung 1683

Die Ausbreitung der Osmanen

Nach einem Sieg über die Byzantiner 1071 in Anatolien gründeten dort türkische Völker eigene Emirate (Fürstentümer). Eines dieser Emirate unterstand Osman I. (1281–1326), dem Namensgeber des späteren Osmanischen Reichs. Die Kaiser in Konstantinopel riefen mehrfach die militärisch schlagkräftigen Osmanen (ältere Bezeichnung für die Türken) zu Hilfe, um in ihrem Auftrag Angriffe von Völkern auf dem Balkan auf byzantinisches Gebiet zu stoppen. Bald richteten die Osmanen ihre Angriffe gegen ihre ursprünglichen Auftraggeber: 1453 erstürmte Mehmet II. mit dem Beinamen Fâtih, der Eroberer, Konstantinopel. Unter ihrem neuen Namen Istanbul wurde die Stadt zur Hauptstadt des „Reichs der Osmanischen Länder" am strategisch bedeutenden Zugang zum Schwarzen Meer. Die Mehrheit der Bevölkerung Istanbuls bestand allerdings bis ins 19. Jh. weiter aus Christen.

Das Osmanische Reich wird Großmacht

Die Osmanen kontrollierten die Land- und Seeverbindungen des europäischen Fernhandels mit Indien und China. Nach der Eroberung Ägyptens und der heiligen Städte Mekka und Medina trugen die osmanischen Sultane ab 1517 den Titel „Kalif" als oberste islamische Herrscher. Der hoch entwickelte Vielvölkerstaat erlebte seine Blütezeit unter Süleyman dem Prächtigen (1520–1566). Er ließ große Moscheen, Paläste und Schulen errichten und förderte die Wissenschaften. Die Belagerung Wiens durch Osmanen in den Jahren 1529 und 1683 verstärkte in Mitteleuropa die Angst vor der „Türkengefahr".

Grundlegendes Datum

1453 Eroberung Konstantinopels und dadurch Ende des Oströmisches Reichs

1 Zeige die Bedeutung der Eroberung für die Osmanen und die christlichen Reiche in Europa in einer Tabelle auf. Die nachfolgenden Aufgaben helfen dir dabei:

2 Informiere dich über die Bedeutung Konstantinopels vor 1453 und über den Beginn des Osmanischen Reichs (M1, einführender Text, Darstellungstext, Internet).

3 Untersuche M1.
a) Zähle Einzelheiten über die Eroberung Konstantinopels auf.
b) Erläutere dabei die Rolle Sultan Mehmets II. Nenne Charaktereigenschaften des Herrschers, die aus der Quelle deutlich werden.

4 Untersuche M2: Wie wird die Eroberung Konstantinopels bewertet? Auf welche Auswirkungen verweist Piccolomini? Achte dabei auf seine Wortwahl.

5 **a)** Trage deine Ergebnisse aus M1 und M2 in die Tabelle ein. Zeige auf, warum die Eroberung so unterschiedlich beurteilt wurde.
b) Lege dar, welche Auswirkungen der Fall Konstantinopels auf die weitere Geschichte Europas und die des Osmanischen Reichs hatte (M1, Darstellungstext, Grundlegendes Datum).

6 **Zusatzaufgabe:** Die Karte M3 zeigt osmanische Gebietserweiterungen auf dem Balkan vor 1453. Finde Gründe dafür, weshalb erst der Fall Konstantinopels 1453 solch eine Bedeutung erhielt.

Ein neues Bild des Menschen und der Welt?

Zwischen dem 14. und dem 16. Jahrhundert kam es in Europa zu einem bedeutenden Wandel auf allen Wissensgebieten. Das Mittelalter endete und die Neuzeit begann.

- *Untersuche in den folgenden Stationen das neue Menschen- und Weltbild der Renaissance und zeige auf, welche Veränderungen es mit sich brachte.*

M1

Nikolaus Kopernikus

M2

Galileo Galilei

M3

Johannes Gutenberg

M4

Leonardo da Vinci

Beobachten, erforschen und Wissen weitergeben

Die italienischen Handelsstädte Florenz, Genua und Venedig pflegten intensive Handelskontakte mit Konstantinopel und der islamischen Welt. Von dort gelangten zahlreiche Handschriften griechischer und römischer Autoren der Antike nach Italien. Nach der Eroberung Konstantinopels 1453 durch die Osmanen (siehe S. 72/73) studierten die Gelehrten in Europa eifrig diese Schriften und tauschten sich darüber in Briefen aus. Sie suchten bei den antiken Autoren Antworten auf ihre Fragen zum menschlichen Leben und zu vielen naturwissenschaftlichen Problemen. Bildung und Unterricht waren im Mittelalter eine Angelegenheit der Kirche. Als einzige Grundlage des Wissens und Denkens galt der christliche Glaube. Das änderte sich ab dem 14. Jahrhundert.

Die Beschäftigung der Gelehrten mit den wiederentdeckten Schriften der Antike gab der neuen Epoche ihren Namen: Renaissance (Wiedergeburt). Die Beobachtungen und Erkenntnisse der Forscher jener Zeit veränderten das wissenschaftliche Denken nachhaltig bis heute. An vielen Fürstenhöfen entstanden Schulen, in denen einzelne Gelehrte einer kleinen Zahl von Schülern antikes Wissen vermittelten. Auch in den Städten entstanden erstmals private und von der Kirche unabhängige Schulen. Hier wurden vor allem praktische Dinge wie Lesen, Schreiben und Rechnen gelehrt.

Grundlegender Begriff: Neuzeit

Bezeichnung für die Zeit nach dem Mittelalter (ab ca. 1500) bis hin zur Gegenwart.

Grundlegender Begriff: Renaissance

(frz.: Wiedergeburt) kulturgeschichtliche Epoche vom 14. bis 16. Jahrhundert, die auf einer Wiederentdeckung der Antike (Wissen, Kunst und Kultur) beruhte und den umfassend gebildeten Menschen in den Mittelpunkt stellte (Humanismus).

Vorschlag für Stationenarbeit:

Bearbeite die Seiten 75–79 als Lernstationen mit einem Partner oder einer Partnerin. Die Arbeitsaufträge sind auf jeder Seite abgedruckt. Gestaltet am Ende ein Lernplakat zu wichtigen Veränderungen vom Mittelalter zur Neuzeit. Überlegt auch dabei, welche Rolle die beiden Grundlegenden Begriffe „Neuzeit" und „Renaissance" auf eurem Lernplakat spielen.

1 Die vier Persönlichkeiten (M1 bis M4) sind berühmt. Trage zusammen, was du bereits über sie weißt. Teilt untereinander auf, welche Person ihr nach eigener Recherche anhand eines Stichwortzettels kurz vorstellen wollt.

Station 1: Himmelsbeobachtungen verändern das Weltbild

M 1 *Holzschnitt aus der Lutherbibel, 1534*

M 2 *Kupferstich aus dem Werk „Harmonia Macrocomica" des deutsch-niederländischen Mathematikers Andreas Cellarius, 1660*

Erde oder Sonne – Wer steht im Mittelpunkt des Weltalls?

Für die griechischen Wissenschaftler wie Aristoteles (382–322 v. Chr.) und Ptolemäus (um 100–160 n. Chr.) stand fest, dass die Erde die Mitte des Weltalls bildet. Diese Auffassung heißt geozentrisches Weltbild (von griech. geo = Erde) und galt auch im Mittelalter weiter. Im 16. Jahrhundert stellte der polnische Priester und Astronom Nikolaus Kopernikus (1473–1543) diese Auffassung infrage. Seine Beobachtungen zeigten, dass die Sonne im Zentrum unseres Sternensystems steht und sich die Erde wie alle anderen Planeten um die Sonne dreht. Kopernikus wagte nicht, seine Entdeckung des heliozentrischen (von griech. helios = Sonne) Weltbildes zu veröffentlichen, da sie der Lehre der Kirche widersprach. Nach kirchlicher Auffassung stand die Erde im Mittelpunkt der Welt und der Mensch war die Krone der Schöpfung.

Galilei bestätigt die Forschungen von Kopernikus

Die Forschungsergebnisse von Kopernikus erschienen erst an seinem Todestag. Sein Buch wurde sofort von der Kirche verboten. Der italienische Mathematiker und Astronom Galileo Galilei veröffentlichte 1610 seine eigenen astronomischen Beobachtungen, die die Theorie von Kopernikus bestätigten. Galileis Auffassungen lösten heftige Diskussionen unter Wissenschaftlern in ganz Europa aus. Der gläubige Christ suchte immer wieder das Gespräch mit führenden Kirchenvertretern. Galilei wurde 1632 nach Rom befohlen und dazu verurteilt, seinen der Kirche widersprechenden Formulierungen abzuschwören. Er stand danach bis zu seinem Lebensende unter Hausarrest, unterhielt jedoch Briefkontakt zu vielen Wissenschaftlern. Erst gegen Ende des 20. Jahrhunderts würdigte seine Entdeckung.

1 Notiere aus dem Darstellungstext die Fachbegriffe für das alte und für das neue Weltbild. Ordne die Bilder M1 und M2 den beiden Auffassungen zu.

2 Erläutere mithilfe des Darstellungstextes, in welchem Konflikt sich Galileo Galilei befand und weshalb die katholische Kirche so heftig reagierte.

Station 2: Wer waren die Humanisten?

M 1 *Darstellung italienischer Humanisten, Holzschnitt, Augsburg, 1540*

M 2 **Ratschläge des deutschen Humanisten Konrad Celtis an die bayerischen Herzöge, 1492:**

Edle Männer, nehmt euch den alten römischen Adel zum Vorbild, der die Herrschaft über die Griechen gewann und damit deren Weisheit und Redekunst übernahm. Es bleibt offen, ob die Römer alle griechischen Erfindungen und ihre Gelehrsamkeit nur erreicht oder sogar noch übertroffen haben. Auch ihr müsst die hässliche Barbarei [= das alte unwissenschaftliche Denken] ablegen und euch um Kunst und Wissenschaft der Römer bemühen. Macht Schluss mit dem schlechten Ruf der Germanen [= der Deutschen]. Schämt euch dafür, die Geschichtswerke der Griechen und Römer nicht zu kennen. Noch mehr solltet ihr euch schämen, dass ihr die Geografie unseres Landes, die Gestirne, Flüsse, Berge, Altertümer und Völker nicht kennt. Und dass ihr nichts von dem gelesen habt, was andere kundige Menschen über uns veröffentlicht haben. Richtet eure Blicke auf die vier Himmelsrichtungen Germaniens [= Deutschlands] und vereinigt das in tausend Stücke zerrissene Land.

Conrad Celtis, Panegyris ad duces Bavariae V, 1, 5–8 (Lobgedicht auf die bayerischen Herzöge), Wiesbaden (Harrassowitz Verlag) 2003. Übers. von Joachim Gruber. Bearb. vom Verf.

Die Bildung steht im Mittelpunkt

Die Verehrer der alten Schriften werden Humanisten (lat.: humanus = menschlich, gebildet) genannt. Sie waren die Wegbereiter des „modernen" Denkens im Zeitalter der Renaissance. Die Antike war für sie eine Fundgrube für philosophische, literarische und wissenschaftliche Ideen sowie für eine gute Lebensführung in Gesellschaft und Politik. Die Humanisten waren Fachleute für die alten Sprachen Hebräisch, Griechisch und Latein, aus denen sie Übersetzungen anfertigten. Latein war die internationale Sprache der Gelehrten, die sich oft lateinische Namen gaben.

Bildung sollte der Förderung persönlicher Fähigkeiten und damit der Selbstständigkeit junger Menschen dienen. Zugleich sollten Schüler lernen, Verantwortung für die Gemeinschaft zu übernehmen. Als Ideal galt der umfassend gebildete Mensch, der im privaten und im öffentlichen Bereich erfolgreich war. Der selbstbewusste Bürger sollte bereits im Diesseits glücklich sein und nicht sein Leben nach dem Jenseits ausrichten. An Fürstenhöfen und von der Kirche unabhängigen privaten Schulen unterrichteten die Humanisten eine kleine Anzahl von Schülern.

Die Neuerungen durch Humanismus und Renaissance wurden von einer kleinen Schicht von Gelehrten verbreitet, die untereinander in Briefkontakt standen. Auch Fürsten und wohlhabende Bürger waren für die neuen Ideen offen, während die große Masse des Volkes davon unberührt blieb.

1 Beschreibe, was die Gelehrten in M1 deiner Meinung nach machen. Notiere Sätze für Sprechblasen.
Tipp: Nutze den Darstellungstext und stelle mit seiner Hilfe Vermutungen über die Herkunft des Buches und die Gesprächsthemen an.

2 Erarbeite Kennzeichen des neuen humanistischen Denkens (M2 und Darstellungstext).
Tipp: Gib die Zeilen in M2 an, auf die du dich beziehst.

Station 3: Der Buchdruck verändert die Welt

Drucken statt abschreiben

Der Mainzer Johannes Gutenberg (ca. 1400–1468) erfand den Druck mit beweglichen Lettern (Buchstaben), die alle einzeln aus Blei gegossen wurden. Der Tüftler Gutenberg nahm bei reichen Kaufleuten Kredite für seine Experimente auf. Hinter verschlossenen Türen arbeitete er mit wenigen Gesellen an seiner Erfindung. Er stellte sein Verfahren erst in der Öffentlichkeit vor, als mithilfe der gegossenen Buchstaben immer neue Texte gedruckt werden konnten. Um Geld zu verdienen, druckte Gutenberg die Bibel. Mit sechs Schriftsetzern und zwölf Druckern produzierte er die 1282 Seiten der Bibel in drei Jahren. Seine Bibel kostete je nach Qualität des Drucks zwischen 25 und 40 Gulden – so viel wie zwei Pferde. Eine von Hand geschriebene Bibel kostete über 400 Gulden – das Jahreseinkommen eines gut verdienenden Handwerksmeisters.

Bis 1500 entstanden in 250 europäischen Städten über 1100 Druckereien. Zwar konnten nur 10 % der Bevölkerung lesen, doch immer mehr Lesekundige leisteten sich den Kauf von Büchern. Informationen aus Politik, Religion und Wirtschaft verbreiteten sich jetzt schneller. Gutenberg konnte die Früchte seiner Erfindung nicht genießen. Seine Geldgeber forderten die sofortige Rückzahlung der Kredite und ließen die Werkstatt mit den fertigen Büchern beschlagnahmen.

M 1

Innenansicht einer Druckerei, kolorierter Holzschnitt von Abraham van Weerdt, um 1650

M 2 *Das Verfahren des Druckens nach Gutenberg*

1 Beschreibe mithilfe von M1 und M2 die Herstellung eines Buches nach dem von Gutenberg entwickelten Verfahren.
Tipp: Nutze dazu folgende Begriffe: Guss aus Blei, Setzkasten, Anordnung der Buchstaben, Blätter trenne, Druckerschwärze, Druckerpresse, Blätter binden.

2 Arbeite aus dem Darstellungstext heraus, wie der Buchdruck die Verbreitung von Wissen veränderte.

3 Der Buchdruck gilt als völlig neues Medium. Ihm folgten später als neue Medien das Telefon (1861), die Fotografie um 1900 und das Internet (ab den 1990er Jahren). Diskutiert die jeweiligen Auswirkungen dieser Neuerungen.

Station 4: Leonardo da Vinci – Wegbereiter des modernen Denkens?

M 1

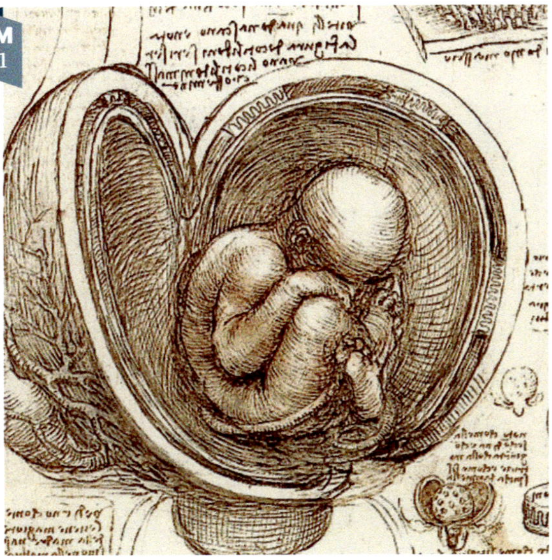

Leonardo da Vinci, Zeichnung eines Fötus im Mutterleib, 1510

M 2

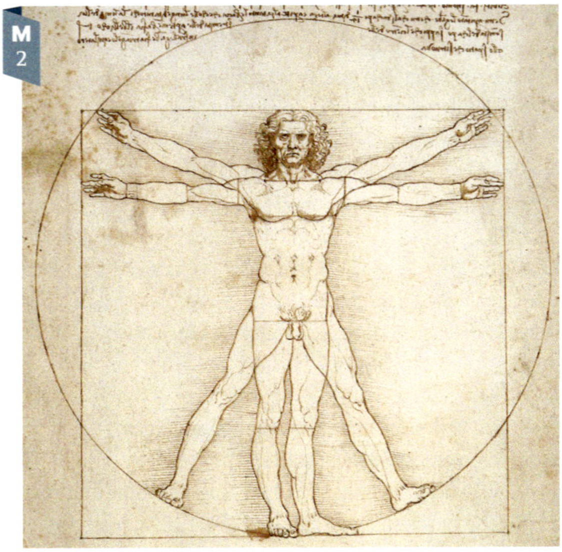

Darstellung des Menschen und seiner Proportionen von Leonardo nach einer Idee des antiken Architekten Vitruvius, Zeichnung, um 1460

Leonardo da Vinci (1452–1519)

Der italienische Maler, Bildhauer, Architekt, Naturforscher und Ingenieur Leonardo da Vinci war ein Genie auf vielen Gebieten. Sein Wissensdrang kannte keine Grenzen. Nachts untersuchte er in einem Hospital in Florenz Leichen, weil er wissen wollte, wie der menschliche Körper aussah und funktionierte. Berühmt wurde er durch seine Beobachtungsgabe und sein Talent als Zeichner. Leonardo verfasste Studien zum inneren Aussehen des menschlichen Körpers, Landkarten und mathematische Formeln. Zahlreiche Skizzen zeigen Flugobjekte. Weltberühmt sind seine Gemälde „La Gioconda" (deutsch: Mona Lisa) oder „Das letzte Abendmahl". Über 6000 Zeichnungen und 100 000 teilweise winzige Skizzen sind erhalten. Leonardo arbeitete im Dienste verschiedener Fürsten und des Papstes in unterschiedlichen Städten Italiens. Ausgestattet mit einer großzügigen Pension des französischen Königs, verbrachte er seine letzten beiden Lebensjahre auf einem Schloss am Fluss Loire in Frankreich.

M 3

Leonardo da Vinci, Skizze eines Fluggeräts, um 1490. Er wandte bereits die Prinzipien eines Hubschraubers an.

1 Notiere vier wichtige Informationen zum Schaffen Leonardos. Lies dazu seinen Lebenslauf links.

Tipp: Leonardo zeichnete ..., um den menschlichen Körper ...

2 Wähle eine der Zeichnungen Leonardos (M1–M3) aus, die du interessant findest. Formuliere einen Satz zur wissenschaftlichen Absicht des Künstlers.

3 Erkläre, warum die Zeichnungen Leonardos noch heute ein großes Publikum anziehen.

Station 5: Das neue Menschenbild in der Kunst

Auch die Künstler der Renaissance orientierten sich an antiken Vorbildern. So stellten sie Menschen mit ihren unverwechselbaren Gesichtszügen dar und gaben menschliche Körper originalgetreu wieder. Künstler galten nun nicht mehr als Handwerker, sondern als Schöpfer einzigartiger Werke.

- *Vergleiche Darstellungen von Paaren aus dem Mittelalter und der Frühen Neuzeit. Stelle Änderungen in der Art der Darstellung fest.*

M1

Bild eines Paares, entstanden im 14. Jh., Maler unbekannt

M2

Die Arnolfini-Hochzeit, Gemälde von Jan van Eyk, 1434.
Das Paar gehört zur Familie Arnolfini, einer bedeutenden italienischen Kaufmannsfamilie, die Niederlassungen in Brügge im heutigen Belgien hatte.
Symbole: erhobene rechte Hand für das „Ja" zur Ehe; Weiß und Blau stehen für Unschuld und Reinheit; die Darstellung einer Schwangerschaft war ein allgemeiner Hinweis auf Fruchtbarkeit; Hunde symbolisieren Treue; Reichtum zeigt sich z. B. an dem runden Glasspiegel und der pelzbesetzten Kleidung des Mannes.

1 Vergleiche die Bilder M1 und M2 und trage die Ergebnisse in eine Tabelle ein:

	M1	M2
Thema des Bildes		
Aussehen der Personen/Kleidung		
Darstellung der Gesichter/Mimik		
Bildhintergrund/Raumtiefe		
Farben/Symbole		

2 Die neuen Ansichten der Renaissance zeigten sich auch in der Architektur. Recherchiere unter dem Suchbegriff „Renaissancebauwerke in Bayern". Dort findest du viele Beispiele. Wähle eines aus deinem Landkreis oder deiner Region aus und gib eine kurze Beschreibung des Bauwerks. Dein Kunstlehrer/deine Kunstlehrerin kann dir sicherlich auch Tipps geben.

Warum unternahmen Europäer um 1500 Entdeckungsfahrten?

Mit dem neuen Wissen der Renaissance entstanden genauere Seekarten und bessere Instrumente zur Orientierung auf hoher See. In den Hafenstädten im Süden Europas suchten erfahrene Seeleute und Händler diese Kenntnisse zu nutzen, um neue Ziele anzusteuern.

- ***Wer zeigte Interesse an diesen Fahrten und finanzierte solche Projekte?***

M 1

Paolo dal Pozzo Toscanelli aus Florenz schrieb an Kardinal Martinez in Lissabon, Berater des portugiesischen Königs, 1474

Der Gelehrte glaubte an einen Seeweg nach China und Indien durch eine Fahrt in westliche Richtung. Kolumbus kannte seine Schriften:

Dieses Land [China und Japan] ist es wert, von den Europäern aufgesucht zu werden. Zum einen wegen der ungeheuren Schätze an Gold, Silber und Edelsteinen aller Art und wegen der Gewürze, die von dort kommen und selten bis zu uns gelangen. Zum anderen wegen der Gelehrten, den Philosophen und Astrologen. Von ihnen wollen wir erfahren, mit welchem Geschick und welchem Geist dieses so mächtige Land regiert wird und seine Kriege führt.

Colección de los viajes y descubrimientos que hicieron por mar los españoles, Band II, Madrid (Imprenta Real) 1825, Colección diplomática número 1, o. S. Übers. von Hans-Joachim Cornelißen.

Wer war Kolumbus?

Christoph Kolumbus (spanisch: Cristóbal Colón) wurde 1451 in der italienischen Hafenstadt Genua geboren. Als Jugendlicher las er mit Begeisterung Reiseberichte. Ihn faszinierten die Erzählungen des venezianischen Kaufmanns Marco Polo, der auf dem Landweg nach China gereist war. Mit 23 Jahren zog Kolumbus als Vertreter eines Handelshauses aus Genua nach Lissabon. Von dort nahm er an portugiesischen Handelsfahrten längs der afrikanischen Küsten teil. Kolumbus war besessen von der Idee, westwärts segelnd nach Japan und China zu gelangen. Der Italiener Toscanelli berechnete die Entfernung auf 4445 Kilometer; tatsächlich sind es 19631 Kilometer. Hartnäckig suchte Kolumbus nach Geldgebern für sein Vorhaben. Der portugiesische König lehnte ab. Das spanische Königspaar stellte Geld zur Verfügung. Am 3. August 1492 segelten seine drei Schiffe los.

Grundlegendes Datum

1492 „Entdeckung“ Amerikas

M 2 *Schnitt durch die Santa María, das Schiff des Kolumbus, Rekonstruktionszeichnung. Die Santa María war ca. 24 Meter lang und ca. 8 Meter breit. Die Besatzung bestand aus 39 Mann. Für lange Seereisen nahmen Schiffe damals folgende Lebensmittel mit an Bord: Pökelfleisch, Trockenwust, Räucherwurst, getrocknete Hülsenfrüchte, Zwiebeln, Knoblauch, Mehl, Schiffszwieback, Wasser, Wein, Öl.*

M 3 *Die Landung des Kolumbus 1492, kolorierter Kupferstich von Theodor de Bry, 1594*

Hunger nach Gold und Gewürzen

Im 14. Jahrhundert herrschte in Europa ein großer Mangel an Gold. Das Edelmetall wurde dringend für den Ankauf von Luxuswaren und Waffen bei den osmanischen Geschäftspartnern benötigt. Seit der Eroberung Konstantinopels 1453 (siehe S. 72/73) kontrollierten die Osmanen nicht nur den Zugang zum Schwarzen Meer, sondern auch den Landweg nach Indien. Das kleine Portugal übernahm die Initiative zu Entdeckungsfahrten in Richtung Indien auf dem Seeweg. Nach der Vertreibung der Muslime suchte die Ritterschaft Portugals und später Spaniens ein neues Betätigungsfeld als Kreuzritter. Der Kampf gegen die Ungläubigen sollte nun jenseits des Meeres fortgesetzt werden.

Portugiesischen Seefahrern gelang die Fahrt bis Indien durch die Umrundung Afrikas. Die portugiesischen Könige finanzierten den Bau und die Ausrüstung neuer und immer größerer Schiffe. Im Gegenzug erhielt der König den größten Anteil an den erwarteten Gewinnen. Der Verkauf von Gold, Gewürzen, Elfenbein und Sklaven* durfte nur über die königliche Verwaltung abgewickelt werden.

Das spanische Königspaar steuerte eine bedeutende Summe für die Expedition von Kolumbus bei. Das Geld stammte vor allem aus dem Besitz der Juden und Muslime, die nach der Rückeroberung des letzten islamischen Reichs in Granada 1452 auf Befehl des spanischen Königspaares das Land verlassen oder Christen werden mussten.

M 4 **Aus dem Bordbuch von Kolumbus, Freitag, den 12. Oktober 1492:**

Um zwei Uhr morgens kam das Land in Sicht ... Dann warteten wir bis zum Anbruch des Tages, an welchem wir zu einer Insel gelangten ... Dort erblickten wir also gleich nackte Eingeborene. Ich begab mich, begleitet von Martin Alonso Pinzón und dem Kapitän der „Niña", an Bord eines mit Waffen versehenen Bootes an Land. Dort entfaltete ich die königliche Flagge ...

Ich rief die beiden Kapitäne und auch all die anderen, die an Land gegangen waren, zu mir und sagte ihnen, durch ihre persönliche Gegenwart als Augenzeugen davon Kenntnis zu nehmen, dass ich im Namen des Königs und der Königin von der genannten Insel Besitz ergreife ... Sofort sammelten sich an jener Stelle zahlreiche Eingeborene der Insel an. In der Erkenntnis, dass es sich um Leute handle, die man weit besser durch Liebe als mit dem Schwerte retten und zu unserem Heiligen Glauben bekehren könne, gedachte ich, sie mir zu Freunden zu machen, und schenkte also einigen unter ihnen rote Kappen und Halsketten aus Glas und noch andere Kleinigkeiten von geringem Werte, worüber sie sich ungemein erfreut zeigten.

Sie gehen nackt umher, so wie Gott sie erschaffen, Männer wie Frauen.

Christoph Kolumbus, Bordbuch, München (Hugendubel) 2006, S. 35. Übers. v. Anton Zahorsky.

1 Untersuche M1 und den Darstellungstext, Z. 1–21 nach Motiven für die Entdeckungsfahrten.

2 Beschreibe die Ladung der Santa María und stelle Vermutungen an, wie das Leben an Bord aussah (M2).

3 **a)** Vergleiche den Bericht im Bordbuch (M4) mit der Darstellung der Ankunft von Kolumbus im Bild M3.
Tipp: Nimm die Arbeitsschritte auf S. 194 zu Hilfe.
b) Bewerte die Darstellung der Ankunft des Kolumbus aus heutiger Sicht.

4 Versetze dich in die Rolle von Kolumbus, der seine Geldgeber von seinem Vorhaben überzeugen will. Halte einen Kurzvortrag mit einem Stichwortzettel vor der Klasse.

5 **Recherche:** Setze die Biografie von Kolumbus fort.

L Was bedeutet „Europäisierung der Welt“?

- *Untersuche anhand der Karte die wichtigsten Routen der Entdeckungsfahrten von Portugiesen und Spaniern.*
- *Erläutere nach Erarbeitung dieser Doppelseite den Begriff „Europäisierung der Welt“.*

M 1

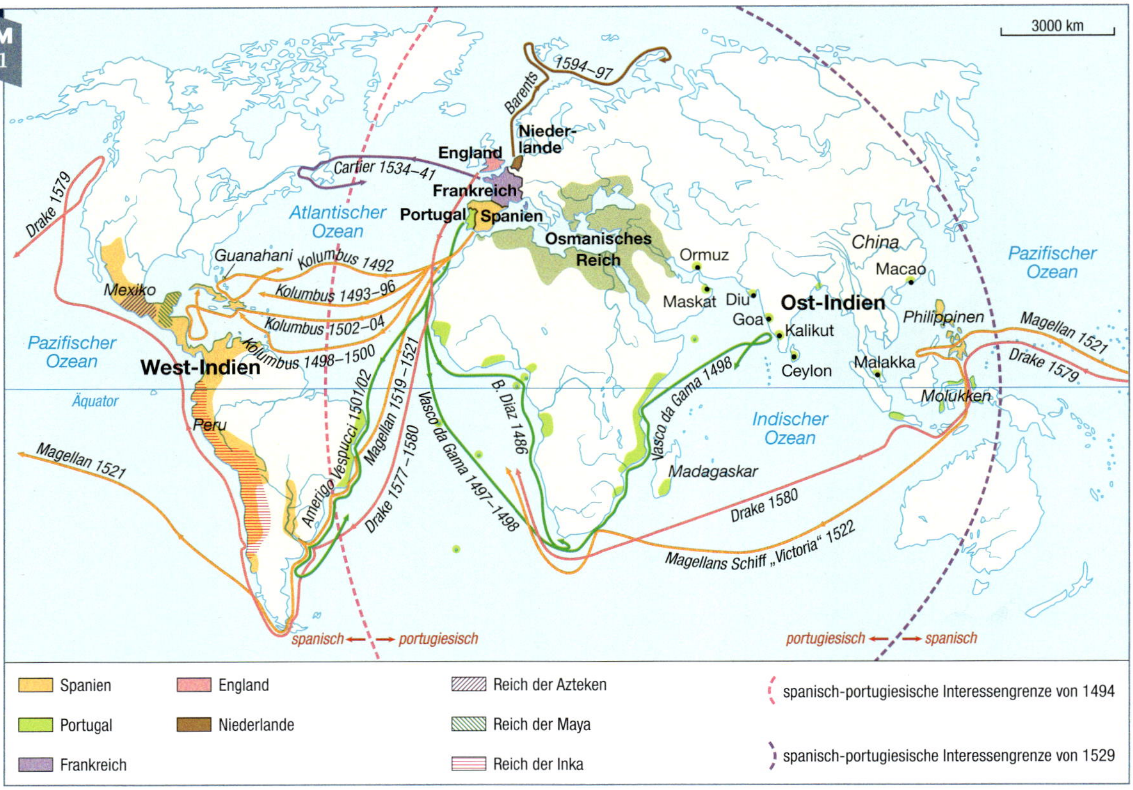

Europäische Entdeckungsfahrten im 15. und 16. Jahrhundert und die Entstehung europäischer Kolonien. Spanier und Portugiesen teilten die Welt vertraglich unter sich auf.

M 2

Wer bin ich? Was habe ich entdeckt?

A Vier Reisen habe ich nach Indien unternommen. Goldschätze haben meine Leute nicht gefunden. Ich glaube, dazu hätten wir weiter ins Land vordringen müssen. Ein paar Gelehrte sind der Ansicht, ich sei gar nicht in Asien gewesen, sondern hätte einen unbekannten Kontinent entdeckt. So ein Unsinn.

B Ich heiße Juan Sebastián Elcano. Im August 1519 bin ich als einfacher Bootsmann mit der Flotte meines geliebten Kapitäns in Sevilla losgesegelt. Er ist leider in Asien bei einem Kampf getötet worden.

C Ich bin den afrikanischen Kontinent bis zur Südspitze entlang gesegelt. Das Sturmkap haben wir umrundet. Danach wurde meine Mannschaft so krank, dass wir umkehren mussten. Nach 16 Monaten war ich zurück in Lissabon. Der König nennt das Sturmkap jetzt das „Kap der guten Hoffnung“. Er hofft nämlich darauf, dass unsere nächsten Expeditionen um Afrika herum bis nach Indien gelangen können.

D Ich habe nach der Umseglung Afrikas mithilfe arabischer Lotsen Indien erreicht. Jetzt bin ich portugiesischer Vizekönig in Indien. Die Spanier haben wir ausgetrickst. Wir Portugiesen machen jetzt die Gewinne mit dem Gewürzhandel.

M 3

Die Historiker Jürgen Osterhammel und Nils Petersson über weltweite Handelsbeziehungen durch die Entdeckungen, 2003:

Der Atlantik war das einzige Meer, in dem die Europäer nicht auf seefahrende Konkurrenten oder Gegner trafen – wie in den östlichen Meeren [Indischer und Pazifischer Ozean], in denen Araber, Chinesen, Malaien und andere erfahrene Seehändler und Piraten waren. Der Atlantik war seit Kolumbus unangefochten ein europäisches Meer, in dem sich nur die Europäer untereinander bekriegten. Es gab keine Hafenstädte, zu denen man erst den Zugang hätte aushandeln müssen …

Amerika war aus europäischer Sicht seit Anbeginn der Kontinent der „unbegrenzten Möglichkeiten“. Nur dort konnte eines der ehrgeizigsten Projekte der Neuzeit realisiert werden: Plantagen, die von Sklaven bewirtschaftet wurden …

Weitere Handelsverbindungen von großer Reichweite waren der Import von Gewürzen, feinen Stoffen und Tee aus Ost-, Südost- und Südasien nach Europa und der Handel mit Pelzen, der die Fallensteller in Kanada und Sibirien mit Abnehmern in Europa und China verband. Die erste wahrhaft erdumspannende Handelsvernetzung erfolgte über das in Spanisch-Amerika gewonnenen Silber. Es floss zunächst in spanische Kassen und von dort an alle, Europäer wie Orientalen, mit denen Spanien Geschäftsbeziehungen unterhielt. Ein zweiter Weg führte von Mexiko und Peru zu den spanisch kontrollierten Philippinen. Von dort wurden Seideneinkäufe in China getätigt.

Jürgen Osterhammel/Nils Petersson, Geschichte der Globalisierung, München (C. H. Beck) 2003, S. 37ff.

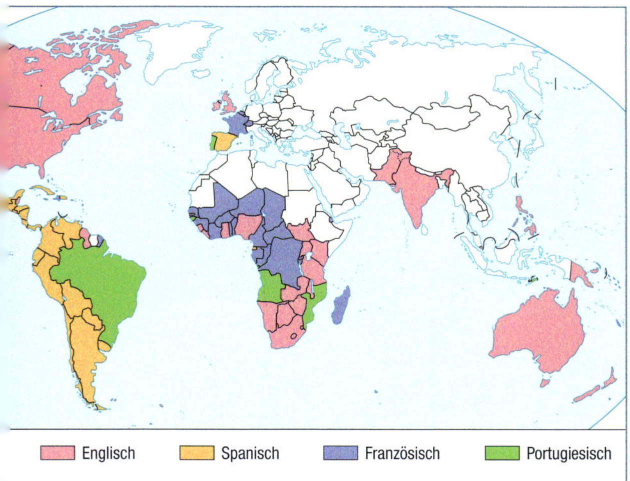

M 4 *Europäische Sprachen, die heute Landessprache oder Amtssprache* sind*

Weltweiter Austausch und Handel

Bis 1400 kannten die Europäer außerhalb ihres Kontinents nur den Norden Afrikas und die westlichen Gebiete Asiens, den Nahen Osten. Bereits zweihundert Jahre später befuhren Seefahrer aus Europa fast alle Weltmeere. Es kam zum Austausch von Pflanzen und Tieren (siehe S. 65/M3). Aber auch Krankheiten verbreiteten sich über die Ozeane hinweg. Verschiedenste Kulturen traten miteinander in Kontakt, was ganz unterschiedliche Folgen mit sich brachte (siehe S. 86/87).

1 Nenne die europäischen Seefahrernationen aus M1 und beschreibe, auf welchen Kontinenten sie Kolonien einrichteten.

2 Finde die Namen der vier Seefahrer in M2 mithilfe von M1 heraus.

3 Erstelle aus den Informationen in M3 eine einfache Skizze zu den genannten Handelsbeziehungen zwischen den Kontinenten. Benutze Pfeile und schreibe die jeweiligen Waren oder Produkte daneben.

Nord- und Südamerika
Europa
Afrika
Asien

4 Wähle eine Aufgabe aus:

a) Erkläre mithilfe von M4, welche Sprachen aus Europa in andere Teile der Erde „exportiert“ wurden. Finde eine Begründung dafür. Nimm auch M1 zu Hilfe.

b) Erkläre mit eigenen Worten den Begriff „Europäisierung“. Zähle zwei Beispiele dafür auf.

Wie begegneten sich Entdecker und Einheimische?

Die Spanier trafen in der Neuen Welt auf drei bedeutende indianische Hochkulturen: die Reiche der Azteken und der Mayas in Mittelamerika und das Reich der Inkas in Südamerika (siehe Karte S. 86).

- *Erforscht in Gruppe A, welchen Eindruck die Spanier von der Hauptstadt der Azteken gewannen. Gruppe B untersucht, wie der erste Kontakt verlief. Beide Gruppen nutzen die Informationen auf der rechten Seite im unteren Teil.*

Aufgabe für alle:
Tauscht eure Informationen aus und stellt Vermutungen an, wie sich die Beziehungen zwischen Spaniern und Azteken weiter entwickelt haben könnten.

A

M1

Blick auf Tenochtitlán. Die Hauptstadt des Aztekenreichs lag in 2400 Metern Höhe mitten in einem See. Sie war mit geschätzten 300 000 Einwohnern die größte Stadt des amerikanischen Kontinents. Heute befindet sich dort Mexiko-Stadt.
Der mexikanische Künstler Diego Rivera malte den Markt und die Stadt im Jahre 1942 so, wie sie bei Ankunft der Europäer ausgesehen haben könnten (Wandgemälde im Regierungspalast von Mexiko-Stadt).

M2

Der spanische Augenzeuge Hauptmann Bernal Díaz del Castillo schrieb 1568 über Tenochtitlán:
Unter meinen Männern befanden sich Soldaten, die viel von der Welt gesehen hatten: Konstantinopel, Rom, ganz Italien. Alle sagten, dass sie so eine riesige Stadt mit einer durchdachten Planung und so vielen Menschen noch nie gesehen hätten.
Wir fanden zahlreiche Verkaufsstände und eine ausgezeichnete Ordnungspolizei ... Da gab es Gold- und Silberarbeiten, Juwelen, Stoffe aller Art, Federn, Baumwolle und Sklaven ... Dann kamen die Stände mit einfacheren Waren, mit grobem Zeug, mit Zwirn und Kakao zum Beispiel ... Da gab es Stoffe, Seile und Strickschuhe ... Es gab rohe und gegerbte Häute von Tigern, Löwen, Schakalen ... In den Ständen der Töpfer fanden wir von großen Keramikgefäßen bis zum kleinsten Nachttopf alles.

Zit. nach Eberhard Schmitt (Hg.), Dokumente zur Geschichte der europäischen Expansion, Bd. 2, Die großen Entdeckungen, München (C. H. Beck) 1984, S. 328.

1 Beschreibe den Markt und die Stadt Tenochtitlán (M1). Nimm auch M2 hinzu. Vergleiche mit Abbildungen europäischer Städte auf S. 46.

2 Nenne Kennzeichen einer Hochkultur, die du dem Bild M1 entnehmen kannst (M2, Info-Text S. 85 Azteken).
Tipp: Denke an die altägyptische Hochkultur.

B

M 3

Augenzeugenbericht von Hauptmann Bernal Díaz del Castillo, 1568:

Auf allen Türmen und Tempeln standen Zuschauer, der ganze See war dicht bedeckt mit überfüllten Booten. Aber was Wunder? Die Leute hatten ja noch nie Menschen unserer Art und Pferde gesehen. Wir marschierten wie im Traum durch diese Herrlichkeiten ... Als wir in dem großen Hof des Palastes ankamen, trat der mächtige Moctezuma auf Cortés zu, fasste ihn an der Hand und führte ihn selbst in die für ihn bestimmten, reich geschmückten Gemächer. Dort hängte er ihm eine sehr kostbare goldene Kette um den Hals, deren Glieder aus fein gearbeiteten Krebsen bestand ... Cortés dankte dem Fürsten und Moctezuma verabschiedete sich mit den Worten: „Du und deine Brüder, ihr sollt euch wie in eurem eigenen Haus fühlen. Ruht jetzt von eurer weiten Reise aus!" Dann ging er in seinen Palast. Wir verteilten unsere Kompanien auf die vielen Gemächer, brachten die Geschütze in Stellung und teilten alles so ein, dass jeder Reiter und jeder Mann sofort kampfbereit war.

Zit. nach Denkwürdigkeiten des Hauptmanns Bernal Díaz del Castillo, unter Verwendung alter deutscher Übersetzungen, durchgesehen, neu bearb. und hg. von Georg A. Narciß, Stuttgart (Steingrüben) 1965, S. 238f.

M 4

Bericht eines aztekischen Augenzeugen über den Empfang der Spanier durch Moctezuma:

Die Azteken schenkten den Göttern [den Spaniern] goldene Fahnen und goldene Halsketten. Als sie das Gold in ihren Händen hatten, brach Lachen aus den Gesichtern der Spanier hervor und ihre Augen funkelten vor Vergnügen. Wie Affen griffen sie nach dem Gold ... Als die Spanier sich im Palast eingerichtet hatten, fragten sie Moctezuma nach dem Staatsschatz aus. Sie bedrängten ihn hart. Als sie am Schatzhaus waren, zeigte man ihnen die Reichtümer. Vor Vergnügen fletschten die Spanier die Zähne wie die Tiere und beklopften einander vor Freude. Sie glaubten im Paradies zu sein, durchsuchten alles, als ob es ihr Eigentum wäre und kein Raub.

Aztekische Quellen, gesammelt von Francisco de Sahagún, in: Miguel León-Portilla und Renate Heuer (Hg.), Rückkehr der Götter, aus dem Náhuatl von Angel Mará Garibay, dt. R. Heuer, Frankfurt a. M. (Vervuert) 1986, S. 23ff.

1 Vergleiche die Berichte über das Zusammentreffen von Cortés mit dem aztekischen Herrscher Moctezuma (M3 und M4).

2 Fasse kurz zusammen: Worauf legen die Verfasser der Berichte besonderen Wert? Worüber berichten beide? Wie bewerten sie die Ereignisse? Wie sehen sich die beiden Gruppen gegenseitig?

Informationen für beide Gruppen:

Die Azteken

Das Volk der Azteken oder Mexica (sprich: Meschika) lebte im Hochland des heutigen Mexiko und hatte viele andere Völker in Mittelamerika unterworfen. An der Spitze des Staates standen ein König und ein hoher Priester. Die adlige Herrenschicht besaß viele Vorrechte. Der größte Teil der Bevölkerung bestand aus Bauern und Handwerkern. Die Azteken bauten vor allem Mais, Bohnen und Kürbisse an. Die Verarbeitung von Kupfer und Gold war hoch entwickelt. Eisen war unbekannt. In der Hauptstadt standen zahlreiche Tempel in Form von Pyramiden. Die bedeutendsten Gottheiten waren der Schöpfergott Quetzalcóatl und der Kriegsgott Huitzilopochtli.

Die spanischen Eroberungen unter Hernán Cortés

Der spanische Eroberer Hernán Cortés erhielt 1519 den Auftrag, im Namen des spanischen Königspaares nach dem sagenhaften Goldland „El Dorado" zu suchen. Cortés hatte sich für seine Expedition hoch verschuldet. Seine rund 300 Soldaten erhielten statt einer Bezahlung einen Anteil an der erwarteten Beute. Bei den Kontakten mit den Azteken spielte die Übersetzerin und spätere Geliebte von Cortés, Doña Marina oder Malinche genannt, eine bedeutende Rolle als Vermittlerin. Sie war Aztekin und als Sklavin in ein anderes Volk in Mittelamerika gelangt, wo Cortés sie als Geschenk erhalten hatte.

Auf Eroberung folgt Kolonialherrschaft

Die spanischen Eroberer legten den Grundstein für ein riesiges Kolonialreich in Mittel- und Südamerika. Die einheimische Bevölkerung musste Sklavenarbeit für die neuen Herren leisten.

- *Wie gingen die Eroberer mit der einheimischen Bevölkerung um?*
- *Welche Nachwirkungen hat die Kolonialisierung bis heute?*

M 1

Sollen die Indios wie Menschen behandelt werden?

Ein Machtwort des Papstes erklärte die einheimische Bevölkerung zu Menschen, die dem wahren Glauben zugeführt werden müssten. Doch wie sollte das geschehen? Wortführer der Diskussion waren der Theologe und Jurist Juan Ginés de Sepúlveda und der Bischof von Chiapas (Mexiko), Bartolomé de Las Casas:

1A Ginés de Sepúlveda (1544): So behaupte ich, dass diese Wilden ... zum Guten gezwungen werden sollen, das heißt zur Gerechtigkeit und zur Religion. Das kann mit geringem Aufwand und geringen Verlusten auf beiden Seiten bewerkstelligt werden ... [Ich] behaupte, dass die Barbaren nicht nur beherrscht werden müssen, damit sie den Predigern zuhören. Zur Lehre und zu den Ratschlägen gehören auch Drohungen, damit ihnen Schrecken eingejagt wird. Das bestätigt schon der heilige Augustinus.

1B Las Casas (1551): Ich bestehe darauf, dass die Spanier sich der Ausübung solcher Grausamkeiten gegen andere Völker enthalten ... auch wenn diese wilde Götzendiener und von allen Lastern befallen sein mögen ... Denn es gibt keinen Unterschied mehr zwischen Mann und Frau, Griechen und Juden, Barbaren und Skythen, Sklaven und Freien, weil Christus in allem ist ... Da alle von Christus gerufen sind in derselben Weise und auch nicht auf verschiedene Weise berufen werden wollen, darf man die Indios nicht auf andere Weise zum Eintritt in die Kirche einladen als alle anderen Menschen auch.

M1A und M1B zit. nach Mariano Delgado (Hg.), Gott in Lateinamerika, Düsseldorf (Patmos) 1991, S. 104ff. Übers. v. Bruno Pockrandt.

M 2

Spanische Eroberungen in Mittel- und Südamerika

M 3

Mexiko heute

Auf dem Boden des ehemaligen Aztekenreichs befindet sich heute die Republik Mexiko:

124 Millionen Einwohner, Amtssprache Spanisch, daneben 80 indianische Sprachen;
300 Jahre spanische Kolonie, 1821 unabhängig;
riesige Einkommensunterschiede; die Oberschicht von ca. 10 Millionen Menschen bestimmt die Politik und Wirtschaft des Landes;
75 % der Bevölkerung ist arm, darunter besonders viele Nachfahren der Ureinwohner;
starke Abwanderung in die USA zur Arbeitssuche;
Kleinbauern besitzen ein Stück Land, etwas Vieh und eine selbstgebaute Hütte, meist ohne Strom-, Wasser- und Kanalanschluss

Zusammenstellung des Verfassers

Wie konnten 650 Spanier das Aztekenreich erobern?

Lange Zeit galt in Europa die Ansicht, die Spanier hätten dank überlegener Waffen die indianischen Kulturen besiegt. Historiker heute sind jedoch der Ansicht, dass die Spanier einen Bürgerkrieg im Aztekenreich geschickt für sich ausnutzten. Dadurch standen ihnen über 30 000 Soldaten von Völkern zur Seite, die zuvor von den Azteken besiegt worden waren und auf Freiheit hofften. Moctezuma wusste von der Schlagkraft der gegnerischen Heere und wollte keinen Krieg riskieren. Doch die Spanier nahmen ihn gefangen. Die Gefangennahme ihres Herrschers führte zur Verwirrung unter den Azteken. Das nutzten die Spanier zu ihren Gunsten. Sie verfügten zwar mit ihren Armbrüsten und Gewehren über bessere Waffen als die Azteken. Auch die in Amerika unbekannten Pferde und Kampfhunde verbreiteten Angst und Schrecken. Doch damit alleine hätten die Spanier die Azteken niemals besiegt. Entscheidend für den Erfolg der Spanier war die Schwächung des Gegners durch die aus Europa eingeschleppten Krankheiten wie Pocken, Masern, Grippe und Cholera. Durch Epidemien starben in den Jahrzehnten nach der spanischen Eroberung Millionen Menschen.
Kolumbus war bis zum seinem Tod der Auffassung, an einer unbekannten Küste Indiens angekommen zu sein. Daher hieß eine wichtige Behörde in Spanien für die neuen Gebiete „Indienrat" und die Bewohner jenseits des Atlantiks „Indios", aus dem sich der deutsche Begriff „Indianer" ableitete. Er wird nicht mehr verwendet, da die Bezeichnung heute als abwertend empfunden wird.

Die Verwaltung Neu-Spaniens

Von den Hauptstädten Mexiko-Stadt und Lima aus herrschten zwei Vize-Könige über die Kolonien. Der „Indienrat" als zentrale Behörde überwachte die Verwaltung, die Gerichtsbarkeit, die Finanzen und die Missionierung. In der Stadt Sevilla in Spanien entstand eine zentrale Anlaufstelle für alle Auswanderungswilligen. Dort wurden auch alle Waren aus der Neuen Welt verzollt. Gewaltige Mengen an Silber flossen in die spanische Staatskasse.
In den Kolonien entstanden große landwirtschaftliche Güter (Plantagen), auf denen vor allem Tabak, Baumwolle, Zuckerrohr, Mais und später auch Kaffee und Kakao angebaut wurden. Die einheimische Bevölkerung wurde als Arbeitssklaven eingesetzt und starb in großer Zahl an Überarbeitung und Krankheiten. Als Ersatz für diese Arbeitskräfte brachte man in Afrika gefangene Menschen als Sklaven nach Amerika. Bis zum Verbot der Sklaverei im 19. Jahrhundert wurden über zehn Millionen Afrikaner zwangsverschleppt. Alle Seefahrernationen Europas beteiligten sich an diesem Menschenhandel.

Die Christianisierung eines Kontinents

Rund 15 000 christliche Missionare strömten in den beiden Jahrhunderten nach der Eroberung in die Neue Welt. Sie wurden als „Armee des Glaubens" zum wichtigsten Stützpfeiler der spanischen Kolonialverwaltung, da sie bis in entlegene Gebiete katholische Gemeinden aufbauten und die Menschen vielfach unter Zwang und mit Gewalt zu „guten" Untertanen des spanischen Königs erzogen. In Süd- und Mittelamerika leben heute die meisten Katholiken weltweit.

M4

„Also nichts für ungut! Ich hab' Mist gebaut! Ich geb's ja zu!", deutsche Karikatur von Klaus Pielert, 1992

1 **Partnerarbeit:** Vergleicht die Positionen in den Texten M1A und M1B. Welche Ansichten über den Umgang der Spanier mit der einheimischen Bevölkerung werden deutlich?

2 **Wähle eine Aufgabe aus:**
Beurteile
a) die Bedeutung der Eroberung des Aztekenreichs für Eroberer und Unterworfene (M2, Darstellungstext Z. 1–22).
b) die spanische Kolonialherrschaft (M2, Darstellungstext Z. 23–58) für Eroberer und Unterworfene.

3 Erläutere anhand der Informationen in M2 und M3 die Folgen der Kolonialisierung bis heute.

4 Beschreibe die Karikatur M4 zum 500. Jahrestag der „Entdeckung" Amerikas und erläutere die mögliche Absicht des Zeichners. Diskutiert: Für wen war es eine „Entdeckung"?

1000 | 1400 | 1450 | 1500

europäisches Mittelalter

1096–1099 1. Kreuzzug

14. Jh.–16. Jh. Renaissance und Humanismus

1453 Eroberung Konstantinopels durch die Osmanen und dadurch Ende des Oströmischen Reichs

Europäer suchen einen Seeweg nach Indien

1492 „Entdeckung" Amerikas durch Christoph Kolumbus

Neue räumliche und geistige Horizonte

Begegnungen und Konflikte während der Kreuzzüge

Der Hilferuf des oströmischen Kaisers an Urban II. 1095 zur Befreiung der Heiligen Stätten stärkte das Ansehen des Papstes. Der Aufruf Urbans bildete den Beginn der **Kreuzzüge**. Konstantinopel sollte gegen Eroberungszüge islamischer Heere geschützt und Jerusalem von den Muslimen befreit werden. Ritter, Mönche und einfaches Volk brachen aus unterschiedlichen Motiven auf. Einige waren erfüllt von der Idee, für ihren Glauben zu kämpfen. Andere flohen vor sozialen und wirtschaftlichen Problemen in ihrer Heimat. Auf dem Hinweg tötete eine Schar einfacher Menschen, die eher einer Räuberbande glich, jüdische Familien in Städten am Rhein unter dem Vorwand, am Tod Christi schuldig zu sein. Viele erreichten nie das Ziel. Im Jahre 1099 eroberten die Kreuzfahrer Jerusalem und töteten unzählige Juden und Muslime. Im Laufe der Zeit entstanden im Nahen Osten christliche Reiche. Das Lehnswesen und die Grundherrschaft wurden nach dem Vorbild Westeuropas in die Kreuzfahrerstaaten „exportiert".

Gegenseitige Feindbilder von Christen und Muslimen schürten Hass und Kampfbereitschaft. Im Alltag überwog jedoch ein friedliches Nebeneinander. Neu aus Europa angekommene Kreuzfahrer wunderten sich über dieses friedliche Nebeneinander und erwarteten mehr Kampfbereitschaft. Die höher entwickelte arabische Alltagskultur mit besserem Essen, umfassenderem medizinischen Wissen und bequemerem Wohnen als in den Hütten und Burgen Europas übte eine hohe Anziehungskraft auf die Kreuzfahrer aus.

Der Wandel des Menschenbildes in der Neuzeit

Um 1500, mit Beginn der **Neuzeit**, wurde eine Reihe von Veränderungen spürbar, deren Bedeutung erst spätere Generationen einzuschätzen vermochten. Dieser Wandel, der schon ab dem späten Mittelalter einsetzte, war eine wichtige Voraussetzung für die Veränderungen im Denken um 1500. Sowohl die humanistisch interessierten Gelehrten in den Städten Norditaliens als auch viele politisch Mächtige setzten sich für eine umfassende Bildung ein. Im Mittelpunkt des humanistsichen Denkens und ihrer Studien stand der Mensch. Der selbstbewusste Bürger sollte bereits im Diesseits glücklich sein und nicht sein Leben nach dem Jenseits ausrichten.

Merkmale der **Renaissance**

Die Gelehrten orientierten sich an der Antike, lasen und übersetzten die Werke der griechischen und römischen Denker. Künstler aus ganz Europa reisten nach Rom und studierten dort die Skulpturen der antiken Bildhauer. Das Leben der Landbevölkerung blieb von diesen Neuerungen unberührt. Es war weiterhin geprägt von mühseliger Arbeit, hoher Abgabenlast und Frondiensten.

Eine revolutionäre Neuerung des 15. Jahrhunderts war der Buchdruck. Johannes Gutenberg aus Mainz erfand den Druck mit beweglichen Buchstaben, wodurch Bücher, Plakate und Flugschriften rascher und billiger vervielfältigt werden konnten. In den Städten Europas entstanden in einer Generation über 1 000 Druckereien. Informationen aus Politik, Wissenschaft und Religion erreichten nun viel schneller eine wachsende Leserschaft.

1550 | 1600 | 1650

Beginn der Neuzeit in Europa

1519 Eroberung des Aztekenreichs unter Hernán Cortés
Beginn der Eroberung und Kolonisierung Süd- und Mittelamerikas

1543 Nachweis der heliozentrischen Weltbildes durch Nikolaus Kopernikus

erste Globalisierung

16./17. Jh. Handel zwischen Europa, Afrika und Amerika

Auch das heliozentrische Weltbild – von Kopernikus theoretisch begründet – basierte auf antiken Kenntnissen, die im arabischen Raum lebendig geblieben waren. Verbesserte Instrumente, u. a. der Kompass, die Neugier und der Mut der Seefahrer, die immer neue Wege erkundeten, führten zu Seefahrten fern der Küsten über unbekannte Ozeane.

Die Eroberung Konstantinopels 1453 und die „Entdeckung" Amerikas durch Kolumbus 1492

Im 14. Jahrhundert entstand aus einem kleinen Emirat das neue Reich der Osmanen. Nachdem sie für die Byzantiner militärisch auf dem Balkan gekämpft hatten, verdrängten die Osmanen ihre früheren Auftraggeber vom Balkan und aus Anatolien. 1453 eroberten die Osmanen Konstantinopel. Es wurde unter dem Namen Istanbul zur neuen Hauptstadt des Osmanischen Reichs. So endete das Oströmische/Byzantinische Reich und damit fiel zugleich – aus Sicht der Christen jener Zeit – die bedeutendste Stadt im Abwehrkampf gegen die Muslime. Die Mehrheit der Bevölkerung Istanbuls bestand aber bis ins 19. Jh. weiter aus Christen.
Für die Westeuropäer und Südeuropäer war nun der Handel mit den ostasiatischen Produzenten erschwert. Gewürze, Seide, Tee, Kaffee und andere Luxusgüter mussten über osmanische Zwischenhändler bezogen werden. Daher suchte man in verschiedenen Ländern Europas nach einem neuen direkten Handelsweg nach Indien oder China, um die durch die hohen Zölle nahezu unerschwinglich gewordenen Waren direkt einkaufen zu können. Die Portugiesen fuhren entlang der afrikanischen Küste. Kolumbus suchte einen westlichen Weg.
Das spanische Königreich war der „Aufsteiger" unter den Ländern um 1500. Die Vertreibung von Juden und Muslimen von der Iberischen Halbinsel sahen die Herrscher in Portugal und Spanien als Fortsetzung der Kreuzzüge. Spanische Eroberungen und christliche Mission sollten nun in anderen Regionen der Erde fortgesetzt werden. Erfolgreich konkurrierte Spanien mit Portugal, das über eine jahrhundertelange Seefahrertradition verfügte. Spanien unterstützte Kolumbus, der in Portugal vergeblich Förderer für seine Fahrt gegen Westen gesucht hatte.
Die Seefahrer aus Portugal und Spanien befuhren mehrere Ozeane, doch nur der Atlantik wurde zum Meer, in dem einzig europäische Schiffe Waren und Menschen beförderten. Im Indischen Ozean traten die Europäer in Konkurrenz mit Chinesen, Malaien, Arabern und Indern.

Die Folgen der „Entdeckung" Amerikas

Die Eroberung und Kolonisierung Mittel- und Südamerikas durch die Spanier ist ein bedeutender Teil der „Europäisierung der Welt" ab der Neuzeit. Sprache und Kultur der Europäer wurden dort vorherrschend. Durch die Entdeckungsfahrten der Europäer entstand erstmals ein weltweiter, globaler Handel. Heutige Forscher sprechen von der ersten Globalisierung. Dabei kam es zur wirtschaftlichen Ausbeutung Amerikas und Afrikas durch Europäer. Eingeschleppte Krankheiten töteten große Teile der amerikanischen Urbevölkerung. Sklaven aus Afrika wurden zur Arbeit in Amerika gezwungen. Der Sklavenhandel war ein Gewinn bringendes Geschäft für alle europäischen Seefahrernationen. Europäische Bankhäuser und Handelsgesellschaften profitierten vom Dreieckshandel zwischen Europa, Afrika und Amerika.

In diesem Kapitel konntest du folgende Kompetenzen erwerben:

- die Begegnung von Europäern mit anderen Kulturen, die im Mittelalter und am Beginn der Neuzeit einerseits zu Konflikten und andererseits zu einer Erweiterung des Horizonts führten, beschreiben und diese Kenntnisse für die Einschätzung heutiger Kulturkontakte nutzen
- anhand von christlichen und islamischen Quellen Möglichkeiten und Grenzen des Kulturkontakts im Rahmen der Kreuzzüge darstellen und bewerten
- Die Veränderung des mittelalterlichen Weltbildes durch die Kreuzzüge erkennen
- die Eroberung Konstantinopels aus verschiedenen Perspektiven erklären und bewerten
- das neue Menschenbild, das sich beispielsweise in der Kunst der Renaissance zeigt, als eine der wesentlichen Grundlagen für den Wandel vom Mittelalter zur Neuzeit erkennen
- Motive und Folgen der europäischen Entdeckungsfahrten und Kolonialisierung erläutern und beurteilen
- Geschichtskarten zur Europäisierung der Welt auswerten

M 1

Richtig oder falsch?

1. Die Kreuzzüge waren bewaffnete Wallfahrten europäischer Ritter nach Jerusalem.
2. Die Osmanen eroberten 1453 Rom.
3. Die Neuzeit beginnt um 1000 und schließt an das Mittelalter an.
4. Das Osmanische Reich wurde ab dem 16. Jahrhundert zur neuen Großmacht auf drei Kontinenten.
5. In der Zeit der Renaissance wurden die Schriften und die Kunst der Antike wieder entdeckt und zu Vorbildern erklärt.
6. Nikolaus Kopernikus fand heraus, dass die Erde eine Kugel ist.
7. Die Azteken waren ein Volk in Mittelamerika mit einer Hauptstadt, die in einen See gebaut war.
8. Kolumbus entdeckte als Erster den direkten Seeweg nach Indien.

M 2

Porträt des Mönchs und Mathematikers Luca Pacioli (1445–1514) von Jacopo de Barbari, 1500. Rechts von ihm steht vermutlich ein Schüler oder ein fürstlicher Geldgeber. Zu sehen sind unterschiedliche geometrische Körper. Der Mathematiker hat ein Buch mit Schriften des Griechen Euklid aufgeschlagen. Darauf weist die Tafelskizze hin.

M 3

Die Historikerin Claudia Schnurmann über den Einfluss Amerikas auf Europa, 2009:

Der amerikanische Einfluss auf Europa erwies sich weniger spektakulär als die Aktionen, die Europäer in Amerika vollzogen hatten: Keine Indianer landeten in Sevilla oder London und suchten die Europäer zum Glauben an ihre Götter und Geister zu bekehren. Keine Indianer kamen ... nach Europa, um dort das Land zu bebauen, Städte zu zerstören oder Pelzhandel zu betreiben. Der Einfluss Amerikas auf Europa brauchte eine Weile, um sich durchzusetzen. Amerikanische Nutzpflanzen wie Tabak, Mais oder Kartoffeln und nach Europa gelieferte Waren wie Zucker, Reis und Kaffee veränderten Europa für immer. Der Anbau von Kartoffeln und Mais in Europa war von einschneidender Bedeutung für die Landwirtschaft ... Sie verbesserten nachhaltig die andauernd prekäre [schwierige] Ernährungslage in Europa und damit die Leistungsfähigkeit der europäischen Arbeiter und Bauern.

Claudia Schnurmann, Europa trifft Amerika, Frankfurt a. M. (LIT) 2009, S. 175.

M 4

Der Historiker Horst Gründer über den Austausch zwischen der Alten und Neuen Welt, 2003:

Mit den Europäern kamen nicht nur ihre Goldgier und ihre Bazillen[1] in die Neue Welt, sondern auch ihre Tiere und Pflanzen. Aus der Alten Welt kamen Pferde, Rinder, Schweine, Schafe, Ziegen, Hühner, Tauben, Hunde und Katzen. Die Folge für Amerika war die Umorientierung von pflanzlicher Kost zu Fleisch als Volksnahrung. Umgekehrt gelangten von Amerika nach Europa unter anderem Kartoffeln, Paprika, Tomaten, Tabak, Kakaobohnen und Mais ... Bananen kamen aus Asien über Afrika nach Amerika, Zuckerrohr von Arabien über Brasilien in die Karibik ... Zucker kam aus dem Vorderen Orient, Kaffee aus Äthiopien und Arabien sowie Tee aus China in die Neue Welt. Afrika hatte den Europäern nicht nur Getreide, Gold und Elfenbein geliefert, sondern auch eine Pfeffersorte des in Europa heiß begehrten Gewürzes. Gewürze dienten als Konservierungsmittel für Fleisch und Fisch, aber auch zur Verfeinerung der europäischen Küche. In einigen Gebieten Europas war Pfeffer sogar als Währung (Geld) gebräuchlich.

Horst Gründer, Eine Geschichte der europäischen Expansion, Stuttgart (Theiss) 2003, S. 56 f.

[1] *Überträger von Krankheiten*

Orientierungskompetenz

1 **Partnerarbeit:** Erläutert mithilfe von M3 und M4 die Vor- und Nachteile des Austauschs zwischen der „Alten Welt“ (Europa) und der „Neuen Welt“ (Amerika) für die Beteiligten. Nennt Beispiele.

Sachkompetenz

2 Richtig oder falsch? Die richtigen Aussagen kannst du mit Informationen auffüllen, die falschen korrigieren und gleichfalls ergänzen.

Narrative Kompetenz

3 **Partnerarbeit:** Erstellt eine Mindmap, indem ihr ausgehend vom zentralen Begriff „Wandel um 1500“ wichtige Veränderungen festhaltet.

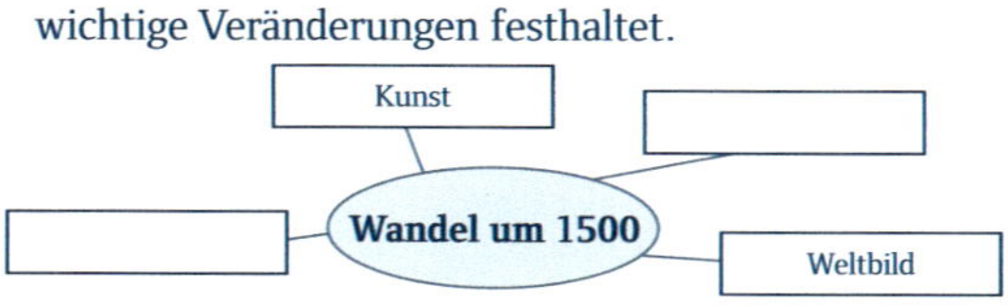

Tipp: Ihr könnt die Mindmap auch digital erstellen. Nutzt dazu das Programm „freemind“ von mebis.

Methodenkompetenz

4 Beschreibe das Gemälde M2. Erkläre, in welcher Form sich darin das neue Menschen- und Weltbild spiegelt.

Tipp: Nimm die Arbeitsschritte auf S. 194 zu Hilfe.

Urteilskompetenz

5 Wähle eine Aufgabe aus:

a) Der 12. Oktober ist in Spanien und vielen Ländern Lateinamerikas ein Feiertag zur Erinnerung an die „Entdeckung“ des Kontinents. Es kommt dabei regelmäßig zu Protesten der Nachfahren der einheimischen Urbevölkerung. Was spricht deiner Meinung nach für und was gegen einen Feiertag in Lateinamerika?

b) In Spanien wird der „Kolumbus-Tag“ am 12. Oktober gefeiert, um die enge Verbindung mit Lateinamerika zu betonen. Begründe, ob du solch einen Feiertag für gerechtfertigt hältst.

cornelsen.de/webcodes
Code: pasefo
Selbsteinschätzungsbogen

Reiserouten
Beijing
China
Nanjing
Schanghai
(Ming-Reich)
Jerusalem
Kairo
Hormuz
Arabien
Indien
Mekka
Dschidda
Aden
Goa
Calicut
Afrika
Mogadischu
Sumatra
Indischer Ozean
Malindi
Java
2000 km

cornelsen.de/webcodes
Code: gecoko
Alle Darstellungstexte zum Anhören

4 Wirtschaft und Handel gestern und heute

Einhundert Jahre vor Kolumbus befuhren riesige chinesische Flotten die Meere zwischen China, Indien, Arabien und Afrika. Das Schiff des kaiserlichen Befehlshabers Zheng Hé mit seinen neun Masten war 120 Meter lang und viel größer als die Schiffe der Portugiesen und Spanier. Die Chinesen trieben Handel und demonstrierten zugleich die Macht ihres Kaisers.
In diesem Kapitel erfährst du Wissenswertes über Wirtschaft und Handel früher und heute.

Betrachte die Abbildung sowie die Karte der Reisen des chinesischen Admirals und seiner Flotte. Zähle Kenntnisse auf, die notwendig waren, um solche Fahrten unternehmen zu können. Welches Wissen mussten die Schiffsbauer, die Seeleute und die Händler haben?

Rekonstruktionszeichnung aus heutiger Zeit, Karte mit Fahrten der Flotte Zheng Hes

3000 v. Chr. | 500 | 600 | 700 | 800 | 900 | 1000 | 1100

ca. 1000 v. Chr.–500 n. Chr. Antike

500–1500 europäisches Mittelalter

ab ca. 200 n. Chr. Handel zwischen Römern und Germanen in den Provinzen entlang des Limes

um 500 Reichsbildung der Franken

800 Kaiserkrönung Karls des Großen

962 Kaiserkrönung Ottos des Großen

581–907 Dynastien Sui und Tang in China

907–1279 China in Teilstaaten zergliedert

Globalisierung – weltweite Kontakte einst und heute

Überlegt einmal, wie euer Alltag ohne die Produkte aussähe, die aus weiter Entfernung kommen. Frachtflugzeuge und Containerschiffe transportieren täglich Waren rund um den Globus, z. B. Computer aus China, Kleidung aus Indien, Früchte aus Südamerika oder Blumen aus Ostafrika. Seit den 1990er Jahren wächst der weltweite Handel stetig an. Die Welt ist heute durch vielfältigen Austausch in Wirtschaft, Politik, Wissenschaft, Technik und Umwelt zusammengewachsen. Dafür hat sich der Begriff „Globalisierung"* eingebürgert.

Die Geschichtswissenschaft bezeichnet das Entstehen erster weltweiter Handelsnetze durch die Seefahrten der Portugiesen und Spanier (siehe S. 80–83) als erste Globalisierung. Ab Mitte des 19. Jh. leitete die Industrialisierung mit Dampfschiffen und zahlreichen neuen Erfindungen wie Telefon und Telegrafie die zweite Globalisierung ein. Seit der Erfindung und Verbreitung des Internets Ende des 20. Jahrhundert sprechen wir von der dritten Globalisierung.

Auch in der Antike, im Mittelalter und in der Frühen Neuzeit handelten oder tauschten Menschen Waren, ohne sich über Internet oder Telefon verständigen zu können oder ein modernes Verkehrsnetz vorzufinden. Händler überwanden große Entfernungen und bauten zeitweise funktionierende Handelsnetze auf. In diesem Kapitel untersuchst du, wie Wirtschaft und Handel in vergangenen Epochen abliefen und auf welche Weise Kenntnisse in Wissenschaft und Technik zwischen den Kulturen ausgetauscht wurden.

M 1

Containerschiff, Foto, o. J. Die größten sind 400 m lang und 60 m breit. Sie können 19 000 Container laden und sind 40 km/h schnell. Ein Container ist 6,1 m lang und 2,34 m breit. Das Kolumbusschiff (S. 80, M2) war 23,6 m lang, etwa 8 m breit und 1,8 km/h schnell. Die gesamte Ladung hätte in einen Container gepasst.

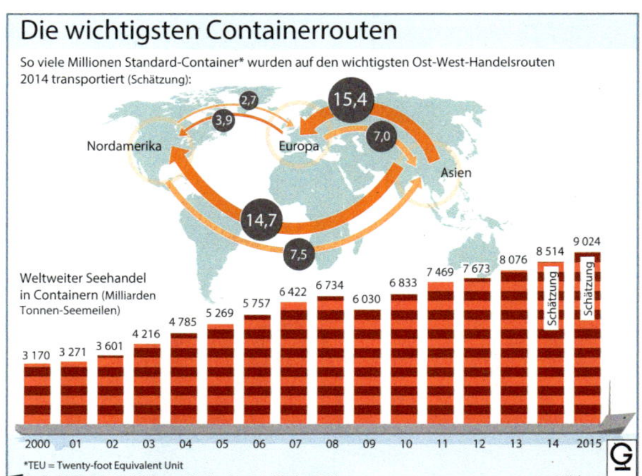

M 2 *Welthandel per Container*

1200 | 1300 | 1400 | 1500 | 1600 | 1700 | 1800 | 1900 | 2000

seit 1500 Neuzeit

erste Globalisierung

zweite Globalisierung

dritte Globalisierung

1358–1669 Städtebund Hanse: Handelsmacht in Nordeuropa

1453 Eroberung Konstantinopels durch die Osmanen und damit Ende des Oströmischen Reichs

1492 „Entdeckung" Amerikas durch Christoph Kolumbus

Beginn der Eroberung und Kolonisierung Süd- und Mittelamerikas
ab 1500 die Fugger aus Augsburg auf dem Weg zur Weltfirma

1279–1368 Dynastie Yuan

Weltreich der Mongolen, Handel auf dem Landweg zwischen Ostasien und Europa möglich

1368–1644 Dynastie Ming

1405–1433 chinesische Flotte unter dem Admiral Zheng Hé segelt zu den Küsten Indiens, Arabiens, Ostafrikas und Südostasiens

M 3

Trans-Eurasia-Express von Zhenzhou nach Hamburg, genannt „rollende Seidenstraße", Foto, 2013. Seit 2008 fahren Güterzüge von China nach Europa und umgekehrt. Es werden vor allem Autoteile, Autos und hochwertige Elektronik in Containern befördert. Dabei fahren einige Züge über die Trasse der Transsibirischen Eisenbahn durch Russland oder durch Kasachstan in Zentralasien. Sie benötigen für rund 11 000 Kilometer 17 bis 20 Tage.

M 4

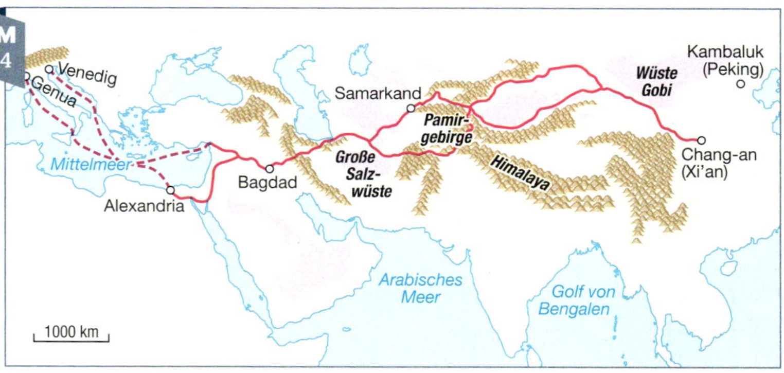

Verlauf der „Seidenstraße", der Haupthandelsroute zwischen Europa und China im Altertum und im Mittelalter

1 Entnimm der Zeitleiste und den Materialien Hinweise zu den jeweiligen Handelsräumen. Füge auch die Epoche hinzu. Beziehe die Seiten 54/55 und 92/93 mit ein.

2 **Partnerarbeit:** Erstellt eine Liste von zehn Dingen (z. B. Nahrungsmittel, Güter des Alltags, elektronische Geräte), die von außerhalb Europas kommen und die ihr regelmäßig konsumiert oder nutzt. Nennt das Land, aus dem sie stammen.

3 Finde Beispiele auf den Seiten 80–87 für begehrte Handelsgüter zur Zeit der ersten Globalisierung.

4 **Wähle eine Aufgabe aus:**

a) Vergleiche Containerschiffe (M1) mit der Karavelle des Kolumbus (siehe S. 80, M2).

b) Nenne mögliche Gründe für den Bau von immer größeren Transportmitteln und neuen Transportwegen (M1–M3).

In diesem Kapitel übst du folgende Kompetenzen:

- Du erkennst die Zusammenhänge von Wirtschaft, Politik und Gesellschaft an ausgewählten Beispielen in Altertum, Mittelalter und Neuzeit.
- Du untersuchst die staatlich gesteuerten Handelsbeziehungen und die langfristigen Auswirkungen des Kulturaustauschs zwischen Germanen und Römern im Gebiet des heutigen Bayern.
- Du vergleichst China und Europa im Mittelalter, um die technischen und wirtschaftlichen Leistungen einzuschätzen.
- Du erläuterst am Beispiel der Hansestädte oder der Augsburger Kaufmannsfamilie der Fugger, wie sich ein überregionales Handelsnetz und moderne Wirtschaftsformen entwickelten.
- Du erschließt Geschichtskarten, Schaubilder und Statistiken, um die unterschiedlichen Handelsräume zu erfassen.

Kontakte zwischen Römern und Germanen am Limes

In den Provinzen entlang des Limes kam es zu zahlreichen Wirtschafts- und Kulturkontakten.
- *Untersuche hier, welche Waren gehandelt wurden.*
- *Erläutere die Folgen der wirtschaftlichen Beziehungen für Alltag und Gesellschaft der Germanen. Profitierten beide Seiten davon?*

M 1

Grenzübertritt am Limes, Modell im Limesmuseum Aalen

M 2

Die Lebensweise der Germanen

Der Archäologe Bernd Steidl über die Lebensweise der Germanen an der Donau, 2016:

Man muss sich die Dörfer so vorstellen, dass sie aus kaum mehr als zwölf Höfen bestanden haben, also über 200 Einwohner dürfte da kaum ein Ort gekommen sein. Im Gegensatz zu den römischen Villen, die auf dem Land standen, müssen wir uns die germanischen Häuser als Wohnstallhäuser vorstellen, das heißt, Mensch und Tier lebten unter einem Dach, ausschließlich Gebäude aus Holz, Stroh und Lehm. Und es gab eigentlich nur einen häuslichen Mittelpunkt, einen zentralen Raum zum Wohnen, Essen und Schlafen mit einer zentralen Feuerstelle, um die herum sich dann die ganze Familie versammelt hat. So ist es nicht verwunderlich, dass die germanischen Männer, die im römischen Heer über Jahre Dienst leisteten, nicht unbedingt zu dieser kargen [einfachen] Lebensform zurückkehrten, sondern in der römischen Provinz blieben.

Zit. nach www.deutschlandfunk.de/limes-grenzverkehr-zwischen-roemern-und-germanen.1148.de.html?-dram:article_id=349751 (Stand: 29. 06. 2018).

Welche römischen Waren erwarben die Germanen?

M 3 *Römische Fibulae, 1.–3. Jh., Buntmetall, Email, ca. 5 cm hoch und 3 cm breit. Germanische Frauen nutzten römische Spangen als Verschluss für ihre Kleidung.*

M 4

Tongefäß (lat. terra sigillata)
Das am häufigsten gehandelte Produkt waren rote römische Tongefäße, die auf der Töpferscheibe hergestellt und dann gebrannt wurden. Die Terra sigillata waren im Gegensatz zu den germanischen Gefäßen wasserdicht und schöner anzusehen.

Wie veränderte sich der Alltag der Germanen?

Die Germanen waren vor allem an hochwertigen Waren aus dem Römischen Reich interessiert, die sie selbst nicht herstellen konnten. Die Römer verboten den Export von Waffen. Die Grenze war jedoch durchlässig und archäologische Funde zeigen, dass die von den Germanen begehrten römischen Schwerter oft nach Germanien geschmuggelt wurden. Verträge regelten den Handel, an der Limes-Grenze erhoben Beamte Zoll für die römische Staatskasse.

Die Römer waren an germanischen Produkten wenig interessiert. Aus schriftlichen Quellen wissen wir, dass aus Germanien Gänsefedern für römische Kissen, Felle und Frauenhaar zur Herstellung von Perücken ins Römerreich kamen. Eine germanische Erfindung war die von Römern gern benutzte Seife. Das bei den Römern beliebteste Nahrungsmittel aus Germanien war Honig.

Im Bereich Landwirtschaft und Technik waren die Römer den Germanen kulturell weit voraus. Viele Kulturpflanzen, darunter die meisten heute einheimischen Obstsorten, kamen mit den Römern nach Germanien. Auch Gebäude aus Stein waren zuvor bei den Germanen unbekannt. Die in den Grenzregionen stationierten römischen Soldaten spielten eine bedeutende Rolle bei der Vermittlung römischer Lebensart. Aus den Militärlagern in den römischen Provinzen entlang der Grenze entwickelten sich später Städte. Die Soldaten kamen aus allen Gebieten des Reichs und blieben nach Ende ihrer Dienstzeit meist in der Region an der Limes-Grenze und gründeten Familien. Den allmählichen Prozess der Übernahme römischer Lebensart durch die Germanen wird als Romanisierung bezeichnet.

M 5

Diese lateinischen Wörter aus dem Bereich Wirtschaft benutzen wir heute:

Auf einer strata nähert sich ein germanischer Händler auf seinem carrus dem römischen Gutshof. Seine Ware hat er sorgfältig verpackt in cista, saccus und corbis. Durch die geöffnete porta gelangt er in einen Innenhof mit einer villa. Sie hatte viele camera. Jedes Zimmer hat ein fenestra. Im cellarium befindet sich die riesige pressa, mit deren Hilfe vinum hergestellt wurde. Für seine Waren erhält der Händler Obst und Gemüse, so persicum und radix; außerdem oleum, vinum und einen guten caesus. Für einige Waren bekommt er römisches moneta.

Verfassertext

1 Wiederhole die Grundbegriffe „Limes“, „Provinz“ und „Romanisierung“. Setze sie auch zur Beantwortung der Arbeitsaufträge ein.

2 **Partnerarbeit:**
a) Beschreibt euch gegenseitig M1.
b) Erfindet einen kurzen Dialog zwischen einem römischen Beamten, der von einem germanischen Händler Steuern eintreibt.

3 Zähle auf, welche Waren hauptsächlich gehandelt wurden. Begründe, welches Interesse der römische Staat am Limeshandel haben konnte (M3–M5 und Darstellungstext).

4 Erläutere die Lebensweise der Germanen (M2). Überprüfe, ob sich diese durch den Kontakt mit den Römern geändert hat. Nenne Beispiele (M3, M4 und Darstellungstext).

5 Beurteile, ob man die Kontakte zwischen Germanen und Römern als gleichwertig bezeichnen kann.
Tipp: Wer profitierte mehr von den Kontakten entlang des Limes?

6 **Zusatzaufgabe:** Schreibe die lateinischen Wörter aus M5 heraus und setze das deutsche Wort daneben.

China und Europa im europäischen Mittelalter

Heute ist China die zweitgrößte Wirtschaftsmacht und das bevölkerungsreichste Land der Erde. Seinen chinesischen Namen 中国 (zhong: gesprochen tchung = Mitte und guo = Reich) findest du auf vielen Verpackungen. Ihre 3000-jährige Geschichte teilen die Chinesen nach den insgesamt 21 Dynastien (Kaiserfamilien) ein.

- *Verschaffe dir mithilfe einer Zeittafel einen Überblick über bedeutende Entwicklungen in China und Europa. Lege dazu eine Vergleichstabelle an. Die nachfolgenden Doppelseiten setzen den Vergleich zu den Themen Wirtschaft und Technik fort und du kannst deine Tabelle ergänzen.*

M 1

Chinesische Dynastien zur Zeit des Mittelalters in Europa:

581–907 Dynastien Sui und Tang

- Verwendung von Papier seit dem 2. Jh.
- Einigung Chinas unter den Sui nach 300 Jahren Zersplitterung.
- Bau großer Kanäle für den Warentransport
- Aufstieg Chinas zur Weltmacht unter den Tang; Ausbreitung bis Korea und Zentralasien
- 751 beendet ein chinesisches Heer in Zentralasien die Ausbreitung des Islam nach Osten. Gefangene Chinesen bringen den Arabern die Technik der Papierherstellung bei.
- Klöster spielen eine bedeutende Rolle in Handel, Landwirtschaft und bei der Kreditvergabe.
- Erfindung des Brustgeschirrs für Pferde

907–1271 China in Teilstaaten zergliedert

- Aufbau einer modernen Verwaltung durch Beamte
- 1041 Erfindung des Drucks mit beweglichen Buchstaben
- 1090 Erfindung des Kompass

1271–1368 Dynastie Yuan (Mongolenherrscher)

- Wiederaufbau des Landes nach Verwüstungen; Getreidespeicher gegen Hungersnöte
- 20 000 Dorfschulen entstehen
- erste Ausgabe von Papiergeld statt Münzen
- 1400 neue Poststationen für den Verkehr
- Zustrom von Ärzten, Handwerkern und Künstlern aus islamischen Reichen nach China.
- Marco Polo, ein italienischer Kaufmann, bereist China und verfasst einen Reisebericht; sein Vater und sein Bruder waren schon vor ihm in China

1368–1438 Dynastie Ming

- Mongolenherrscher werden vertrieben
- Befestigung der Chinesischen Mauer als Steinmauer in der heute sichtbaren Form
- Handelskontakte und Expansion mit riesiger Flotte nach Ostafrika und große Teile Südostasiens
- Verwendung von Papiergeld
- Exportgüter Seide, Porzellan und Tee

Zusammengestellt nach Helwig Schmidt-Glinzer, Geschichte Chinas bis zur mongolischen Eroberung, München (Oldenbourg) 1999, S. 56ff. und Sabine Dabringhaus, Geschichte Chinas 1279–1949, München (Oldenbourg) 2006, S. 1–28.

M 2

Fest mit Feuerwerk und Drachensteigen, Malerei auf Textil, o. J.
Chinesen erfanden um 850 n. Chr. auf der Suche nach einer Droge für Unsterblichkeit das Schwarzpulver, aus dem Brandgeschosse und Sprengkörper hergestellt wurden. Daraus entwickelten die Europäer das Schießpulver.

Was erfuhren China und Europa voneinander?

Im antiken Rom war Seide aus China ein begehrter Luxusartikel. Es gab Handel über verschiedenste Stationen und Händler auf der Seidenstraße, aber keinen direkten Kontakt zwischen dem Römischen und dem Chinesischen Reich.

Im 13. Jahrhundert eroberte der Mongolenherrscher Dschingis Khan ein Weltreich. Es erstreckte sich unter seinen Nachfolgern von Osteuropa bis China und Persien. Erstmals saß auf dem chinesischen Kaiserthron ein Fremder: der Mongole Kublai Khan. Unter den Mongolenherrschern wurden Reisen und Handel auf dem Landweg von Europa nach Ostasien möglich. Heutige Historiker nennen diese Zeit Pax Mongolica (mongolischer Friede). Es waren vor allem Kaufleute aus Italien, die den direkten Kontakt mit den Produzenten in Ostasien suchten. Auch zahlreiche christliche Missionare machten sich auf den Weg. Der Franziskaner Giovanni Carpini berichtete von China und Zipangu (Japan). Kolumbus las begeistert seine Berichte. Der Missionar Wilhelm von Rubruk beschrieb viele in Europa unbekannte Tiere und Pflanzen, zahlreiche Völker Ostasiens, die chinesische Schrift und die Verwendung von Papiergeld in China.

M 3

Kublai Khan überlässt den Polos zum Abschied goldene Schrifttafeln als Schutzdokument für eine sichere Reise. Buchmalerei, 1375

M 4

	500	600	700	800	900	1000	1100	1200	1300	1400	1500
Ereignisse in China/ Kaiserdynastien		581–907 Herrschaft der Sui und Tang			907–1279 mehrere Teilreiche				1279–1368 Mongolenherrschaft (Yuan-Dynastie)	1368–1644 Herrschaft der Ming	
Ereignisse in Europa											
Technische Entwicklungen in China											

Zeitleiste China und Europa in der Zeit des europäischen Mittelalters

1. Zeichne die Zeitleiste (M4) in dein Heft ab und ergänze die Übersicht zuerst mit den folgenden Grundlegenden Daten der europäischen Geschichte:
   Reichsbildung der Franken
   Kaiserkrönung Karls des Großen
   Kaiserkrönung Ottos des Großen
   Eroberung Konstantinopels
   „Entdeckung“ Amerikas
   Ordne auch die Grundlegenden Begriffe „Antike“, „Mittelalter“ und „Neuzeit“ zu.
   Tipp: Du kannst auf den Seiten 207/208 und im hinteren Umschlagteil nachschlagen, dort findest du eine Übersicht.
2. Suche aus M1 und M2 bedeutende Erfindungen und Techniken der Chinesen heraus (wenn möglich mit Jahresangabe). Füge sie in die Zeitleiste in deinem Heft ein.
3. **Zusatzaufgabe:** Mit dem Handel wurde auch Wissen übermittelt. Gib einige Beispiele dafür an (Darstellungstext und M3).

Seefahrt und Buchproduktion in China und Europa

• ***Tauscht euch über den Entwicklungsstand in den hier dargestellten Bereichen aus.***

A

M1

Beobachtungen von Marco Polo um 1300:
Die chinesischen Schiffe sind aus Tannenholz und haben ein Deck, auf dem es 40 Kabinen oder mehr gibt. In jeder kann sich bequem ein Kaufmann aufhalten. Die Schiffe haben ein Ruder und vier Masten. Häufig gibt es noch zwei weitere Masten, die man bei Bedarf aufstellen und niederlegen kann ... Zum Abdichten haben sie etwas, was besser ist als Pech: Sie mischen zerkleinerten Hanf, Kalk und pflanzliches Öl ... Diese Schiffe benötigen 200 Seeleute und können 5000–6000 Säcke Pfeffer laden.

Zit. nach Valeria Bertolucci Pizzorusso, Marco Polo, Il Milione, Mailand (Adelphi) 1975, Kapitel 154.

M2

Ein Historiker schreibt über die Seefahrt in China, 2012:
Die chinesischen Dschunken verfügten über ein hohes Heck und hatten wenig Tiefgang. Sie waren viel größer als alle in Europa bekannten Schiffstypen. Im ersten Jahrhundert wurde in China das bewegliche hintere Steuerruder erfunden, das zwischen dem 10. und 13. Jh. immer größer gebaut wurde und auch auf hoher See erlaubte, den Kurs zu halten. Die Europäer verfügten zu jener Zeit noch nicht über hochseetaugliche Schiffe. Im Innern der chinesischen Schiffe gab es Trennwände, so dass bei einem Leck nicht das ganze Schiff voll Wasser lief und sank. In der Ming-Dynastie baute China mit 3000 Tonnen Ladekraft die größten Schiffe der Welt, rund 6500 insgesamt. Der Ming-Admiral Zheng-Hé unternahm 1405–1433 sieben Expeditionen im Auftrag des Kaisers [siehe S. 92/93]. Er befehligte mit 317 Schiffen und 20 000 Mann Besatzung die größte Flotte der damaligen Welt. Seine Schiffe waren doppelt bis dreimal so groß wie die der europäischen Seefahrer. Nach 1433 verzichtete China auf den weiteren Bau eigener Flotten und wurde zur reinen Landmacht.

Verfassertext nach Kai Vogelsang, Geschichte Chinas, Stuttgart (Kohlhammer) 2012, S. 300f.

M3 *Das größte Schiff des Zheng-Hé im Vergleich zur Karavelle der Europäer*

1 Fülle die Tabelle mithilfe von M1 bis M3 aus. Beziehe die S. 92/93 sowie M1 auf S. 94 mit ein.

	China	**Europa**
1. Jh.		
10.–13. Jh.		
um 1400		*Nord- und Ostseehandel, Schiffstyp: Kogge*
um 1500		*Kolumbus ... siehe S. 80/81*

2 Beurteile, welche Entwicklungen die chinesische Schifffahrt besonders fortschrittlich machten.

B

Buchdruck in China und Europa

In Europa wie in China wurden Bücher über viele Jahrhunderte von Hand abgeschrieben. Das älteste gedruckte Buch stammt aus China aus dem Jahre 868 n. Chr. Die Chinesen experimentierten seit dem 6. Jh. n. Chr. mit dem sogenannten Blockdruckverfahren. Dabei wurden Bilder und Texte seitenverkehrt aus Holztafeln herausgeschnitten und dann eingefärbt und auf feuchtes Papier gepresst. Die Holztafeln ließen sich immer wieder neu verwenden. Wer Linolschnitte gemacht hat, kennt das Verfahren.

Die älteste chinesische Druckerpresse stammt aus dem 10. Jh. Zwischen 1000 und 1200 setzte sich der Druck mit einzelnen Buchstaben oder Lettern aber nur langsam in China durch. Die Zeichen wurden aus Blei gegossen oder aus Holz oder Ton gefertigt. Das Chinesische hat allerdings viele Tausend Schriftzeichen. Daher wurden bis zum Ende der Ming-Zeit mehr Bücher von Hand geschrieben als gedruckt.

Auch heutige Schülerinnen und Schüler müssen in China mindestens 4000 Zeichen beherrschen, um eine Zeitung oder die Texte eines Schulbuchs lesen zu können. Unser lateinisches Alphabet kommt mit einer überschaubaren Anzahl an Buchstaben aus. In Europa führte die Druckerpresse auch deshalb zu einer regelrechten Revolution. Der Buchdruck gilt als ein Kennzeichen für das Ende des europäischen Mittelalters.

M 4

Hölzerne Schriftzeichen in einem chinesischen Museum, Foto, 2010

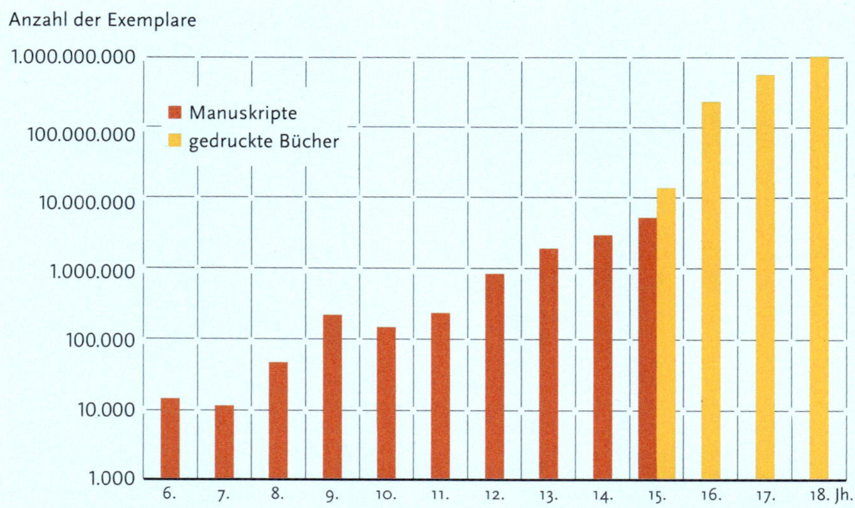

* ohne Südosteuropa und Russland, Zahlen aus: Eltjo Buringh; Jan Luiten van Zanden: „Charting the "Rise of the West": Manuscripts and Printed Books in Europe, A Long-Term Perspective from the Sixth through Eighteenth Centuries", in: The Journal of Economic History, Bd. 69, Nr. 2 (2009), S. 409–445 (416–417, Tafeln 1&2)

M 5 *Europäische Buchproduktion 500–1800*

1 Fülle die Tabelle mithilfe von M4 und des Darstellungstextes aus. Lies nach auf S. 77.
2 Beschreibe, wie schnell sich der Buchdruck in Europa durchsetzte, und zeige auch die Bedeutung dieser Entwicklung auf.
3 Beurteile den Entwicklungsstand von China und Europa im Mittelalter und in der Neuzeit in Bezug auf Drucktechnik und die Buchproduktion.

	China	**Europa**
6. Jh.		
bis 10. Jh.		
10. Jh.		
11./12. Jh.		
ca. 1440		
15.–17. Jh.		

★Chinesische und europäische Städte im Vergleich

Wie sahen chinesische Städte zur Zeit des europäischen Mittelalters aus? Welche Rechte besaßen ihre Bewohner?

- *Untersuche hier das Aussehen der Stadt Chang-an, die zu unterschiedlichen Zeiten Hauptstadt des Chinesischen Reichs war. Unter der Tang-Dynastie war sie mit einer Million Einwohnern die größte Stadt der Welt. Ihre Überreste liegen wenige Kilometer von der heutigen Stadt Xi'an entfernt.*

M 1

Plan von Chang-an. Die Stadt wurde erstmals im 3. Jh. v. Chr. chinesische Hauptstadt mit 33 000 Einwohnern. Der erste Kaiser von China ließ seine Grabstätte mit der 1974 entdeckten Terrakotta-Armee in der Nähe bauen.
Der Umfang der Stadtmauer betrug 10 x 8 km. Die „Kaiserliche Stadt“ beherbergte Regierungsgebäude und Ministerien. Am nördlichen Tor lag der Kaiserpalast mit den kaiserlichen Gärten. Auf zwei großen Märkten wurden Waren aller Art angeboten. Die Stadt hatte Klöster und Tempel verschiedener Religionen. Sie war ein bedeutendes Zentrum für buddhistische Pilger aus vielen Ländern Asiens, da in Chang-an heilige Schriften des Buddhismus aus der altindischen Sprache ins Chinesische übersetzt wurden.
Die Stadt war in 112 Wohnviertel eingeteilt, die sich selbst verwalteten und nachts abgeschlossen wurden.

M 2

Ansicht der Stadt Kaifeng des Malers Zhang Zeduan. Er war Hofmaler in der Zeit der Song-Dynastie im 13. Jh. Nicht alle chinesischen Städte hatten einen so klaren Aufbau wie Chang-an.

M 3

Die Sinologin (Chinaforscherin) Elke Müller-Risse, 1984:

In der alten chinesischen Weltauffassung war der Himmel rund und die Erde quadratisch. Man stellte sich den Raum als zusammengesetzte Quadrate vor, die sich um einen Kern herum ordnen ... Die ideale Hauptstadt ist ein Quadrat umgeben von Mauern mit zwölf Toren für die zwölf Monate. Im Zentrum erhebt sich die fürstliche Residenz [Wohnanlage]. Sie liegt im Kern der Stadt und ist ein Symbol des Universums. Ihre Vorderseite ist nach Süden und die Rückseite nach Norden gerichtet.

Schon die ältesten chinesischen Städte waren eine von Mauern umgebenen Anlage mit vier Toren. Jedes Stadtviertel und jedes Wohnviertel war ebenfalls von einer Mauer umgeben. Das ummauerte Wohnviertel erlaubte die soziale Kontrolle. Wollte ein Bewohner die Stadt verlassen, musste er mindestens drei Tore passieren: das seines Wohnviertels, das seines Stadtviertels und schließlich das Stadttor. Alle Tore waren bewacht und wurden nachts verschlossen. Der Städter in China war kein Bürger, sondern Untertan ... Die chinesische Stadt kennt keinen prächtigen Marktplatz, keine Patrizierhäuser oder Dome ... Die Mauern sind nicht nur Schutz und Kontrolle, sondern die Grenze zwischen Harmonie und Chaos.

Elke Müller-Risse, Politisches Zentrum seit 2000 Jahren, in: Das neue China 1/1984, S. 8.

M 4

Die Sinologin Sabine Dabringhaus, 2006:

Chinesische Städte verfügten über keinen unabhängigen Status. Es gab keine Stadtregierungen. Gesetz und Verwaltung unterschieden sich nicht vom Umland. Die kaiserliche Autorität über Chinas Städte wurde sichtbar in den Stadtmauern. Sie durften nur mit staatlicher Genehmigung errichtet werden. Obwohl chinesische Städte nicht im europäischen Sinne frei waren, existierte ein gewisser sozialer Friede. Der Einzelne konnte eher anonym bleiben als in der dörflichen Sippe. Das breitere Waren- und Dienstleistungsangebot erhöhte die Beschäftigungsmöglichkeiten. Beijing [Peking] und Nanjing [Nanking] waren bereits im 16. Jh. Millionenstädte.

Sabine Dabringhaus, Geschichte Chinas 1279–1949, München (Oldenbourg) 2006, S. 24f.

Partnerarbeit:

1 Schreibe aus der Bildunterschrift zu M1 fünf Stichworte zu Chang-an heraus, mit denen du die Stadt deinem Banknachbarn beschreiben kannst.

2 Vergleicht den Stadtplan von Chang-an (M1) mit dem von Nördlingen S. 34, M1. Zählt Gemeinsamkeiten und Unterschiede auf.

3 **a)** Erläutert mithilfe von M2 bis M4, welche Hauptunterschiede es zur Zeit des europäischen Mittelalters zwischen einer Stadt in China und Europa gab. Verwendet dabei auch die Grundlegenden Begriffe „Bürger“ und „Stadtrecht“. Lest nach auf den Seiten 46–55.

b) In welcher der beiden Städte hättest du lieber gelebt? Begründe.

Die Hanse – mehr als ein Bund von Kaufleuten?

M 1 *Autokennzeichen, Foto, 2017*

Noch heute sind Städte stolz darauf, dass sie zu den Hansestädten gehören. Sie zeigen dies auf ihrem Stadtschild (Freie und Hansestadt Hamburg) oder in ihrem Autokennzeichen.

- ***Was war die Hanse und welche Ziele verfolgte sie?***
- ***Wie kam es, dass die Hanse so mächtig und einflussreich werden konnte?***
- ***Wer profitierte von dem Wissen und Können der Hansekaufleute?***

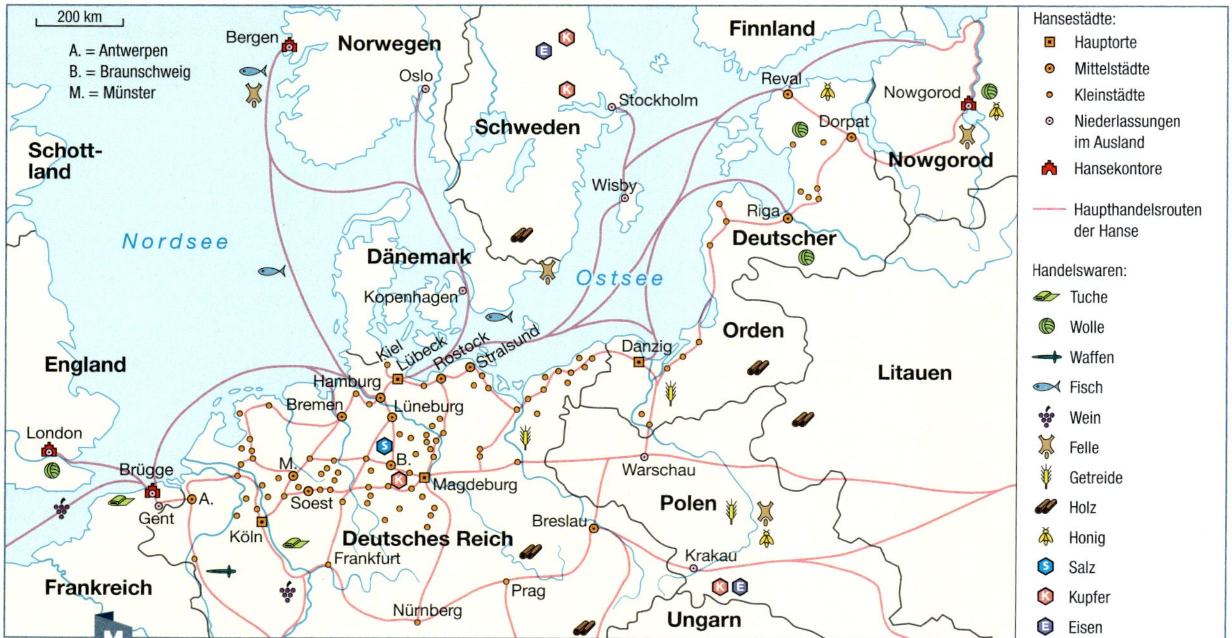

M 2 *Das Handelsgebiet der Hansekaufleute*

Die Rolle der Händler im Mittelalter

Fernhändler versorgten die Bevölkerung mit Waren, die sie auf festen Handelsrouten aus aller Welt nach Europa brachten. Das Leben der Fernhändler bestand aus Reisen. Das war im Altertum und Mittelalter mühsam, teuer und meist sehr gefährlich, denn Transporte wurden oft überfallen. Der Zustand der Straßen war nicht immer sehr gut, immer wieder kippten die Wagen um oder blieben bei schlechtem Wetter stecken. Deshalb reisten die Fernhändler, wenn es möglich war, auf Flüssen. Aber auch hier, wie auf den Landstraßen, mussten sie für die Benutzung Zoll bezahlen. Während der oft monatelangen Abwesenheit führten die Frauen das Geschäft zu Hause selbstständig weiter. Wie die Handwerker schlossen sich im Mittelalter auch die Kaufleute zusammen: In Gilden, auch „Hansen" genannt, vertraten sie ihre Interessen. Die Mitglieder einer Gilde unterstützten sich gegenseitig in Notsituationen.

M 3

1469 schrieben die Vertreter der Hanse an den englischen Kronrat:

Die Hansa Theutonica [deutsche Hanse] ist ... ein festes Bündnis von vielen Städten, Orten und Gemeinschaften zu dem Zwecke, dass die Handelsunternehmungen zu Wasser und zu Land den erwünschten und günstigen Erfolg haben und dass ein wirksamer Schutz gegen Seeräuber und Wegelagerer geleistet werde, damit nicht durch deren Nachstellungen die Kaufleute ihrer Güter und ihrer Werte beraubt würden.

Zit. nach Philippe Dollinger, Die Hanse, 5. Aufl., Stuttgart (Kröner) 1998, S. 549. Übers. von Marga und Hans Krabusch.

Die Hansestädte bauen ein Handelsnetz auf

Mit der Ausweitung des Handels in Europa seit dem 12. Jahrhundert erlangten die Gilden besondere Bedeutung. Sie wurden zu Fahrtgemeinschaften von Kaufleuten. Der Zusammenschluss bot mehr Sicherheit auf Reisen und verbesserte die Handels- und Gewinnmöglichkeiten. Aus einer solchen Fahrtgemeinschaft norddeutscher und nordwestdeutscher Kaufleute bildete sich 1358 die Deutsche Hanse. Dort schlossen sich nicht mehr die Kaufleute selbst zusammen, sondern die Städte, aus denen sie stammten. Zeitweise gehörten 160 Städte zu diesem Städtebund, der von der Hansestadt Lübeck aus geleitet wurde. Die Hanse-Kaufleute erschlossen mit ihrer Niederlassung im Fürstentum Nowgorod in Russland neue Märkte. Angekauft wurden Felle, Wachs und Honig. Zudem gab es in Russland Luxuswaren aus China und Zentralasien zu kaufen, die auf dem Landweg unter Umgehung des Osmanischen Reichs bis nach Nowgorod gelangt waren.

Die Hansestädte als Vorbild

Der Städtebund vertrat die Interessen der städtischen Kaufleute. Die Hanse-Niederlassungen prägten und beeinflussten das städtische Leben vor Ort. Durch ihre weiten Handelskontakte brachten die Kaufleute Wissen über Wirtschaft und Kultur in die jeweiligen Städte und wirkten belebend auch durch die vielfältigen Arbeitsmöglichkeiten. Das Stadtbild prägten zunehmend die Hansekontore. Das waren Stadtviertel mit Lagerräumen, Wohnhäusern und Hafenanlagen, an die sich oft Handwerkerviertel anschlossen. Die bedeutendsten Kontore waren London, Brügge im heutigen Belgien, Bergen in Norwegen und Nowgorod in Russland. Die Hansevertreter setzten die Fahrttermine und Ladegüter fest. Mit Fürsten und ausländischen Herrschern verhandelten sie über die Höhe der Zollabgaben. Die jeweiligen Stadtherren wussten um den Wert der Warenumschlagplätze, weil diese ihnen hohe Steuern einbrachten. Die Kaufleute liehen den Herrschern auch Geld und diese wiederum gewährten im Gegenzug Schutz und Privilegien.
Das Lübecker Recht, das die Rechte der Kaufleute stärker berücksichtigte, wurde auch von vielen anderen Hansestädten übernommen.
1669 hörte die Hanse auf zu existieren. Die wachsende Uneinigkeit unter den Hansestädten schwächte das Bündnis. Engländer und Holländer beherrschten nun den Nord- und Ostseehandel.

Die Politik der Hanse

Die Hanse war nicht nur eine wirtschaftliche, sondern auch eine politische Macht. Sie schloss Bündnisse mit anderen Städten, erhob Steuern und führte sogar Kriege, z. B. gegen den dänischen König, der die Vorrechte der Hanse aufheben wollte. Im Frieden von Stralsund 1370 musste der dänische König Waldemar IV. zugestehen, dass der zukünftige König nur mit Zustimmung der Hanse gewählt werden durfte.

Erarbeite die nachfolgenden Arbeitsaufträge und erstelle mit den gewonnenen Informationen eine Präsentation über die Hanse

1 Beurteile die Vor- und Nachteile des Fernhandels zu Wasser und zu Land (M4 und Darstellungstext Z. 1–17).

2 Erkläre anhand von M3 und des Darstellungstextes, Z. 18–54, warum die Hanse gegründet wurde.

3 **Zusatzaufgabe:** Wissenswertes über die Hanse findest du auch im Internet. Gib den Suchbegriff „Hansetag“ ein und berichte darüber kurz vor der Klasse.

4 Untersuche die Karte M2 mithilfe der Arbeitsschritte auf S. 193.

5 **a)** Erkläre, was ein Handelskontor ist und wie die jeweiligen Städte davon profitierten (Darstellungstext).
b) Suche die vier im Darstellungstext genannten Kontore heraus und erkläre, inwiefern man die internationalen Geschäftsbeziehungen der Hanse als „Handelsnetz“ bezeichnen kann.

6 Beantworte die Frage in der Überschrift (M1, M3, Darstellungstext, Z. 59–67).

M 4 *Modell einer Kogge. Die Kogge war das Handels- und Kriegsschiff der Hanse im 14. und 15. Jh. Geschwindigkeit: 9 km/h, 20 Mann Besatzung. Eine Kogge konnte zwischen 80 und 200 Tonnen Ballen, Fässer, Tonnen und Säcke als Fracht laden. Zehn Männer bauten ein Jahr und zwei Monate an diesem Schiff. Sie benötigten 190 Kubikmeter Holz, 4000 Klammern aus Eisen, 2000 Eisennägel und 1200 Nägel aus Holz. Zum Vergleich: Ein Fuhrwerk trug ca. 2 Tonnen Last, hatte eine Geschwindigkeit von ca. 2 km/h und benötigte einen Fuhrmann und Bewachung.*

Die Fugger – eine Augsburger Kaufmannsfamilie

Die Entdeckungsfahrten der Portugiesen und Spanier führten zu einem weltweiten Warenaustausch. Kaufmannsfamilien aus Europa fanden neue Wege, zu Reichtum zu kommen und an Einfluss zu gewinnen.

- *Untersuche, wie die Augsburger Fugger zu einer der reichsten Familien Europas werden konnten.*
- *Welchen Einfluss erlangten sie in Wirtschaft und Politik?*

M 1

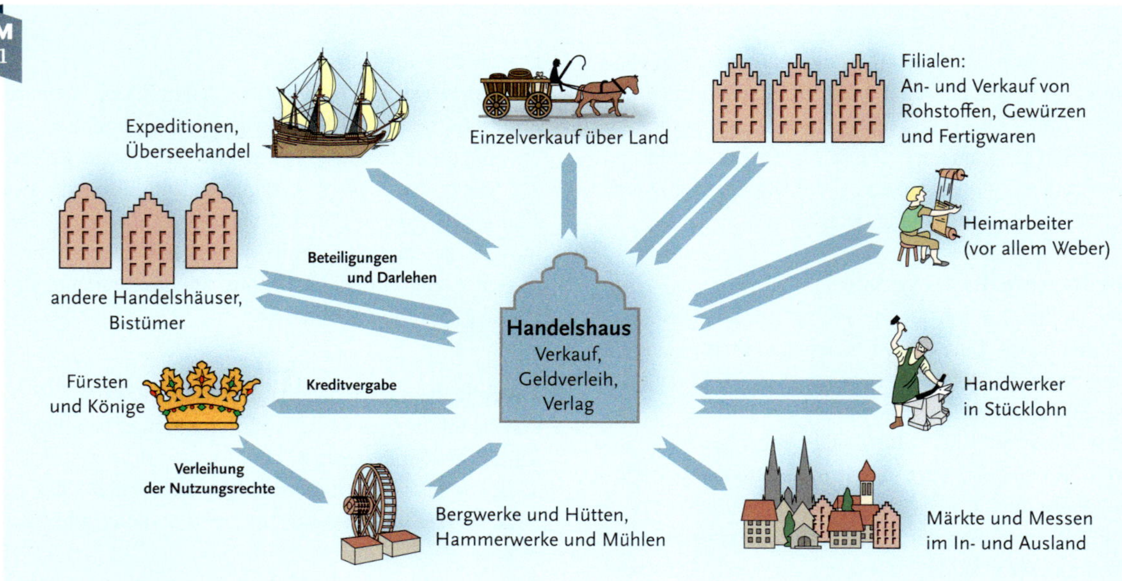

Aufbau einer Handelsgesellschaft um 1500

Frühkapitalistische* Wirtschaftsweise: Die Fugger – von Händlern zu Großunternehmern

Augsburg gehörte um 1500 zu den reichsten Städten des Heiligen Römischen Reichs. Dort verkaufte die Familie der Fugger als kleine Händler Wolle, Seide und begehrte Gewürze. Sie beauftragten auch selbstständige Handwerker mit der Produktion einer bestimmten Menge von Erzeugnissen. Dabei streckten die Kaufleute den Handwerkern Rohstoffe und Material vor und bestimmten die Preise. Die in Heimarbeit von den Handwerkern gefertigten Produkte vermarkteten die Händler in der Regel mit hohen Gewinnen in der Region. Diese Wirtschaftsbeziehung zwischen Handwerkern und Händlern wird Verlagssystem (von „vorlegen“ oder „vorstrecken“) genannt. Die Brüder Ulrich, Georg und Jakob Fugger wurden wohlhabender und erweiterten die Handelsbeziehungen bis nach Schweden, Italien und Russland. Sie stiegen ins Bergbaugeschäft ein und machten hohe Gewinne mit der Förderung und dem Verkauf von Kupfer, Silber, Blei und Quecksilber. Der Bergbau war besonders ertragreich, weil die Fugger das alleinige Abbaurecht besaßen und keine Konkurrenz fürchten mussten. Heute sprechen wir von einem Monopol. In drei Jahrzehnten erwirtschafteten die Fugger die Rekordsumme von 1,5 Millionen Gulden und zählten damit zu den reichsten Familien ihrer Zeit. Zehn Prozent des gesamten Geldes und Sachbesitzes im Reich gehörte ihnen – das entspricht nach heutigem Wert dem Besitz der 100 größten deutschen Unternehmen.

Der Einstieg ins Bankgeschäft

Die Fugger suchten nach immer neuen Wegen, um ihren Besitz zu vergrößern. Sie stiegen ins Bankgeschäft ein und vergaben Kredite. Das war ein ungewöhnlicher Schritt für eine Kaufmannsfamilie. Zu den Kunden der Fugger zählte neben Bürgern, Adligen und hohen Geistlichen vor allem Karl V., der mit dem geliehenen Geld Zahlungen an die Kurfürsten leisten konnte, um seine Wahl zum Kaiser abzusichern. Auch für die Kosten seiner Kriege lieh sich der König Geld bei den Fuggern. Durch diese Kredite gewannen die Fugger Einfluss auch auf viele politische Entscheidungen. Im Jahre 1511 wurden die Fugger in den Adelsstand erhoben. Ihr Vermögen investierten sie vor allem in Landbesitz.

M 2

Jakob Fugger und sein Hauptbuchhalter Matthäus Schwarz, Zeichnung 1519, nachkoloriert.

Die Fugger als Stifter

Die Fugger spendeten viel Geld für Kirchen und wohltätige Zwecke. In Augsburg entstand die erste Sozialsiedlung der Welt für in Not geratene Menschen der Stadt. Die Fuggerei wird heute noch als Stiftung nach den Grundsätzen ihrer Gründer betrieben.

M 4

Die Fuggerei, Foto, 2011

M 3

Beschwerden über die Handelsgesellschaften, 1512

Aus den Akten des Reichstags:

In den letzten Jahren sind viele Handelsgesellschaften entstanden, auch zahlreiche Einzelpersonen haben es darauf angelegt, allerlei Waren an sich zu bringen, um sie zu überhöhten und allein von ihnen festgelegten Preisen zu verkaufen. Damit fügen sie dem Reich erheblichen Schaden zu. Zur Förderung des allgemeinen Nutzens haben wir deshalb angeordnet, dass ein derart schändliches Tun in Zukunft verboten ist. Wer es trotzdem tut, dessen Hab und Gut soll beschlagnahmt werden. Das heißt aber nicht, dass Kaufleute sich nicht zu Handelsgesellschaften zusammenschließen und Waren verkaufen dürfen. Verboten ist nur, dass jemand eine Ware allein in seine Hand bringt und dann den Preis nach Belieben festsetzt ... Sollten Kaufleute ihre Waren unverschämt verteuern, soll die Obrigkeit dagegen vorgehen und für einen Verkauf zu einem angemessenen Preis sorgen.

Zit. nach Adolf Wrede (Bearb.), Deutsche Reichstagsakten unter Kaiser Karl V., Bd. 2, Gotha 1896, fotomech. Nachdruck 1962, S. 233.

1 **Partnerarbeit:** Beschreibt euch gegenseitig den Aufbau einer Handelsgesellschaft um 1500 (M1). Notiert Fragen, die ihr dazu habt.
Tipp: Auf der Homepage der Fugger erhaltet ihr viele Informationen über diese Kaufmannsfamilie

2 **a)** Erkläre, inwiefern die Fugger als Wirtschaftsmacht Einfluss auf Gesellschaft und Politik nahmen (M1–M4 und Darstellungstext).
b) Recherchiere über Jakob Fugger und zeige auf, was ihn als einen neuen Typ des Unternehmers auszeichnet.

3 Die Fugger – eine international tätige Firma: Erstelle mithilfe von M2 und des Darstellungstextes eine Skizze des Handelsnetzes der Fugger.

4 **Wähle eine Aufgabe aus:**
Untersuche die Vorwürfe gegen Handelsgesellschaften in M3.
a) Fasse die Anklagepunkte zusammen. Nimm Stellung. Hältst du die Vorwürfe für berechtigt?
b) Gib eine kurze Antwort aus Sicht der Fugger.

5 **Zusatzaufgabe:** Erkundige dich auf der Homepage der Fugger über die Grundsätze der Stifter (M4).

Wo kommt eigentlich mein Handy her?

Der Ausbau der Satellitentechnik und die Schaffung eines weltweiten Internets seit den 1990er Jahren ermöglichten erst die heutige Globalisierung. Die fortschreitende Digitalisierung führt zu wachsender internationaler Vernetzung in Wirtschaft, Politik, Kultur und Umwelt. Englisch wurde zur bedeutendsten Sprache für Wirtschaft und Handel.

- *Untersuche an einem Beispiel die Auswirkungen der heutigen Globalisierung.*

M 1

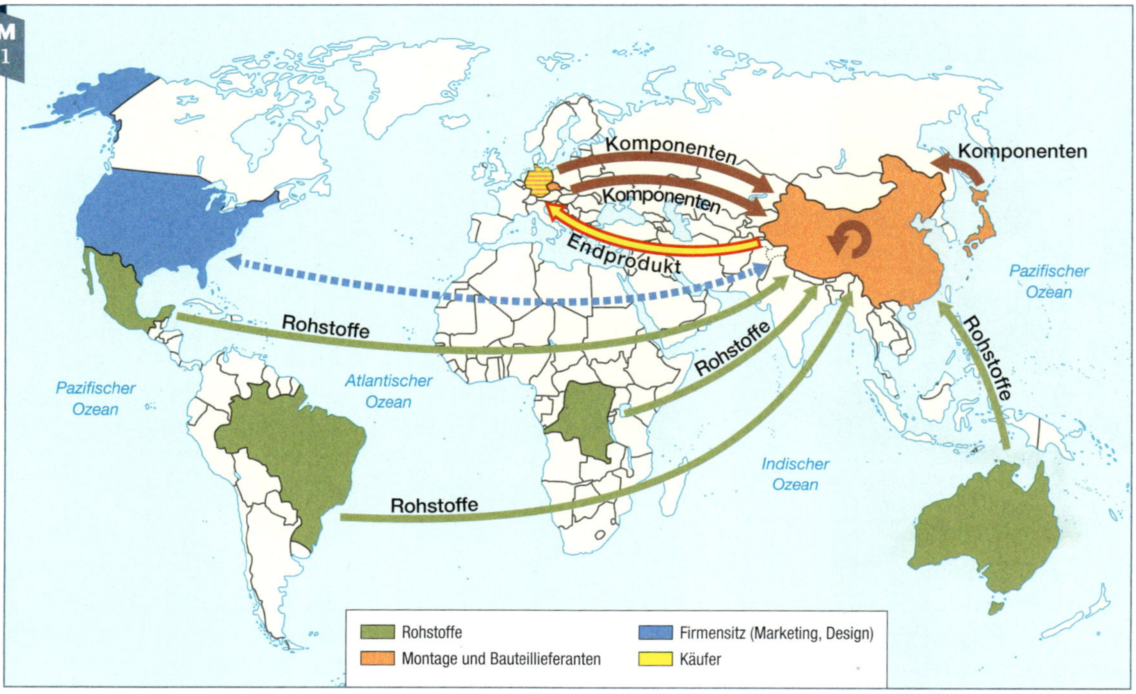

Die weltweite Produktionskette eines Smartphones

M 2 *Suche nach „seltenen Erden" in der Demokratischen Republik Kongo. Heutige Industrieländer – allen voran China – suchen sich in Afrika die Rechte für den Abbau wichtiger Rohstoffe durch Verträge zu sichern, Foto, 2011.*

Woraus besteht ein Smartphone?

Fast jeder von euch benutzt ein Smartphone, egal welcher Preisklasse. Hast du schon einmal darüber nachgedacht, aus welchen Teilen dein Handy besteht und woher die Rohstoffe dazu kommen?

Das Gerät besteht aus einer Reihe von Bauteilen (Gehäuse, Akku, Display, Mikrofon, Leiterplatte, Mikrochip usw.). Zu deren Herstellung werden rund 60 verschiedene Stoffe benötigt. Darunter sind Kunststoffe, Metalle, Glas und Keramik. Wichtige und teure Metalle sind Kobalt, Palladium, Gold und Silber. Hinzu kommen „seltene Erden". Das sind Metalle mit unbekannten Namen wie Tantal (aus dem Erz Coltan), Indium oder Gallium.

Die Produktion eines Smartphones

Die Bauteile der Smartphones werden an mehreren Standorten in unterschiedlichen Ländern der Welt hergestellt und in einem Werk zu Ende montiert. Im Innern des Handys sind zahlreiche kleinste Bauteile der Hochtechnologie (Hightech-Komponenten) verborgen. Alle Smartphones müssen vor der Auslieferung mit Software programmiert werden. Die nötigen Hightech-Komponenten stammen aus Ländern, die in Forschung und Technik führend sind. Manchmal ist das Deutschland. Die Konzerne, unter deren Markennamen Smartphones verkauft werden, konzentrieren sich nur auf die Produktentwicklung, die Werbung und den Verkauf. Der weltweite Markt ist stark umkämpft.

Globalisierung – immer nur ein Gewinn?

Der Welthandel ist in den letzten 30 Jahren stark gewachsen, weil in den bevölkerungsreichsten Ländern der Welt, Indien und China, Millionen Menschen durch höheren Lebensstandard zu Konsumenten wurden. Massenproduktion ließ die Preise vieler Waren sinken. International tätige Unternehmen („Global Player") verlagern immer häufiger Arbeitsplätze aus Ländern mit hohen Löhnen und starken Arbeitnehmerrechten in entfernte Länder. Dort gibt es oft weniger strenge Schutzvorschriften, geringere Löhne, weniger Steuern und kaum Umweltvorschriften für die Unternehmen.
Die heute vorherrschende Ansicht in der Wirtschaft setzt das Streben nach möglichst hohen Gewinnen (Profit) an die oberste Stelle. Diese „Herrschaft der Märkte" ist für unser Alltagsleben oft bedeutender geworden als die politischen Entscheidungen einzelner Regierungen.
Heute fragen sich viele Menschen, ob die Chancen oder die Risiken der Globalisierung überwiegen. Werden wir irgendwann alle das Gleiche essen und die gleichen Freizeitangebote wahrnehmen? Lässt es sich verhindern, dass Menschen in fernen Ländern für Hungerlöhne arbeiten, damit wir günstig einkaufen können? Die Zahl der sehr armen Menschen auf der Welt hat sich seit 1970 nicht verringert.

M 3 *Montage von Smartphones in einer Fabrik in Wuhan, China, Foto, 2013*

„Fair" einkaufen?

In Deutschland achten verschiedene Organisationen darauf, dass für Produkte aus Billiglohnländern faire Preise gezahlt werden. Diese Produkte sind mit besonderen Siegeln gekennzeichnet. Damit wird garantiert, dass die produzierenden Arbeiter und Bauern einen festen Mindestlohn erhalten, der die Kosten einer nachhaltigen Produktion deckt. Kinderarbeit, Zwangsarbeit und Diskriminierung sind verboten, und im Umweltschutz müssen bestimmte Mindeststandards eingehalten werden. Durch den Kauf „fair" gehandelter Produkte können Konsumenten in den reichen Ländern zur Bekämpfung von Ausbeutung und Armut beitragen.

1 a) Beschreibe die Herstellung eines Smartphones anhand von M1–M3 und des Darstellungstextes.
b) Beurteile, ob es ein typisches Produkt der Globalisierung darstellt.

2 Partnerarbeit:
a) Schreibe aus dem Darstellungstext, Z. 28–51, die deiner Meinung nach positiven Aspekte der Globalisierung heraus.
b) Schreibe aus dem Darstellungstext, Z. 28–51, die deiner Meinung nach negativen Aspekte der Globalisierung heraus.
Vergleicht eure Ergebnisse und begründet eure Wertung.

3 Erläutere anhand von Beispielen, woran sich „fair" produzierte Waren erkennen lassen. Lege dar, warum du dich für fair produzierte Ware entscheiden würdest.

4 Erkläre, inwiefern ein weltweiter Handel zur Veränderung der Kultur beiträgt.

5 Handel überwindet Grenzen und trägt zum Kulturaustausch bei: Zeige dies an je einem Beispiel der Kontakte zwischen Römern und Germanen am Limes, der Hansekaufleute oder der Fugger sowie aus heutiger Zeit auf.

3000 v. Chr. | 500 | 600 | 700 | 800 | 900 | 1000 | 1100

3000 v. Chr.–500 n. Chr.
Altertum/Antike

500–1500
europäisches Mittelalter

ab 2. Jh. n. Chr. Handel am Limes zwischen Römern und Germanen

581–907 Dynastien Sui und Tang

907–1279 China in Teilstaaten zergliedert

Wirtschaft und Handel gestern und heute

Menschen tauschten oder handelten seit jeher Erzeugnisse aller Art. Mit den Entdeckungsreisen der Portugiesen und Spanier entstanden in der Neuzeit ab dem 15. Jahrhundert erstmals weltweite (globale) Handelsbeziehungen zwischen den damals bekannten Kontinenten Asien, Afrika, Amerika und Europa. Auch wenn die Menge der gehandelten Waren im Vergleich zu heute lächerlich gering erscheint, spricht die Geschichtswissenschaft von der „ersten Globalisierung" der Weltwirtschaft. Mit den Handelsschiffen und den Karawanen wurden auch technische Kenntnisse und Wissen aller Art ausgetauscht.

Römer und Germanen am Limes

Die Lebensweise der Römer wurde von den besiegten Völkern übernommen. Auch die direkten Nachbarn der Römer orientierten sich vielfach an römischer Lebensart. Dieser Prozess der **Romanisierung** lässt sich auch in den Grenzgebieten entlang des **Limes** beobachten. In diesen **Provinzen** kam es zu zahlreichen Handels- und Kulturkontakten zwischen Germanen und Römern. Bei den Germanen begehrt waren Tongefäße in allen Größen, Edelmetalle und Eisen. Die Römer kauften bei den Germanen vor allem Seife, Honig und Gänsefedern für Kissen. Mit dem Handelsaustausch kamen auch zahlreiche Wörter aus der lateinischen Sprache in die germanischen Sprachen. Viele davon haben sich bis ins heutige Deutsch erhalten.

China und Europa im europäischen Mittelalter

Seide war der bekannteste und begehrteste Artikel aus China zur Zeit der europäischen Antike und des Mittelalters. Im 13. Jahrhundert eroberte der Mongolenherrscher Dschingis Khan ein Weltreich von China bis nach Europa. Unter den Mongolenherrschern wurden Reisen und Handel auf dem Landweg von Europa nach Ostasien möglich. Kaufleute aus Italien wie die Familie Polo suchten den direkten Kontakt mit den Produzenten in Ostasien. Den Berichten christlicher Missionare verdanken die Europäer zahlreiche Kenntnisse über die Völker Ostasiens, über viele bis dahin unbekannte Tiere und Pflanzen, die chinesische Schrift und die Verwendung von Papiergeld in China. Kolumbus kannte diese Berichte und beabsichtigte, westwärts über den Atlantik nach China zu gelangen.

Eine Vielzahl von Erfindungen wurde in China viel früher gemacht und angewendet als in Europa, darunter Papier, das Brustgeschirr für Pferde und der Schubkarren. Aus dem in China erfundenen Schwarzpulver für Feuerwerkskörper wurde in Europa später das Schießpulver für Gewehre entwickelt. Gegossenes Eisen kannten die Chinesen schon 800 Jahre vor den Europäern. Schleusentore erlaubten die Wasserregulierung auf den großen Kanälen für den Warentransport.

Im Bereich der Seefahrt erfanden die Chinesen den Seekompass und das hintere Steuerruder lange vor den Europäern. Mit ihren Dschunken befuhren chinesische Seeleute während des europäischen Mittelalters alle Häfen Ostasiens bis nach Indien. Die Europäer verfügten zu jener Zeit noch nicht über hochseetaugliche Schiffe. Während der Ming-Dynastie wurden in China die mit 3000 Tonnen Tragkraft größten Schiffe ihrer Zeit weltweit gebaut. Admiral Zheng-Hé befehligte eine riesige

1200 | 1300 | 1400 | 1500 | 1600 | 1700 | 1800 | 1900 | 2000

seit 1500
Neuzeit

ab 1500
erste Globalisierung

ab 1990
dritte Globalisierung

1358–1669
Städtebund Hanse

ab 1500 die Fugger aus Augsburg auf dem Weg zur Weltfirma

1279–1368 Dynastie Yuan (Weltreich der Mongolen)

Handels- und Wissensaustausch zwischen Europa, Zentralasien und China auf dem Landweg

1368–1438 Dynastie Ming

ab 1405 chinesische Flotte unter Admiral Zheng Hé
Handelskontakte und Expansion nach Ostafrika, Arabien, Indien und Südostasien

Flotte und unternahm 1405–1433 sieben Expeditionen bis nach Ostafrika. Nach 1433 verzichtete China auf den Bau von Hochseeschiffen.

Seit dem 6. Jh. wurden in China Bilder und Texte im sogenannten Blockdruckverfahren hergestellt. Zwischen 1000 und 1200 erfanden die Chinesen den Druck mit einzelnen Buchstaben. Mit der Erfindung der Druckerpresse durch Gutenberg um 1450 löste der Druck von Büchern und Flugschriften in Europa bald die handgeschriebenen Kopien ab. In China setzte sich das Drucken angesichts der vielen Tausend Zeichen der chinesischen Schrift viel langsamer durch. Aus Europa übernahmen die Chinesen vor allem Arzneimittel, ihnen unbekannte Gemüsesorten sowie den Stuhl als Sitzmöbel. Chinesische Städte waren zur Zeit des europäischen Mittelalters bedeutend größer als Städte in Europa. Sie waren ebenfalls Zentren für die Warenproduktion und den Verkauf auf Märkten. „Stadtluft macht frei" galt jedoch nur für die europäischen Städte. In China gab es keine mit Europa vergleichbaren Stadtregierungen und keine **Stadtrechte**. In der Stadt und im Umland waren Gesetze und Verwaltung gleich.

Das Handelsnetz der Hansestädte

Mit der steten Ausweitung des Handels in Europa ab dem späten Mittelalter schlossen sich Gilden zu Fahrtgemeinschaften von Kaufleuten zusammen. Das gab Sicherheit auf Reisen und bessere Gewinne. Aus einer Fahrtgemeinschaft norddeutscher und nordwestdeutscher Kaufleute bildete sich 1358 die Deutsche Hanse. In diesem Handelsbund waren zeitweise 160 Städte vertreten. Die Hanse-Kaufleute erschlossen Märkte rund um die Ostsee von Russland über Skandinavien bis Großbritannien. An wichtigen Handelsplätzen eröffneten die Hansemitglieder eigene Kontore. Das waren Stadtviertel mit Wohnhäusern, Lagerräumen und Hafenanlagen, um die sich Handwerkersiedlungen bildeten. Die Stadtherren förderten solche Handelsplätze, weil sie hohe Steuereinnahmen mit sich brachten. Das Lübecker Recht, das die Rechte von Kaufleuten stärker berücksichtigte, wurde in vielen Hansestädten angewandt. Die Hanse bestand bis 1669.

Das Handelshaus der Fugger: Von Händlern zu Großunternehmern und Adligen

Im 14. Jahrhundert verkaufte die Familie der Fugger in Augsburg Wolle, Seide und Gewürze. Sie erwarb im Laufe der Zeit alle notwendigen Mittel zur Herstellung und den Verkauf von Waren (Handelsgesellschaft). Die Brüder Ulrich, Georg und Jakob Fugger bauten Ende des 15. Jahrhunderts das Unternehmen weiter aus. Neben dem Fernhandel betrieben sie Bergwerke und verdienten viel Geld mit dem Verkauf von Kupfer, Silber, Blei und Quecksilber. Sie vergrößerten ihren Reichtum durch den Einstieg ins Bankgeschäft und vergaben Kredite an Kaiser, Könige, Adlige und Bürger. Diese Wirtschaftsform der Neuzeit wird auch Frühkapitalismus genannt. Die Fugger gehörten zu den reichsten Familien ihrer Zeit und wurden in den Adelsstand erhoben. Die Familie stiftete viel Geld für Kirchen und wohltätige Zwecke (Fuggerei).

Wirtschaft und Handel heute

Ab den 1990er Jahren führten der Ausbau des weltweiten Internets und die Abschaffung von Zöllen (Freihandel) zwischen vielen Ländern zu einem rasanten Anwachsen des Welthandels. Englisch wurde zur wichtigsten Sprache in Wirtschaft und Handel. Fachleute sprechen von der „dritten Globalisierung". Durch den weltweiten Handel kam es auch zu einem kulturellen Austausch von Wissen und Traditionen.

In diesem Kapitel konntest du folgende Kompetenzen erwerben:

- die Zusammenhänge von Wirtschaft, Politik und Gesellschaft an ausgewählten Beispielen in Altertum, Mittelalter und Neuzeit beschreiben, und dabei auch Grundlegende Begriffe wiederholen
- das erworbene Wissen zur Orientierung in der heutigen globalisierten Welt nutzen
- die Bedeutung der staatlichen Steuerung und der langfristigen Kontakte zwischen Germanen und Römern am Limes für Sprache und Lebenswelt erläutern
- China und Europa im europäischen Mittelalter in den Bereichen Seefahrt, Buchdruck und Stadtentwicklung vergleichen und den jeweiligen Stand der Entwicklung einschätzen
- den Aufbau eines überregionalen Handelsnetzes sowie dessen Bedeutung für Politik, die Stadtentwicklung und die Gesellschaft am Beispiel der Hansestädte oder der Augsburger Kaufmannsfamilie der Fugger bewerten
- einfache Geschichtskarten, Schaubilder und Statistiken auswerten, um die Bedeutung europaweiter und weltweiter Handelsströme früher und heute zu erfassen

M1

Handelsschiffe im Hafen einer Hansestadt, Zeichnung, aquarelliert (19. Jh.)

M2

Die britische Historikerin und Sinologin Frances Wood über den kulturellen Austausch auf der Seidenstraße in Richtung China, 2007:

Während der Tang-Dynastie waren auch fremde Nahrungsmittel begehrte Importwaren. Damals gelangte der Kohlrabi aus Europa nach China. Die Zuckerrübe könnte über Vermittlung der Araber eingeführt worden sein. 647 n. Chr. sandte der König von Neapel besondere Gemüsesorten nach China ... Durch den Handel auf der Seidenstraße wurde das chinesische Arzneimittelangebot beträchtlich erweitert. Ein Gegenstand, der den Lebensstil der Chinesen erheblich veränderte, war der aus Europa übernommene Stuhl.

Zit. nach Frances Wood, Entlang der Seidenstraße, Stuttgart (Theiss) 2007, S. 17ff. Übers. von Nike Duell-Pfaff und Dirk Oetzmann.

M 3 **Wissenstransfer China – Europa:**

Erfindungen	China	Europa
Seekompass	1090	um 1180
hinteres Steuerruder	1. Jh.	um 1190
Brustgeschirr für Pferde	5. Jh.	um 1000
Schubkarren	1./2. Jh.	um 1250
Blockdruck	8. Jh.	1375
Papier	1./2. Jh.	12./13. Jh.
Druck mit beweglichen Lettern	1041	1430–60
Schleusentore (Kanäle)	11./12. Jh.	um 1375
Gusseisen	6. Jh. v. Chr.	um 1380
Schießpulver	9. Jh.	1285

Zit. nach Jacques Gernet, Die chinesische Welt, Frankfurt a. M. (Insel) 1979, S. 322. Übers. v. Regine Kappeler.

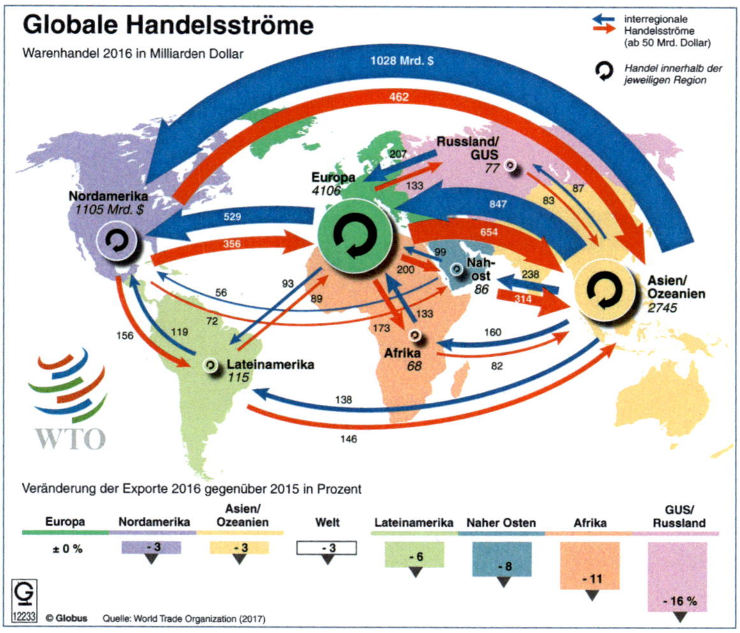

M 4 *Internationale Wirtschaftsverflechtungen, Stand 2016*

Orientierungskompetenz

1 Nenne zwei Beispiele für die heutigen globalen Handelsströme, von denen du besonders profitierst.

Sachkompetenz und Narrative Kompetenz

2 **a)** Beschreibt das Bild M1. Stelle Vermutungen zu möglichen Waren, ihrer Lagerung und zum Weitertransport an.
b) Zeigt auf, in welcher Form die Städte von den Hansekaufleuten und ihren Kontoren profitierten.

3 Erläutere, welche Waren und Erfindungen von Europa nach China gelangten (M2).

4 Wiederhole mithilfe der Tabelle M3 den Transfer chinesischer Erfindungen Richtung Europa. Beziehe auch die Seiten 98 bis 101 mit ein.

Methoden- und Orientierungskompetenz

5 Untersuche das Schaubild M4. Stelle dar, zwischen welchen Regionen der Welt heute der intensivste Handel betrieben wird. Vergleiche mit der ersten Globalisierung (siehe S. 82/83).

Urteilskompetenz

6 In Augsburg gibt es ein Jakob-Fugger-Gymnasium. Sammelt Aspekte, die dafür oder eventuell dagegen sprechen, den Kaufmann so zu ehren.

cornelsen.de/webcodes
Code: *sujota*
Selbsteinschätzungsbogen

Jnhalt zweierley predig/ yede in gemein in einer kurtzen sum

Jch gib hirten nach meinem hertzen
Die euch weiden weislich on schertzen. Hier. 3

Hör zu das wort auß meinem mund
Vnd thu es meinem volck bekund.

Wee den hirten die sich selb wey
Vnd meine schaff so sehr bel

cornelsen.de/webcodes
Code: zopiyo
Alle Darstellungstexte zum Anhören

5 Das konfessionelle Zeitalter

Der Holzschnitt stellt die katholische und die evangelische Glaubensrichtung gegenüber. Seit 1517 hat sich die neue Lehre Martin Luthers im Heiligen Römischen Reich Deutscher Nation verbreitet und zu einem Streit um den „rechten" Glauben geführt. Mehrere Kriege sollten daraus entstehen, insbesondere der Dreißigjährige Krieg (1618–1648).*

Vergleicht die beiden Predigtszenen. In welcher wird die katholische bzw. die evangelische Glaubensrichtung dargestellt?
Für welche Glaubensrichtung wirbt das Flugblatt? Begründet.

„Zweierley Predig", Holzschnitt von Georg Pencz, 1529, koloriert

1400 | 1450 | 1500 | 1550

europäisches Mittelalter

Beginn der Neuzeit in Europa

1517 Beginn der Reformation

95 Thesen Martin Luthers

1524–1526 Bauernkrieg

14. Jh. bis 16. Jh. Renaissance und Humanismus

um 1450 Johannes Gutenberg entwickelt Drucktechnik mit beweglichen Buchstaben

1492 „Entdeckung" Amerikas durch Christoph Kolumbus

Religiöse Konflikte im 16. Jahrhundert und ihre Auswirkungen bis heute

Krankheiten oder Unfälle führten in früheren Jahrhunderten schnell zum Tod. Trost fanden die Menschen in der Religion. Überhaupt spielte im Mittelalter wie in der Frühen Neuzeit der Glaube eine bestimmende Rolle im Verhalten und Handeln der Menschen.
Über die Fragen nach den richtigen Verhaltensweisen und den „rechten" Glauben entbrannte im 16. Jahrhundert ein erbittert geführter Streit, der zur Gründung neuer christlicher Glaubensgemeinschaften (Konfessionen*) führte. Der Streit erfasste auch die große Politik und mündete in einen dreißig Jahre dauernden Krieg. Dieser hinterließ Not und Elend und zerstörte zahlreiche Gebiete. Die Folgen des religiösen Konflikts sind bis heute sicht- und spürbar.

M 1

Staaten und Glaubensrichtungen in Europa um 1570

1600 | 1650 | 1700 | 1750

1618–1648 Dreißigjähriger Krieg

1648 Westfälischer Frieden

1643–1715 Ludwig XIV. in Frankreich, Absolutismus

M 2

Schwedenlied um 1635

Das Lied entstand während der Kämpfe zwischen dem schwedischen und dem kaiserlichen Heer in Süddeutschland:

Die Schweden sind gekommen,
Haben alles mitgenommen,
Haben's Fenster eingeschlagen,
Haben's Blei davongetragen,
Haben Kugeln daraus gegossen
Und die Bauern erschossen.

Zit. nach Herbert Langer, Hortus Bellicus. Der Dreißigjährige Krieg, 3. Aufl., Gütersloh (Prisma) 1982, S. 259.

M 3

Söldner plündern einen Bauernhof. Gemälde von Sebastian Vrancx, um 1620*

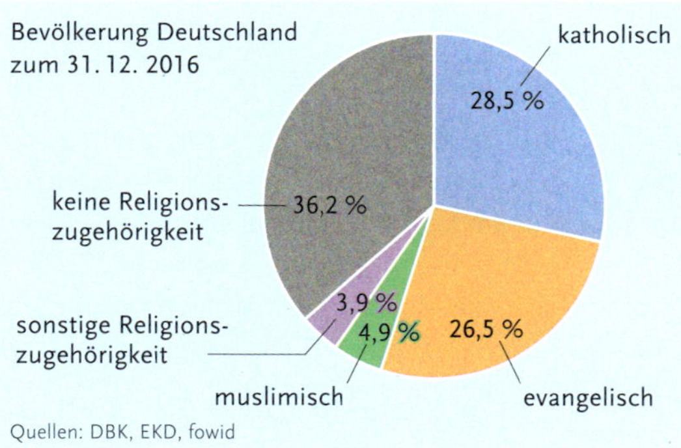

M 4

Religionszugehörigkeiten in Deutschland 2016

1 Stellt zusammen, welche Religionszugehörigkeiten ihr kennt.
2 Überprüft, ob sich diese Zugehörigkeiten in M1 und M4 wiederfinden.
3 Erarbeitet in der Klasse Gemeinsamkeiten und Unterschiede zwischen der katholischen und evangelischen Konfession.
4 **a)** Vergleiche M2 und M3.
b) Ordne das Material M1– M3 begründet der entsprechenden Information aus der Zeitleiste zu.

In diesem Kapitel übst du folgende Kompetenzen:

- Du erkennst, wie religiöse, politische und gesellschaftliche Krisen und Konflikte im 16. und 17. Jahrhundert das Leben der Menschen veränderten.
- Du beurteilst am Beispiel der Reformation Ursachen und Wirkungen einer historischen Entwicklung.
- Du untersuchst, welche Rolle Martin Luther und Kaiser Karl V. in diesem Religionskonflikt spielten.
- Du beurteilst am Beispiel des Bauernkrieges und des Dreißigjährigen Krieges das Verhältnis von Politik und Religion.
- Du erklärst die Auswirkungen des Dreißigjährigen Kriegs auf die Menschen und beurteilst, ob der Westfälische Frieden ein guter Friedensschluss war. Mithilfe deines Wissens erfasst du, wie wichtig eine friedliche Lösung von Konflikten in der Gegenwart ist.
- Du untersuchst Flugblätter und erkennst die Bedeutung des Buchdruck für die Reformation.
- Du beurteilst die Auswirkungen der Informationsvermittlung früher und in unserer digitalen Welt.

L Was verunsicherte die Menschen um 1500?

Das Leben der Menschen im Spätmittelalter war geprägt von tiefer Verunsicherung. Halt im schwierigen Alltag sollte die Kirche mit ihren festen Regeln geben.
- *Finde heraus, wovor sich die Menschen um 1500 fürchteten.*
- *Beurteile, ob die Kirche den Menschen Halt geben konnte.*

M 1 *Sonnenfinsternis, Sturmfluten und Hagel als Vorboten des baldigen Endes der Welt, Lutherbibel, 1534*

M 2 **Aus einer Schrift der Herzöge von Bayern über das Leben der Priester (1523):**

Die Bauern ... sagen, dass die Priester so unpriesterlich und unordentlich leben, dass es wider den christlichen Glauben wäre, sie länger zu ertragen. Die Priester – so heißt es – liegen Tag und Nacht in den öffentlichen Wirtshäusern, trinken ... und lassen sich volllaufen ... Oftmals gehen sie nach solchem Trinken und Lärmen ... zum Altar, um die Messe zu lesen.

Zit. nach Helmar Junghans (Hg.), Die Reformation in Augenzeugenberichten, übers. von Franz Lau und Helmar Junghans, Düsseldorf (Rauch) 1973, S. 43.

Höllenangst

Auch im 15. Jahrhundert gab es Seuchen und Kriege. Erschwerend kam ein dramatischer Klimawandel hinzu, den heutige Historiker als „Kleine Eiszeit" bezeichnen. Extrem kalte Winter und nasse Sommer verhinderten über mehrere Jahrzehnte hinweg ausreichende Ernten. Viele Menschen hungerten. Die Bauern verarmten und konnten ihre Abgaben nicht mehr bezahlen. Die Geistlichen erklärten ihnen, dass dies die Strafe Gottes für ein sündiges Leben sei. Zahlreiche Menschen glaubten, das Ende der Welt stünde bevor. Prediger forderten die Menschen auf, ihr Leben zu ändern, ansonsten müssten die Sünder nach dem Tod Höllenqualen erleiden. Zu ihrer Rettung gingen die Menschen auf Wallfahrt oder spendeten der Kirche Geld. Sie hofften, dadurch die Vergebung ihrer Sünden zu erlangen und in den Himmel zu kommen.

M 3 **Der Historiker und Journalist Frank Otto stellt drei berühmte Päpste vor:**

Papst Alexander VI. (1492–1503) erkaufte sich die Stimmen der wahlberechtigten Kardinäle mit ungeheuren Summen. Alexanders Interesse galt vor allem seinen sieben (vielleicht auch neun) Kindern, die er glänzend verheiratete und mit Fürstentümern ausstattete; seinen Sohn Cesare etwa machte er zum Erzbischof von Valencia – mit 17 Jahren und ohne dass dieser Priester war.

Julius II. (1503–1513), den die Italiener „Il Terribile" (der Schreckliche) nannten, weil er kein Seelsorger, sondern ein Kriegsherr war, kümmerte sich nur um die Ausweitung seiner Macht. Luther nannte ihn später einen „Blutsäufer".

Leo X. (1513–1521) verschenkte und verschwendete während seiner Herrschaft im Vatikan 4,5 Millionen Dukaten. Das entspricht 15 Tonnen reinen Goldes.

Vereinf. nach Frank Otto, Am Vorabend einer Revolution, in: Martin Luther und die Reformation (= GEO EPOCHE 39), Hamburg (Gruner und Jahr) 2009, S. 25.

Missstände in der Kirche

In ihrer Not erwarteten die Menschen Trost und Hilfe von der Kirche. Doch viele Priester waren schlecht ausgebildet und vernachlässigten ihre Aufgaben. Bischöfe und Kardinäle sowie der Papst in Rom führten ein prunkvolles Leben und benahmen sich wie weltliche Herrscher. Viele Gläubige fragten sich, ob eine solche Kirche überhaupt für ihr Seelenheil sorgen könne. Auch von Geistlichen kam Kritik am Zustand der Kirche, weil es immer schwieriger wurde, zweifelnde Gläubige zu überzeugen. Der Ruf nach einer Erneuerung der Kirche, einer Reform*, wurde immer lauter.

Der Ablass – das Geschäft mit der Angst

1506 hatte der Papst in Rom mit dem Bau der Peterskirche begonnen. Sie sollte an Größe alle anderen Kirchen übertreffen. Zur Finanzierung der Baukosten betrieb die Kirche einen intensiven Handel mit Ablassbriefen. Was aber bedeutete das? Traditionell erhielten Christen die Vergebung ihrer Sünden durch die Beichte und die aufrichtige Reue ihrer Taten, wenn sie zur Buße bereit waren. Gebüßt wurde durch eine Wallfahrt oder eine gute Tat. Seit dem 11. Jahrhundert setzte sich anstelle der Buße die Zahlung von Geld an die Kirche durch. Dafür erhielt der Gläubige einen Ablassbrief. Einer der erfolgreichsten Händler im Dienst des Papstes war der Mönch Johann Tetzel. „Wenn das Geld im Kasten klingt, die Seele aus dem Fegefeuer springt", lautete sein Werbespruch. Gegner des Ablasshandels* kritisierten ihn scharf, da dieser Vorgang bei den Gläubigen keine Reue voraussetze und nur der kirchlichen Geldbeschaffung diene.

M 4

Flugblatt zum Ablasshandel, Holzschnitt von Lucas Cranach dem Älteren, 1521
Die Abbildung des Hundes bezieht sich auf die Bibelstelle Matthäus 7,6: „Gebt das Heilige, das euch anvertraut ist, nicht den Hunden! Und eure Perlen werft nicht den Schweinen vor!"

1 Gruppenarbeit: Erstellt ein Suchsel mit mindestens acht Begriffen, die Antwort auf die Frage geben, was die Menschen um 1500 verunsicherte.
Tipp: Ihr könnt das Suchsel auch digital erstellen. Gebt dazu die Suchbegriffe „sulingoo" oder „Suchsel erstellen" ein.

A	M	W	T	E	O	Z	T	E	I	A	H
L	M	I	T	T	E	L	A	L	T	E	R
J	Z	D	O	E	R	Q	R	H	V	W	B
Z	Q	K	A	I	S	E	R	X	J	A	U
T	Z	W	K	J	X	I	Y	P	T	N	C
I	J	A	L	Q	O	R	P	O	P	T	R
V	U	O	R	U	C	N	E	T	L	I	K
X	H	L	X	E	X	H	M	B	T	K	W
L	H	T	U	L	Q	O	Ü	M	U	E	G
J	S	I	I	L	E	C	W	E	T	Q	K
K	R	A	S	E	P	I	A	I	Y	G	T
P	R	Q	V	K	E	D	E	T	U	Z	N

Folgende Arbeitsaufträge helfen euch dabei:
Alltagserfahrungen der Menschen
a) Beschreibt so genau wie möglich M1.
b) Sucht jeweils eine Person aus M1 aus und gestaltet eine Sprechblase. Was könnte sie denken oder sagen? Bezieht den Darstellungstext (Z. 1–15) in eure Überlegungen mit ein.
Zustand der Kirche
c) Fertigt eine Liste der Beschwerden gegen die Geistlichen an (M2–M4 und Darstellungstext, Z. 16–28).
d) Besprecht, welche Probleme sich aus dem Lebensstil der Geistlichen mit den kirchlichen Pflichten ergaben.
Die Kirche und die Menschen
e) Beschreibt das Bild zum Ablasshandel (M4 und Darstellungstext, Z. 28–45).
f) Sammelt Gründe, wieso die Menschen Ablassbriefe kauften.
Tipp: Überlegt, was sie sich davon versprachen.

2 Beurteile, ob die Kirche den Menschen in dieser unsicheren Zeit Halt gab.

Martin Luther: Ein Mönch gegen Papst und Kaiser

Martin Luther kritisierte, wie viele andere Geistliche, die Missstände in der Kirche. Mit seiner öffentlichen Kritik stellte er sich gegen Kaiser und Papst.

- ***Erarbeitet, wie es zum Streit zwischen Luther und dem Papst als auch mit dem Kaiser kam.***
- ***Welche Folgen hatte die Auseinandersetzung?***

M 1

Martin Luther wird als Sohn eines Bergmanns 1483 in Eisleben geboren. Er bricht das Studium der Rechtswissenschaften ab und tritt 1505 in ein Kloster ein. Nach Priesterweihe und Promotion unterrichtet er Theologie in Wittenberg.
Gemälde von Lucas Cranach dem Älteren, 1529

M 2

Auszüge aus den 95 Thesen Martin Luthers, 1517 in deutscher Sprache veröffentlicht:

- Es irren diejenigen Ablassprediger, die da sagen, dass durch die Ablässe ... der Mensch frei von aller Strafe werde.
- Gewiss, sobald das Geld im Kasten klingt, können Gewinn und Habgier wachsen, aber die Fürbitte der Kirche steht allein auf dem Willen Gottes.
- Jeder Christ, der wahre Reue empfindet, hat Anspruch auf vollkommenen Erlass von Strafe und Schuld, auch ohne Ablassbriefe.

Zit. nach www.ekd.de/glauben/95_thesen.html (Stand: 15. 06. 2018).

Grundlegender Begriff: Luther

Martin Luther, Mönch und Theologe, der mit seiner Kritik an kirchlichen Missständen und mit seinen 95 Thesen die Reformation auslöste.

Grundlegender Begriff: Reformation

Eine kirchliche Erneuerungsbewegung, die zur Spaltung des westlichen Christentums durch die Entstehung der evangelischen Kirche führte. Die Reformation veränderte auch die politische Ordnung Europas.

M 3

Grundlegendes Datum

1517 Beginn der Reformation

Luther auf dem Reichstag zu Worms vor Kaiser und Kurfürsten, kolorierter Holzstich von 1557.
Die Beschriftung wurde erst später hinzugefügt: „Hier stehe ich. Ich kann nicht anders. Gott helfe mir. Amen." Diese Worte sind in Luthers Verteidigungsrede nicht überliefert.

Luther kritisiert die Kirche

Der weit verbreitete Ablasshandel widersprach Luthers Glaubensverständnis. Deshalb verfasste er 95 Thesen gegen den Ablasshandel. Dieses Ereignis gilt als Beginn der Reformation.
In den folgenden Streitgesprächen mit anderen Theologen zeigte sich, dass er nicht nur den Ablasshandel verurteilte, sondern auch anzweifelte, dass der Papst in Glaubensfragen immer Recht habe. Luther war der Überzeugung, dass für die Gläubigen nur das verpflichtend sei, was Christus in der Bibel gesagt habe. Er verfasste in den nächsten Jahren viele Schriften, die dann zur Grundlage für eine neue Konfession wurden. Papst Leo X. verurteilte die Lehren Luthers und verhängte nach dessen Weigerung, seine Sichtweise zu ändern, den Kirchenbann* über ihn.

Luther und der Kaiser

Karl V. (König 1519, Kaiser 1530–1556) war ein entschiedener Gegner Luthers. Um ihm trotzdem die von einigen der Reformation nahestehenden Fürsten geforderte Möglichkeit zur Verteidigung seiner Ansicht zu geben, lud er ihn 1521 zum Reichstag nach Worms ein. Luther weigerte sich dort, seine Kritik zu widerrufen, sodass mit dem Wormser Edikt die Reichsacht* über ihn verhängt wurde. Kurfürst Friedrich von Sachsen ließ ihn auf der Wartburg in Sicherheit bringen. Hier übersetzte Luther das Neue Testament ins Deutsche.
Karl V. wollte auch militärisch gegen die Reformation und den zunehmenden Einfluss der deutschen Fürsten vorgehen. Dolch häufige Kriege führten dazu, dass er sich nur selten im Heiligen Römischen Reich Deutscher Nation aufhielt. In dieser Zeit blieb das Wormser Edikt ohne Wirkung. Einige Fürsten und Reichsstädte nutzten diese Gelegenheit und schlossen sich der Reformation an.

M 4

Anklagerede gegen Luther auf dem Reichstag zu Worms:

Er [Luther] sündigt gegen die Geistlichkeit. Denn er sagt, dass alle Laien durch die Taufe Priester seien. Welch eine Ansehensminderung der Priester würde das ergeben. Insbesondere sündigt er gegen die geistlichen Orden, da er die Gelübde verwirft und verachtet. Weil sein Irrtum so offenbar geworden ist, hat der Papst viele seiner Artikel als ... aufrührerisch verdammt. Aber Luther glaubt, des Papstes Urteil nicht anerkennen zu müssen. Deshalb wolle Eure kaiserliche Majestät gebieten, Martin Luthers Bücher alle zu verbrennen.

Vereinf. nach Deutsche Reichstagsakten, Jüngere Reihe, Bd. 2, Gotha 1896, S. 497f.

M 5

Die Reichsacht gegen Luther – Das Wormser Edikt 1521:

Wir [Karl V.] gebieten euch allen, ... dass ihr den vorgenannten Martin Luther nicht in euer Haus aufnehmt, ... Essen oder Trinken gebt, ihn nicht versteckt noch ihm ... Hilfe, Gefolgschaft, Beistand oder Vorschub gewährt. Wo ihr aber ... ihn ergreifen ... könnt, sollt ihr ihn gefangen nehmen ... Ferner gebieten wir euch ..., dass keiner des oben genannten Martin Luthers Schriften ... kaufe, verkaufe, lese, behalte, abschreibe oder drucke.

Zit. nach Detlef Plöse (Hg.), Buch der Reformation. Eine Auswahl zeitgenössischer Zeugnisse (1476–1555), Berlin (Union Verlag) 1989, S. 252f.

Partnerarbeit: Erstellt einen Zeitstrahl, aus dem Ablauf und Folgen des Streits zwischen Luther und dem Kaiser/Papst hervorgehen.
Tipp: Ihr könnt dazu das Programm „Timeline" im Internet benutzen.
Folgende Arbeitsaufträge helfen euch:

1 Einigt euch, welche Ereignisse aus dem Leben Luthers ihr in den Zeitstrahl aufnehmen wollt (M1, M3, Grundlegende Daten, Grundlegender Begriff und Darstellungstext).

2 a) Erarbeitet, was Luther an der Kirche kritisiert (Darstellungstext, Z. 1–10).
b) Erklärt, weshalb Luther die Ablassbriefe nicht anerkennen wollte (M2 und Darstellungstext).
c) Ergänzt den Zeitstrahl mit Kritikpunkten und Forderungen Luthers (M2, M4).

3 a) Tragt stichpunktartig die Bestimmungen des Wormser Edikts (M5) in den Zeitstrahl ein.
b) Legt dar, was die Reichsacht einerseits für Luther und andererseits für seine Anhänger bedeutete.
c) Stellt Vermutungen an, wieso Karl V. die Reichsacht über Luther verhängte.

Ein Flugblatt untersuchen und deuten

Anfang des 16. Jahrhunderts konnten nur wenige Menschen schreiben und lesen. Dennoch verbreiteten sich Luthers Ansichten rasch in Deutschland und sogar in Europa.

- ***Untersuche auf dieser Seite, welchem Informationsmedium dies zu verdanken war. Lerne es zu interpretieren, die Arbeitsschritte auf der rechten Seite helfen die dabei.***

Was sind Flugblätter?

Ein Flugblatt enthielt meist nur wenig Text, dafür aber ein großes Bild, mit dem man versuchte, die Öffentlichkeit zu beeinflussen. Umherziehende Händler verkauften Flugblätter vor Kirchen und an öffentlichen Plätzen. Diese Einblattdrucke richteten sich an ein Publikum, das nie lesen gelernt hatte. Durch spöttische Übertreibungen versuchte man, die Gegenpartei lächerlich zu machen und damit für die eigene Sache zu werben.

Herstellung

Durch die von Johannes Gutenberg entwickelte Drucktechnik (s. S. 77) war es möglich geworden, Flugblätter günstig und schnell unters Volk zu bringen. Dies verhalf der Reformation zum Durchbruch. Die überregionale und massenhafte Verbreitung war eine Medienrevolution, die mit der heutigen digitalen Revolution* vergleichbar ist. Damals wie heute erweiterte sich der Raum, in dem man sich verständigen konnte, um ein Vielfaches.

Neue Gedanken konnten rasch verbreitet werden, ohne dass die Leser z. B. an einer Predigt Luthers direkt teilnehmen mussten. Diese Form der Wissensvermittlung und des Informationsaustauschs, unterstützt von den neuen Medien, schuf eine mediale Öffentlichkeit, die sich interessiert an den Kontroversen der Reformatoren und ihrer Gegner beteiligen konnte.

M 1

Das Flugblatt zeigt Papst Alexander VI. (1492–1503). Unbekannter Künstler, um 1500, nachkoloriert. 1) „Ich bin Papst", 2) Galgenstrick (Werkzeug eines Henkers), 3) Dreizack, Waffe des griech. Gottes Poseidon: Symbol des Teufels und von Hexen, 4) Tiara (dreifache Papstkrone), hier mit Flammen, 5) Krallenhände, 6) Geierkopf (Teufel und Dämonen werden auf christlichen Bildern oft mit zwei Gesichtern dargestellt), 7) Kreuz

Arbeitsschritte „Ein Flugblatt untersuchen und deuten“

Das Flugblatt beschreiben	
1. Wer oder was wird dargestellt? Beschreibe: • Personen (Kleidung, Aussehen, Mimik, Gestik) • Gegenstände • Hintergrund und Farben	• *Es wird nur eine Person dargestellt. Diese ist ein Mischwesen aus ...* • *Auf dem Kopf ... Das Gesicht ... Auf der Brust ist ...* • *In der rechten Hand ... Die Kleidung ist ...*
2. Gibt es einen Text? In welcher Beziehung steht er zum Bild?	• *Der Titel lautet ... Das bedeutet übersetzt ...* • *Gemeint ist ...*
Das Flugblatt und seinen Autor einordnen	
3. Zeichner des Bildes? Autor des Textes?	• ...
4. Wann und wo wurde das Flugblatt veröffentlicht?	• ...
Das Flugblatt deuten	
5. Was bedeuten die Symbole? (Da wir den Zeichner nicht mehr fragen können, was er erreichen wollte, müssen Ausdrücke der Vermutung verwendet werden, z. B. wahrscheinlich, vermutlich ...)	• *Das Henkerseil und die Folterwerkzeuge sollen vermutlich zeigen, dass ...* • *Mit ... will der Künstler wahrscheinlich den ... Charakter des Papstes hervorheben.*
6. Wie hat das Flugblatt wohl auf Zeitgenossen gewirkt? Wie wirkt es auf dich? (Was ist für einen heutigen Betrachter scheinbar vertraut, was fremd?)	• *Das Flugblatt hat aufgrund der Bösartigkeit der Dämonenfigur damals vielleicht ... gewirkt.* • *Auf mich wirkt es ..., weil ...*
7. Welchem Zweck diente die Flugschrift? Ergreift der Künstler durch seine Darstellung Partei?	• *Der Künstler ist anscheinend ein Anhänger ..., da er ...* • *Er will mit seiner Flugschrift wohl gegen ... kämpfen.*

1 Erkläre, weshalb Flugblätter Kern der Medienrevolution in der Frühen Neuzeit wurden (Darstellungstext).

2 Untersuche M1 mithilfe der angegebenen Arbeitsschritte. Die Tabelle hilft dir dabei.

3 **Partnerarbeit:** Untersucht das Flugblatt M4 auf S. 119.
Tipp: Listet alle erkennbaren Symbole auf und erklärt diese. Bezieht die Bedeutung des Ablasshandels in eure Interpretation ein.

4 **Zusatzaufgabe:** Begründet, weshalb die Flugblätter sowohl treibende Kraft als auch Ergebnis der Reformation waren.

5 Nennt Vor- und Nachteile der Verbreitung von Informationen durch
a) Flugblätter
b) digitale Medien.
Diskutiert darüber, ob jeweils die Vorteile oder die Nachteile überwiegen oder sich beide die Waage halten.

Hinweis: Weitere Flugblätter zum Üben findest du auf den Seiten 136 und 184/185.

L Welche Rolle spielte die Religion beim Bauernkrieg?

Immer wieder kam es im Mittelalter zu Aufständen der Bauern gegen ihre geistlichen und weltlichen Herren. Der bis heute bekannteste Aufstand fand zur Zeit der Reformation statt (1524–1526).
- ***Erforsche die Gründe dieses Krieges.***
- ***Beurteilt, welche Rolle die Reformation dabei spielte.***

Warum waren die Bauern unzufrieden?
Luther veröffentlichte 1520 eine Schrift mit dem Titel „Von der Freiheit eines Christenmenschen". Darin hieß es: „Ein Christenmensch ist ein freier Herr über alle Dinge und niemandem untertan." Diese religiöse Aussage bezogen die unterdrückten Bauern auf ihre soziale Lage, die sich im Mittelalter deutlich verschlechtert hatte. Seit dem 14. Jahrhundert nahm die Abgabenbelastung der Bauern stetig zu. Zusätzlich führten Missernten und Krankheit dazu, dass sich viele abhängige Bauern bei den Grundherren verschuldeten. Während Adlige so versuchten, ihren Besitz zu vergrößern und ihre Herrschaft auszuweiten, wuchsen die Spannungen zwischen den Bauern und ihren Herren.

Wer führte die Bauern an?
An der Spitze der Aufstände standen oft wohlhabende Bauern, die bisher innerhalb der Dorfgemeinschaft „das Sagen" hatten. Nun griffen aber die Adligen durch ihre Beamte und Richter immer stärker ein.
Die Bauern sahen dadurch das „gute alte Recht" der Dorfgemeinden verletzt und wollten es unbedingt verteidigen. Zu den Anführern der Bauern zählten auch Angehörige des niederen Adels, die ebenso vom Ausbau der fürstlichen Macht geschwächt wurden. Eine einheitliche militärische Führung gab es jedoch nicht.

M 1

Die „Zwölf Artikel" der Bauernschaft:

1. Die Gemeinde soll ihren Pfarrer selbst wählen dürfen. Er soll das reine Evangelium predigen ...
3. Die Leibeigenschaft soll aufgehoben werden, da Christus alle mit seinem Blut erlöst ... hat.
4. Die Gemeinde soll das Recht der Jagd und des Fischfangs erhalten.
5. Wald und Holz, die sich die Herren angeeignet haben, sollen wieder an die Gemeinde zurückfallen, damit alle einen Nutzen haben.
6. Die Frondienste sollen verringert werden auf das Maß, das für die Eltern galt ...
7. Vor Gericht soll man nach den alten geschriebenen Gesetzen bestraft werden und nicht nach der Willkür der Richter.
10. Wiesen ..., die mal der Gemeinde gehörten, sollen wieder zurückgegeben werden.
12. Die Grundlage der bäuerlichen Forderungen ist das Evangelium.

Zusammengestellt und bearb. nach Hans-Joachim Steigerthal, Reformation und Gegenreformaton/Glaubenskriege, Stuttgart (Klett) 1993, S. 54f.

M 2

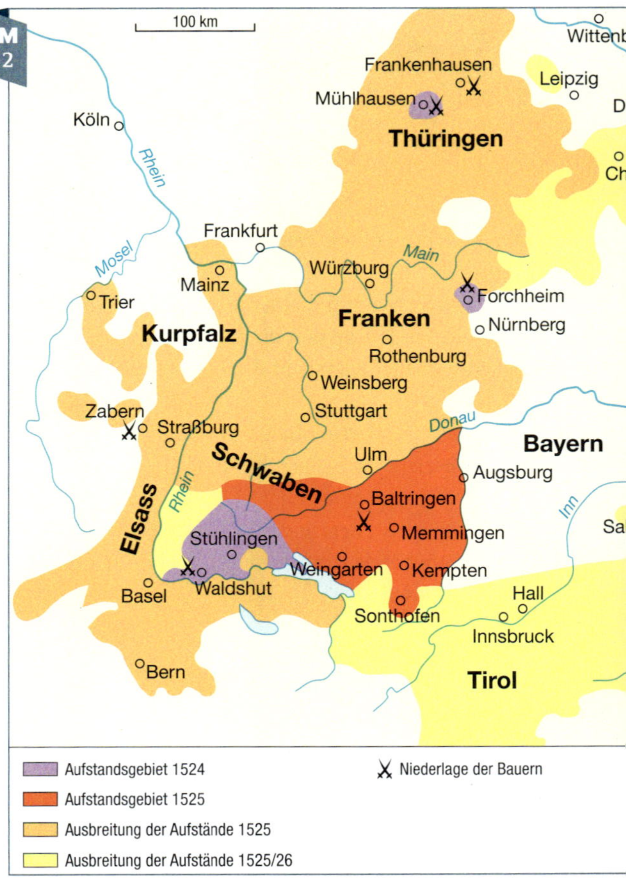

Die Verbreitung der Bauernaufstände 1524–1526

Wie verlief der Bauernkrieg?

Im Sommer 1524 breiteten sich die Aufstände, völlig überraschend für die adligen Grundherren, von Süddeutschland rasch aus. Um Zeit zu gewinnen, forderten die Grundherren die Bauern auf, ihre Forderungen schriftlich vorzulegen. Dies geschah 1525 in Memmingen in den sogenannten „Zwölf Artikeln", die sich über Flugblätter rasant verbreiteten.

Als die Bauern merkten, dass die Adligen nicht ernsthaft mit ihnen verhandeln wollten, kam es zu Mord- und Brandzügen auf beiden Seiten. Man schätzt die Zahl der Opfer auf etwa 75 000 Tote, wobei die meisten davon Bauern waren.

Luther stand anfangs den Forderungen der Bauern positiv gegenüber. Er änderte aber seine Ansicht, weil er es ablehnte, politische Forderungen direkt aus dem Evangelium abzuleiten und sie mit Gewalt durchzusetzen.

Der Bauernkrieg endete mit einem umfassenden Sieg der Fürsten, die viel besser ausgerüstet waren. Die überlebenden Bauern mussten hohe Strafgelder bezahlen, ihre Anführer wurden hingerichtet.

M3

Plünderung des Klosters Weißenau in der Nähe von Ravensburg, Baden-Württemberg, Federzeichnung aus der Bauernkriegschronik von Abt Jakob Murer, 1525

M4

Strafgericht über gefangene Bauern in Marienberg bei Würzburg, kolorierter Holzschnitt, 16. Jh.

1 Partnerarbeit:

a) Ordnet den Gründen für die Unzufriedenheit der Bauern die entsprechenden Forderungen zu (M1, Darstellungstext, Z. 1–23).

Gründe für die Unzufriedenheit der Bauern	*Forderungen („Zwölf Artikel")*

b) Markiert in eurer Tabelle mit unterschiedlichen Farben, welche Forderungen der Wiederherstellung des „guten alten Rechts" dienten und welche durch die Reformation angeregt waren.

2 Werte die Karte M2 aus. Berichte, was du über die Ausbreitung und den Verlauf des Bauernkrieges erfährst. Lies nach auf S. 193.

3 **Zusatzaufgabe:** Finde heraus, ob es auch in deiner Heimatregion Aufstände gab.

4 Besprecht in der Klasse, welchen Zusammenhang es zwischen den „Zwölf Artikeln" (M1), der Verbreitung von Flugblättern (siehe S. 122) und der Ausbreitung des Bauernkrieges (M2) gibt.

5 **Wähle eine Aufgabe aus:**

Beschreibe die Vorgänge von M3 und M4

a) aus der Sicht eines Bauern,

b) aus der Sicht eines Grundherrn.

Vergleicht eure Beschreibungen.

6 **Partnerarbeit:** Beurteilt, welche Rolle die Reformation im Bauernkrieg spielte.

Tipp: Nutzt bei der Beurteilung das Zitat „Freiheit des Christenmenschen" und die Begriffe „Evangelium" und „Dorfgemeinde".

Warum wurden Menschen als „Hexen“ verfolgt?

In der Frühen Neuzeit reichte allein der Verdacht der Hexerei, um verurteilt und verbrannt zu werden.

- ***Erarbeite auf dieser Doppelseite, weshalb es zu Hexenverfolgungen kam.***
- ***Überprüfe, ob im Fall des Bamberger Bürgermeisters Johann Junius ein typischer Hexenprozess durchgeführt wurde.***

M 1 *„Hexen brauen ein Hagelunwetter“, Holzschnitt, 1489, spätere Kolorierung. Ein weiterer Anklagepunkt war z. B. der Pakt mit dem Teufel.*

Hexenwahn in der Frühen Neuzeit

Im Märchen reiten Hexen auf Besen oder werden als alte Frauen mit Buckel und Warze dargestellt. Mit Zaubersprüchen stiften sie Menschen zu Taten an, bei denen der Teufel angeblich seine Hände im Spiel hat. Das Bild von Hexen wurde geschaffen, um Unerklärbares zu benennen und für Böses einen „Sündenbock“ zu finden. Zur Zeit der Reformation und des Dreißigjährigen Krieges (1618–1648) erreichte die Hexenverfolgung einen grausamen Höhepunkt. Schätzungen zufolge wurden mindestens 50 000 Menschen getötet. 80 % der Opfer waren Frauen, meist alleinstehend und am Rande der Gesellschaft lebend. Sie hatten keinen Mann, der ihnen rechtlichen und sozialen Schutz gab.

Gründe für die Hexenverfolgungen

In der Frühen Neuzeit glaubten viele Menschen an Magie. Bei Auftreten von Pest, Hungersnöten oder Fehlgeburten suchte man nach Schuldigen. Auch soziale Konflikte, wie Neid oder Streit zwischen Nachbarn, führten schnell zu falschen Beschuldigungen. Die Bevölkerung trat dann an die Obrigkeit heran und forderte, dass die als „Hexen“ beschuldigten Frauen und Männer verfolgt und bestraft würden.

Ende der Hexenverfolgungen

Ab 1700 gingen die Verfolgungen massiv zurück, da immer weniger Menschen an Magie und Zauberei glaubten. 1775 kam es zum letzten Mal zur Verurteilung einer deutschen „Hexe“. Das Todesurteil wurde jedoch nicht vollstreckt; die Angeklagte, die Magd Anna Schwegelin aus Kempten, musste jedoch im Gefängnis bleiben und starb dort einige Jahre später.

M 2

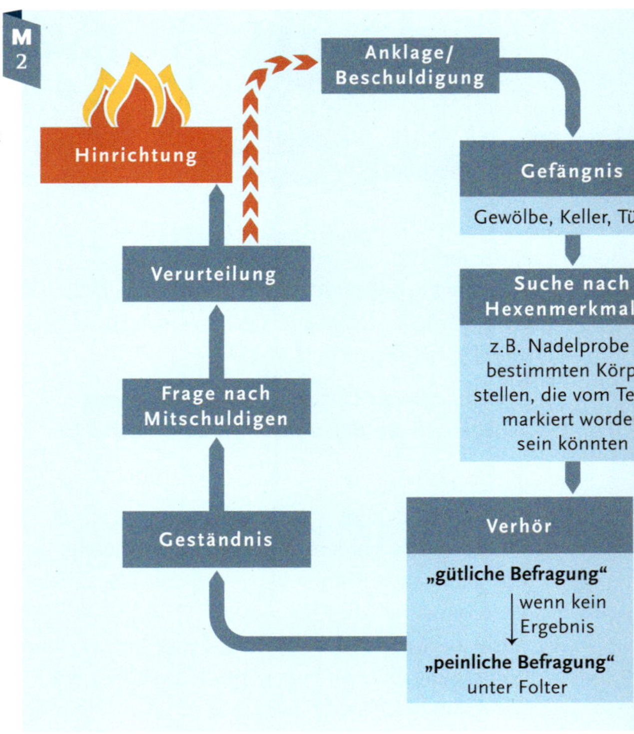

Verlauf der Hexenprozesse

M 3

Brief des Johannes Junius aus dem Gefängnis, Bamberg 1628

Im Sommer 1628 wird der Bamberger Bürgermeister Junius der Hexerei angeklagt und auf dem Scheiterhaufen verbrannt. Vermutlich war er dem Bamberger Bischof, der mit den Bürgern um die Macht in der Stadt rang, zu mächtig. Aus dem Gefängnis schrieb er an seine Tochter:

Hunderttausendmal gute Nacht, herzliebe Tochter Veronika! Unschuldig bin ich in das Gefängnis gekommen, unschuldig bin ich gefoltert worden, unschuldig muss ich sterben. Denn, wer in dieses Haus kommt, der muss ein Hexer werden, oder er wird so lange gefoltert, bis er etwas erdichten muss ...

Ich will dir erzählen, wie es mir ergangen ist: Als ich das erste Mal zum Verhör geführt wurde, ... fragte mich Doktor Braun: „Hört Ihr, sagte er, Ihr seid ein Hexer! Wollt Ihr es freiwillig gestehen? Wenn nicht, so wird man euch Zeugen bringen und den Henker zur Seite stellen." Ich sagte: „Ich wurde verraten, ich habe ein reines Gewissen in dieser Sache ...".

Liebes Kind, gleich sechs Personen haben mich beschuldigt ... Alle falsch und aus Zwang, wie sie später bekannten, und haben um Gottes willen Abbitte geleistet, bevor sie gerichtet wurden, und zwar mit den Worten, sie wüssten nichts außer Liebes und Gutes über mich. Sie hätten es sagen müssen ...

Hierauf kam leider, Gott erbarme, ... der Henker und hat mir den Daumenstock [Folterwerkzeug] angelegt und beide Hände zusammengebunden, bis das Blut zu den Nägeln und überall sonst herausdrang ... Als nun der Henker mich wieder in das Gefängnis führte, sagte er zu mir: „Herr, ich bitte Euch, um Gottes willen, bekennt etwas, sei es nun wahr oder nicht! Denkt Euch etwas aus, denn Ihr könnt die Marter [Folter] nicht ausstehen, die man Euch antut ...".

Nun folgt, herzliebes Kind, was ich ausgesagt habe, wodurch ich ... der harten Folter entgangen bin, welche ich unmöglich länger hätte ausstehen können ... [Junius gesteht, mit dem Teufel im Bunde zu sein und Gott verleugnet zu haben.] ... Danach sollte ich sagen, was ich für Leute dort gesehen hätte. Ich sagte, ich hätte sie nicht gekannt. „Du alter Schelm, ich muss dir den Henker auf den Hals jagen! Rede weiter! Ist der Kanzler nicht dagesessen?" Da sagte ich ja. „Wer noch?" ... Danach sollte ich sagen, was ich für Übel gestiftet habe. Ich sagte nichts ... da hat er mich geschlagen ... Ich hätte auch eine Hostie genommen und sie eingegraben. Als ich dieses gesagt habe, haben sie mich zufriedengelassen.

Nun, herzliebes Kind, da hast du alle meine Aussagen und ihren Verlauf, auf die ich sterben muss. Und es sind lauter Lügen und erfundene Sachen, so wahr mir Gott helfe. Denn dieses habe ich alles aus Furcht vor der weiteren drohenden Folter und wegen der schon zuvor ausgestandenen Folter sagen müssen ... Herzliebes Kind, ich weiß, dass du so fromm bist wie ich. Dennoch wurdest du schon etliche Male beschuldigt, und wenn ich dir einen Rat geben soll, so solltest du, was du an Geld und Briefen hast, nehmen und dich etwa ein halbes Jahr auf eine Wallfahrt begeben ... Liebes Kind, dieses Schreiben halte verborgen, damit es nicht unter die Leute kommt, sonst werde ich dermaßen gefoltert, dass es zum Erbarmen ist, und die Wächter würden geköpft, so sehr ist es verboten ... Tausendmal gute Nacht, denn dein Vater Johannes Junius sieht dich nimmermehr.

24. Juli 1628.

www.historicum.net/fileadmin/sxw/Themen/Hexenforschung/Themen_Texte/Unterricht/Bamberg_Kassiber_Uebertragung.pdf (Stand: 14.08.2018).

1 Betrachte M1 und M2 und kläre folgende Fragen:
 a) Wie kam es zu einer Anklage?
 b) Was waren typische Anklagepunkte?
 c) Wie verlief das Verhör?
 d) Warum ist das Schaubild wie ein Kreis gestaltet?
 e) Wie beurteilst du aus heutiger Sicht Anklagepunkte, Prozessverlauf und Urteil?

2 **Partnerarbeit:** Stellt die tatsächlichen Ursachen (Darstellungstext, Z. 14–20) den Anklagepunkten gegenüber und klärt gemeinsam, weshalb diese zu Hexenverfolgungen führten.

3 **a)** Erarbeite aus dem Abschiedsbrief von Johannes Junius (M3) die einzelnen Stationen im Ablauf des Hexenprozesses (M2).
 b) Überprüfe, inwiefern der Fall typisch bzw. untypisch für das Bild und die Verfolgung von „Hexen" in der Frühen Neuzeit ist. Begründe deine Sichtweise.

4 **Zusatzaufgabe:** In Ringelai, Landkreis Freyung-Grafenau, fand noch 1703 ein Hexenprozess statt. Recherchiere im Internet die Hintergründe des Prozesses. Gib die Suchbegriffe „Ringelai" und „Hexenprozess" ein.

Dreißig Jahre Krieg um Glauben und Macht

Von 1618 bis 1648 tobte in Mitteleuropa ein schrecklicher Krieg. Er veränderte Europa grundlegend.
- ***Finde heraus, welche Interessen und Ziele die kriegsführenden Parteien verfolgten.***
- ***Beurteilt, ob der Krieg ein Glaubens- oder ein Machtkrieg war.***

Katholisch gegen evangelisch?

Die katholische Kirche versuchte in der Frühe Neuzeit die Lehren Luthers zu unterdrücken. Auch die Kaiser strebten danach, sowohl mit Verhandlungen als auch durch militärisches Eingreifen, die religiöse Einheit wiederherzustellen (siehe S. 121). Da aber keine Einigung in der Religionsfrage erzielt werden konnte, wurde schließlich die evangelische Kirche (Protestanten*/Lutheraner) im Augsburger Religionsfrieden 1555 als gleichberechtigte Konfession anerkannt. Die Fürsten konnten frei wählen, ob sie den evangelischen oder katholischen Glauben annehmen. Die Untertanen mussten den Glauben ihrer Landesherren annehmen oder auswandern. In den Reichsstädten durften beide Konfessionen nebeneinander bestehen.
Die protestantischen Fürsten wollten mithilfe der Reformation auch ihre Unabhängigkeit gegenüber dem Kaiser aus dem katholischen Haus Habsburg sichern. Immer wieder gab es Konflikte u. a. um Gebiete, die sich protestantische Landesherren angeeignet hatten. Es war ein explosives Gemisch aus Glaubensfragen und Machtkonflikten. Beide Seiten stellten Heere auf und suchten nach Verbündeten in ganz Europa.

M 1

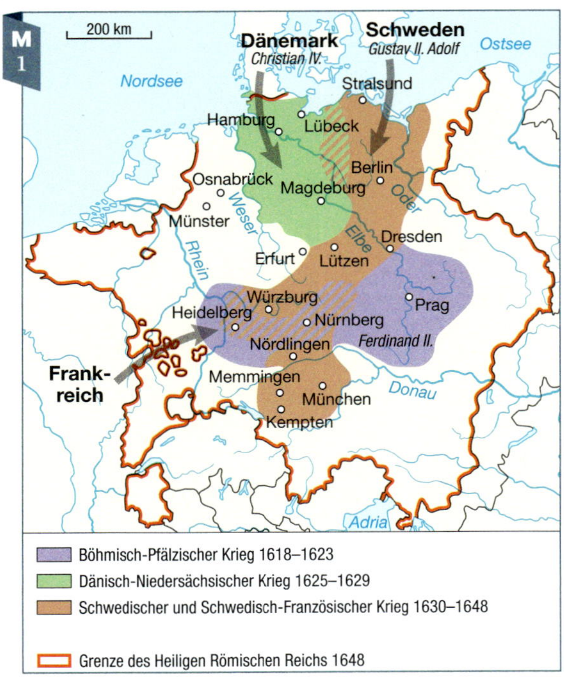

Verlauf des Dreißigjährigen Krieges

Grundlegendes Datum

1618–1648 Dreißigjähriger Krieg

Der Dreißigjährige Krieg im Überblick

Böhmisch-Pfälzischer Krieg (1618–1623)

1618 Prager Fenstersturz: Aus Protest gegen die Aufhebung der Religionsfreiheit durch Ferdinand II., König von Böhmen, werfen protestantische Adlige zwei hohe Beamte aus einem Fenster der königlichen Burg.
1619 Kaiserkrönung Ferdinands II. – Böhmische Adlige wählen daraufhin den Protestanten Friedrich V. von der Pfalz zum Gegenkönig in Böhmen.
1620 Die Armee der katholischen Fürsten unter Maximilian I. von Bayern besiegt die böhmischen Truppen; Friedrich V. flieht.

Niedersächsisch-Dänischer Krieg (1625–1629)

1625 Der protestantische König Christian IV. von Dänemark sieht seine Interessen in Norddeutschland bedroht und greift deshalb in den Krieg ein.
1626 Herzog Albrecht von Wallenstein unterstützt den Kaiser mit einem eigenen Söldnerheer. Er besiegt das protestantische Heer.
1629 Friede zu Lübeck: Christian IV. zieht sich aus Deutschland zurück.

Schwedischer Krieg (1630–1635)

1630 Der protestantische König Gustav II. Adolf von Schweden dringt bis nach Bayern vor. Er wird vom katholischen Frankreich finanziell unterstützt.
1632 Gustav II. Adolf stirbt in der Schlacht bei Lützen.
1634 Niederlage der Schweden bei Nördlingen
1635 Friede zu Prag zwischen Kaiser Ferdinand II. und den protestantischen Fürsten.

Schwedisch-Französischer Krieg (1635–1648)

1635 Frankreich verbündet sich mit Schweden. Daraufhin erklärt Ferdinand II. Frankreich den Krieg.
1645 Beginn von Friedensverhandlungen
1648 Westfälischer Frieden

Kaiser Ferdinand II.: ①
Ich kann nicht zulassen, dass die Fürsten immer mächtiger werden. Sie können ohnehin schon in ihren Gebieten über die Religion alleine bestimmen. Wenn sie noch mehr Rechte erhalten, wird dann nicht mein großes Reich auseinanderfallen? Ich muss ihnen zeigen, dass der Kaiser das Sagen hat! Auch wenn ich sicher ein paar Kompromisse werde eingehen müssen.

König Gustav Adolf von Schweden: ②
Wir Schweden werden in den deutschen Krieg eingreifen. Schließlich müssen wir unsere Glaubensbrüder, die Protestanten, unterstützen. Aber es ist natürlich auch eine gute Gelegenheit, uns ein Stück Ostseeküste zu sichern. Und außerdem werde ich dafür von Frankreich auch noch finanziell unterstützt. Was will ich mehr?

Kurfürst Maximilian I. von Bayern: ③
Ferdinand II. ist auf meine Hilfe angewiesen. Dafür will ich den uneingeschränkten Oberbefehl über das Heer der katholischen Fürsten, die Liga, bekommen. Dann kann mir niemand mehr etwas befehlen.
Natürlich muss Friedrich von der Pfalz für sein Vorgehen geächtet werden. Die Kurwürde der Wittelsbacher will dann ich haben. Lange genug war sie bei der pfälzischen Linie der Wittelsbacher. Dass man mir meine Kosten für den Kriegszug ersetzt, versteht sich von selbst. Über ein wenig mehr Land würde ich mich natürlich auch freuen.

Kurfürst Friedrich von der Pfalz: ④
Ferdinand ist ja nicht nur Kaiser, sondern auch König von Böhmen gewesen. Aber es war ihm egal, dass die Adligen in Böhmen das Recht hatten, bei der Regierung kräftig mitzubestimmen. Kein Wunder, dass die nicht gut auf ihn zu sprechen waren und mich zu ihrem König erwählt haben. Diese Chance ließ ich mir nicht entgehen! Pech, dass ich nur einen Winter lang herrschen konnte, bevor ich fliehen musste. Und jetzt soll ich auch noch meine Kurwürde hergeben? Dagegen werde ich Widerstand leisten.

Kardinal Richelieu, Erster Minister und politischer Berater des französischen Königs: ⑤
Dieser Krieg ist für Frankreich eine gute Gelegenheit, dafür zu sorgen, dass die Familie Ferdinands, die Habsburger, ihre Macht in Europa nicht noch weiter ausbauen. Dafür verbünden wir uns sogar mit dem protestantischen Schwedenkönig. Der Zweck heiligt schließlich die Mittel. Vielleicht können wir auch Gebiete am Rhein erobern?

Söldner ⑥
Ich spreche für viele Söldner. Für uns ist es gut, wenn es Krieg gibt. Viele Eroberungen bedeuten reiche Beute und deshalb gutes Einkommen – egal auf wessen Land wir gerade sind. Oft genug ist das unser einziger Sold.
Hoffentlich wird keiner von uns verletzt. Wer sorgt dann für uns?

1 Lege dar, wer von den Bestimmungen des Augsburger Religionsfriedens profitierte (Darstellungstext).

2 Stelle anhand der Materialien grafisch dar, welche Bündnisse sich im Dreißigjährigen Krieg gegenüberstanden.

3 Erarbeite aus den Texten 1–6 die jeweiligen Ziele der Kriegsgegner.

4 **Partnerarbeit:** Der Dreißigjährige Krieg war ein „europäischer Konflikt um Glauben und Macht". Überprüft diese Behauptung, indem ein Partner/eine Partnerin aus dem Material auf diesen beiden Seiten Argumente für „Glaubenskrieg" und der andere für „Machtkrieg" erarbeitet. Tauscht euch danach aus.

Wie wirkte sich der Dreißigjährige Krieg aus?

Dreißig Jahre zogen Truppen unterschiedlicher Länder durch das Heilige Römische Reich und hinterließen Not und Elend.

- *Erarbeite mit einem Partner oder einer Partnerin die Auswirkungen des jahrzehntelangen Kampfes auf die Bevölkerung und das Land. Nutzt dazu die Materialien der Gruppe A oder B. Gestaltet dann eine Mindmap zur Überschrift.*

A

M 1

Söldner plündern ein Dorf. Ausschnitt aus einem Gemälde von Sebastian Vrancx, 1640

M 2

Der Soldat Jakob Christoffel von Grimmelshausen schrieb 1668 in seinem Roman „Simplicissimus":

Das Erste, was die Reiter in dem ... Zimmer ... anfingen, war, dass sie ihre Pferde einstellten; hernach hat jeder seine besondere Arbeit zu verrichten. ... Einige machten von Tuch, Kleidung und Hausrat große Päck [= Bündel] zusammen, etliche schütteten Federn aus den Betten und füllten Speck, Dörrfleisch und anderes Gerät hinein, andere schlugen Ofen und Fenster ein; Bettladen, Tisch, Stühl und Bänke verbrannten sie. Den Knecht legten sie gebunden auf die Erd, steckten ihm Sperrholz ins Maul und schütteten ihm einen Melkkübel voll garstig Mistlachenwasser in den Leib, das nannten sie Schwedischen Trunk. Dann fing man an, die Daumen der Bauern [auf die Pistolen] draufzuschrauben und die armen Schelme so zu foltern. Einem machten sie ein Seil um den Kopf und drehten es mit einem Stock so zusammen, dass ihm das Blut zu Mund, Nas und Ohren heraussprang ...

Zit. nach www.gutenberg.spiegel.de/buch/simplicius-simplicissimus-5248/5 (Stand: 13. 06. 2018).

B

M 3

Der Abt des Klosters Andechs, Maurus Friesenegger, notiert in seinem Kriegstagebuch:

1633: … Den 7. August rückten 3 000 Berittene … ein, die … überall sehr übel hausten. Bei ihrem Abzug … führten sie Pferd und Vieh … mit sich fort … Wehe für die Zukunft! Viele Äcker lagen schon öde, die Ernte war eben nicht die beste, und das künftige Feld konnte man nicht anbauen aus Abgang der Pferde …

Himmel! Man sah jetzt schon Bauern und Soldaten, nur halb gekleidet, von Elend abgebleicht, von Hunger ausgemergelt, mit bloßen Füßen bei der größten Kälte herumgehen … Die Soldaten aßen Hunde und Katzen und gestohlenes Fleisch und die Bauern hatten oft mehrere Tage keinen Brocken Brot! …

1634: … Das Elend dieser Tage bei uns lässt sich wahrhaft nicht beschreiben … In den Häusern wie auf den Gassen lagen nichts als abscheuliche Lumpen, zerschlagener Hausrat, Köpfe, Füße und Gedärme von verzehrten Pferden … und mehrere Tote … Nachdem wir alles Getreide und Vieh verloren, so gab es kein Brot, keine Milch, kein Fleisch … Daher lagen in allen Häusern Kranke … und starben auch viele! Keine Medizin, … kein Brot, kein Bett, kein Stroh, kein Ofen, kein Holz, und das bei der größten Kälte, … wobei die Häuser allen Winden und Witterungen offenstunden … Allein der Übel war noch kein Ende … Auf den verderblichen Krieg und den langwierigen Hunger folgt nun die Pest …

Maurus Friesenegger, Tagebuch aus dem 30jährigen Krieg. München (Buch und Media) 2015, S. 30–53.

M 4A

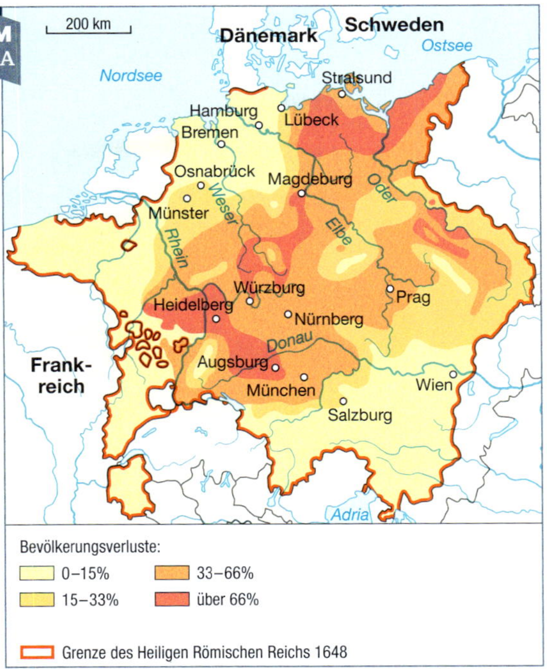

M 4B

Bevölkerungszahlen im Dreißigjährigen Krieg (aufgezeigt an einigen Beispielen):

Städte	1618	1648
Augsburg	48 000	16 000
Berlin	20 000	6 000
Magdeburg	35 000	10 000
Nördlingen	8 800	4 200

Bevölkerungsverluste im Dreißigjährigen Krieg. Von den 18 Millionen Einwohnern, die das Heilige Römische Reich um 1618 hatte, waren bis 1648 fünf bis sechs Millionen in den Schlachten, durch Misshandlungen, Hungersnöte und Seuchen umgekommen.

1 Stelle deinem Partner/deiner Partnerin die von dir erarbeiteten Materialien (A/B) genau vor und erkläre ihm/ihr, welche Auswirkungen der lange Krieg auf Land und Leute hatte.

2 Füllt dann gemeinsam folgende Mindmap aus und ergänzt sie um weitere Aspekte.
Tipp: Ihr könnt die Mindmap auch digital erstellen. Nutzt dazu das Programm „freemind“ von mebis.

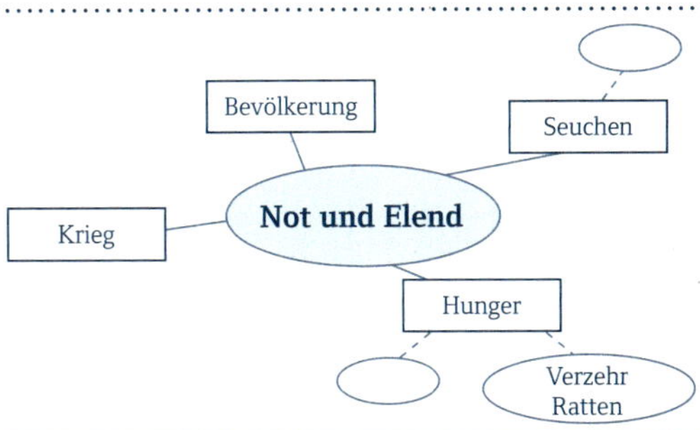

Der Westfälische Friede – ein bedeutender Friedensschluss?

Als nach dreißig Jahren Krieg endlich ein Friedensvertrag unterzeichnet war, läuteten überall im Reich die Kirchenglocken und Freudenfeste fanden statt.

- *Erarbeite die wichtigsten Bestimmungen des Friedensvertrages und beurteile diese.*

M 1

Friedensreiter verbreiten in ganz Europa die Nachricht von der Unterzeichnung des Friedensvertrages. Flugblatt, Oktober 1648
1 Friedensreiter, 2 Götterbote Hermes bzw. Merkur, 3 „Fama" = Göttin des Ruhmes, 4 „Pax" = Friede, 5 Überreste des Krieges

Verhandlungen an zwei verschiedenen Orten

Seit 1645 rangen in den westfälischen Städten Münster und Osnabrück mehr als 100 deutsche und ausländische Gesandte um die Aussöhnung der verfeindeten Kräfte. Man hatte die zwei Städte ausgewählt, weil Münster katholisch, Osnabrück hingegen evangelisch war und beide Orte ungefähr in der Mitte zwischen Paris und Stockholm lagen.

Ein Frieden, der das Reich und Europa verändert

Der Frieden hatte tiefgreifende Folgen. Die Schweiz und die Vereinigten Niederlande schieden aus dem Reich aus und wurden selbstständig. Frankreich und Schweden erhielten Gebiete des Deutschen Reichs.

Die Fürsten innerhalb des Reichs wurden in ihren Gebieten endgültig politisch selbstständig.

Der geschwächte Kaiser benötigte von nun an für alle wichtigen Entscheidungen die Zustimmung der Reichsstände – das waren die Kurfürsten, die geistlichen und weltlichen Fürsten und die Reichsstädte. Sie wirkten an der Steuererhebung und Gesetzgebung des Reichs mit.

Der Kaiser konnte außerdem fortan nicht mehr ohne die Reichsstände Kriege erklären und Frieden schließen.

Die Religion der Untertanen wurde auf den Stand von 1624 festgelegt, d. h. die Religion, der zu diesem Zeitpunkt der Landesherr angehörte, galt auch für die Untertanen. Späteren Religionswechsel des Landesherrn musste allerdings die Bevölkerung nicht mehr folgen..

Grundlegender Begriff: Westfälischer Friede

Friedensvertrag nach dem Dreißigjährigen Krieg im Jahr 1648, der die Gleichberechtigung der christlichen Konfessionen festschrieb und den deutschen Landesfürsten eine weitgehende Unabhängigkeit vom Kaiser gewährte.

M 2

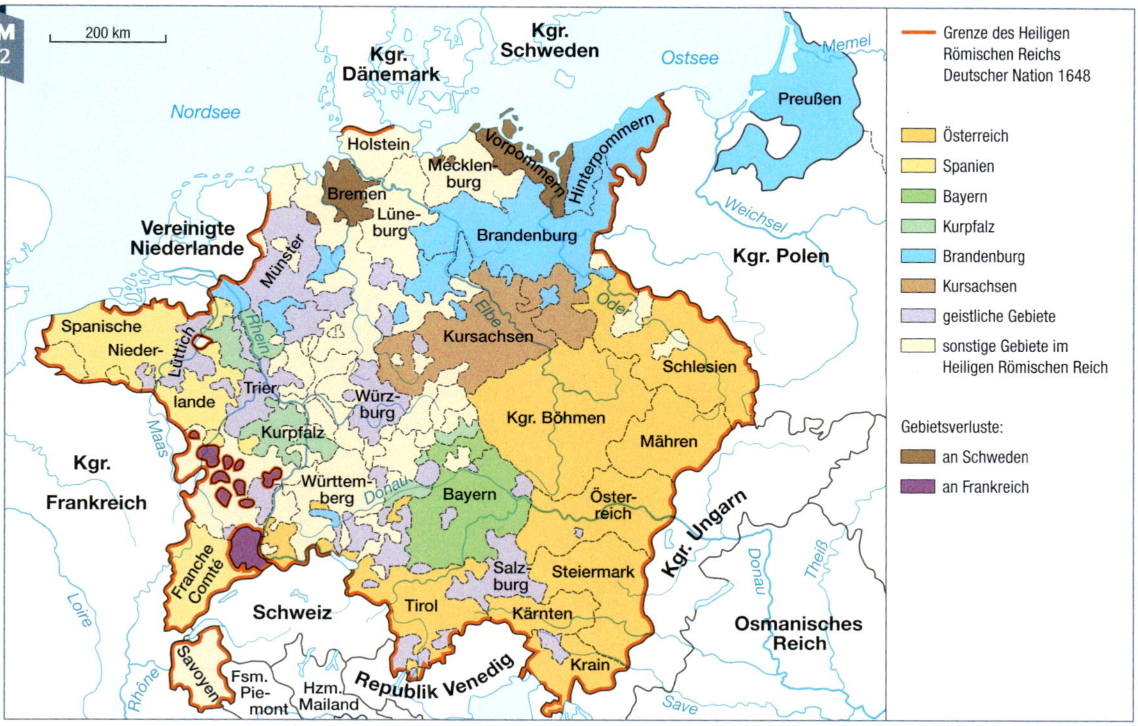

Das Heilige Römische Reich nach dem Westfälischen Frieden 1648

M 3

Der Historiker Edgar Wolfrum über den Westfälischen Frieden, 2011:

Der Dreißigjährige Krieg hatte Mitteleuropa verwüstet und entvölkert. Nach so langer Zeit waren alle Mächte erschöpft. Aber der Westfälische Frieden war nicht nur ein „Erschöpfungsfrieden" ... Seine Grundsätze beanspruchten bis in das 20. Jahrhundert hinein Bedeutung, denn erstmals verhandelten gleichberechtigte Staaten über den Frieden. Konflikte sollten durch Verhandlungen, Diplomatie und Verträge geregelt werden ... Der Ausgleich von Interessen und der Kompromiss wurden in den Mittelpunkt gerückt. Es begann die Blütezeit der Diplomatie ...

Edgar Wolfrum, Frieden in der Neuzeit. Wie die Kunst des Friedensschließens sich veränderte, in: Praxis Geschichte 2/2011, S. 4. Bearb. vom Verf.

1 Untersuche das Flugblatt M1 nach den auf S. 123 gelernten Arbeitsschritten. Nenne Mittel, die eingesetzt wurden, um die „Friedensstimmung" wiederzugeben.

2 **Wähle eine Aufgabe aus:**

a) Ordne die Inhalte des Friedensvertrages nach territorialen, politischen und religiösen Bestimmungen (M2 und Darstellungstext).

b) Suche die zueinander passenden Satzteile. Zu jeder Zahl passt jeweils nur ein Buchstabe (Darstellungstext, M2).

1: Schweden, 2: Die Fürsten, 3: Die Landesherren, 4: Katholiken und Lutheraner, 5: Die Schweiz,
a) bestimmten nach 1624 nicht mehr die Religion ihrer Untertanen. b) erhielt Gebiete an der Nord- und Ostsee. c) wurden weitgehend unabhängig vom Kaiser. d) waren gleichberechtigt. e) gehörte nicht mehr zum Reich.

3 Belege mithilfe der Materialien an mindestens vier Punkten die Behauptung, dass der Kaiser und das Reich durch den Westfälischen Frieden geschwächt wurden.

4 **Wähle eine Aufgabe aus:**

a) Begründe, inwiefern der Westfälische Friede ein für die Neuzeit bedeutender Friedensschluss war (M3 und Grundlegender Begriff „Westfälischer Friede").

b) Leite aus M3 ab, welche Prinzipien beachtet werden sollten, um einen dauerhaften Frieden zwischen Gegnern aushandeln zu können.

500 Jahre danach – Was geht uns die Reformation noch an?

Die Reformation hatte weitreichende Folgen, ohne die unsere Gesellschaft heute nicht die wäre, die sie ist – mit vielen positiven Aspekten. Geht auf Spurensuche.

M 1 *Luther-Spielzeugfigur*

M 2

500 Jahre danach: Was geht uns die Reformation noch an?

Mit der Geschichte ist es so eine Sache: Sie ist Vergangenheit. Und manchmal fragt man sich, was sie eigentlich heute noch mit unserem Leben zu tun hat. Vor genau 500 Jahren, am 31. Oktober 1517, lösen Luthers Thesen gegen den Ablasshandel der Kirche ein folgenschweres Ereignis aus: die Reformation. Die Konsequenzen für Theologie und Kirche sind offensichtlich ...

Doch die Reformation hat nicht nur die Kirche verändert, sondern die gesamte Gesellschaft. Die Folgen sind bis heute zu spüren ...

Eine für alle: Unsere Sprache

... Nicht zuletzt war sie [Luthers Bibelübersetzung] ein entscheidender Faktor, dass sich ... eine deutsche Hochsprache entwickelt hat. Bis heute prägt außerdem Luthers bildgewaltige Übersetzung der Bibel unsere Sprache. Wir verdanken ihm zum Beispiel unzählige Sprichwörter und Redewendungen. Wenn Sie jemandem Ihr „Herz ausschütten", weil es Ihnen „wie Schuppen von den Augen gefallen ist", dass Sie auf einen „Wolf im Schafspelz" hereingefallen sind, der „mit Engelszungen auf sie eingeredet hat" – so wären das nur vier Beispiele für Formulierungen, die wir ohne Luther heute nicht hätten. Und das gilt auch, wenn die Bibel für Sie ein „Buch mit sieben Siegeln" bleibt und sie schon beim Anblick einer Kirche zur „Salzsäule erstarren". Und wenn Sie das nächste Mal „Perlen vor die Säue werfen" oder „anderen eine Grube graben", in die Sie selbst hineinfallen, zitieren Sie Luther.

Schule für alle: Unser Bildungssystem

Es war ein zentrales Anliegen Luthers ..., es dem einfachen Volk zu ermöglichen, selbst die Bibel zu studieren ... Dazu gehörte aber nicht nur eine ordentliche Bibelübersetzung, sondern auch Bildung – denn lesen und schreiben zu können war damals ein Privileg von Adligen und Geistlichen. Im Zuge der Reformation entstanden zahlreiche Bildungseinrichtungen und Schulen, und zwar sowohl für Jungen als auch für Mädchen. ....

www.n-tv.de/panorama/Was-geht-uns-die-Reformation-noch-an-article20108439.html (Stand: 30. 08. 2018). Artikel verfasst von Fabian Maysenhölder.

Gruppenarbeit:

1 Die Luther-Figur (M1) ist mit über 1 Million Verkäufen die erfolgreichste Einzelfigur eines Spielzeugherstellers. Als Erklärung gibt der Vorsitzende der Evangelischen Kirche in Deutschland, Heinrich Bedford-Strohm, im Juni 2017 an, dass Eltern diese Figur ihren Kindern kaufen, weil sie spüren, dass sie mehr zu bieten habe als Darth Vader oder Spiderman.
Sammelt Ideen, warum die Luther-Figur zu einem Verkaufserfolg werden konnte.

2 Sammelt, ausgehend von M2, Stichpunkte zur Beantwortung der Überschrift auf. Blättert auch noch einmal durch das Kapitel, um weitere Punkte zu finden.

3 Fasst eure Ergebnisse in folgender Grafik zusammen und ergänzt weitere Aspekte:

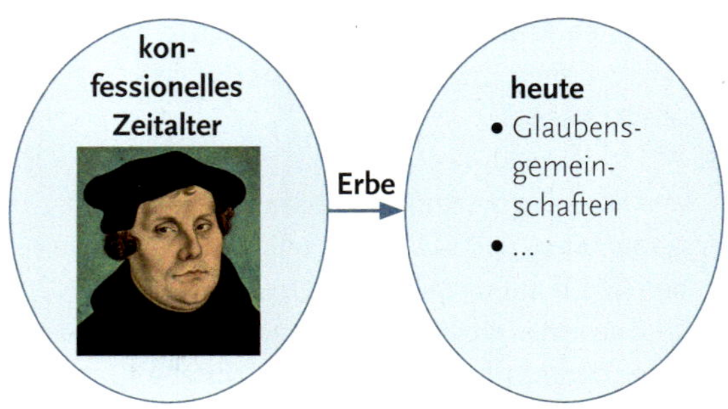

1400 | 1500 | 1600 | 1700

um 1450 Drucktechnik durch Gutenberg. Flugblätter und Bücher werden zur Massenware

um 1500 Zunahme des Ablasshandels

1517 Beginn der Reformation 95 Thesen Martin Luthers

1521 Reichstag in Worms: Reichsacht über Luther

1524–1526 Bauernkrieg

1618–1648 Dreißigjähriger Krieg

1648 Westfälischer Friede

Das konfessionelle Zeitalter

Die **Reformation** führt zur Kirchenspaltung

In den Jahrzehnten vor der Reformation war das Lebensgefühl der Menschen von vielen Unsicherheiten geprägt. In ihrer Not erwarteten sie Trost und Hilfe von der Kirche. Doch viele Priester kümmerten sich nicht um die Sorgen der Menschen. Die verschwenderische Lebensführung von zahlreichen hohen Geistlichen und das Geschäft mit dem Ablasshandel empörte viele Gläubige. **Martin Luther** protestierte mit seinen 95 Thesen (1517) gegen Missstände in der Kirche. Er hatte nicht vor, die Kirche zu spalten. In seinen Schriften stand das Evangelium im Zentrum des Glaubens. Damit war die Autorität des Papstes infrage gestellt. Mit Luthers Übersetzung der Bibel ins Deutsche bildete sich dann eine neue, „evangelische" Konfession heraus. Die Reformation wurde zu einer immer mächtigeren Bewegung, da zahlreiche Reichsfürsten zum neuen Glauben übertraten. Aus dem Streit um die Erneuerung der Kirche wurde ein politischer Machtkampf zwischen Kaiser und Fürsten. Dieser Machtkampf führte zur religiösen und politischen Spaltung des Heiligen Römischen Reichs.

Der Bauernkrieg

Proteste und vereinzelte Aufstände unzufriedener Bauern gab es im Spätmittelalter immer wieder. Die Bauern verbanden mit den freiheitlichen Ideen der Reformation die Hoffnung, ihre Lebensverhältnisse zu verbessern. Sie verlangten das Ende der Leibeigenschaft und Verringerung der Dienste und Abgaben an die Grundherren. Außerdem ging es ihnen um die Wiederherstellung der traditionellen Rechte ihrer Dorfgemeinden, die durch die Übergriffe der Landesherren immer stärker eingeschränkt wurden. Luther stand den Ideen der Bauern zunächst positiv gegenüber. Als aber die Bauern im Südwesten des Reichs ab 1524 zum Kampf gegen Grundherren und Fürsten übergingen, rief Luther die Herrscher dazu auf, gegen die Aufständischen vorzugehen. 1526 wurden die Bauernhaufen von landesherrlichen Truppen besiegt.

Der Augsburger Religionsfrieden

Karl V. (König 1519, Kaiser 1530–1556) strebte danach, sowohl mit Verhandlungen als auch durch militärisches Eingreifen, die religiöse Einheit wiederherzustellen. Zur Entschärfung des Konflikts wurde auf dem Augsburger Reichstag 1555 eine Kompromisslösung gefunden: Beide Konfessionen wurden jetzt als gleichberechtigt angesehen. Außerdem erhielt der jeweilige Landesherr das Recht zugesprochen, über die Religionszugehörigkeit seiner Untertanen zu entscheiden. So gelang es, die durch die Kirchenspaltung hervorgerufenen Konflikte rund ein halbes Jahrhundert unter Kontrolle zu halten.

Dreißig Jahre Krieg verändern Europa

Aus der engen Verbindung von konfessionellen und machtpolitischen Spannungen entbrannte der Dreißigjährige Krieg (1618–1648). Dies wurde schon zu Beginn des Krieges deutlich: Protestantische Adlige aus Böhmen bestanden auf die freie Ausübung ihres Glaubens und verlangten größere Selbstständigkeit gegenüber dem katholischen böhmischen König, der zugleich Kaiser des Reichs war. In Deutschland begann ein zunächst religiös motivierter Krieg von Katholiken gegen Protestanten, der von beiden Seiten grausam geführt wurde. Bald standen politische Interessen im Vordergrund und die Könige von Dänemark, Schweden und Frankreich traten zu unterschiedlichen Zeiten in diesen Krieg ein. In manchen Regionen Deutschlands starben zwei Drittel der Menschen.
Nach mehrjährigen Vorverhandlungen gelang 1648 im katholischen Münster und im protestantischen Osnabrück die Unterzeichnung eines Friedensvertrages. Der **Westfälische Friede** hatte für die politischen Machtverhältnisse im Reich und in Europa bedeutende Folgen: Mit der Schweiz und den Niederlanden entstanden neue Staaten. Gebietsgewinne auf Kosten des Deutschen Reichs stärkten Schweden und Frankreich. Die Reichsfürsten erlangten ihre Selbstständigkeit und handelten in ihren Territorien allein, was zur Schwächung der Macht des Kaisers führte. Außerdem wurde das Neben- und Miteinander der christlichen Konfessionen geregelt.

In diesem Kapitel konntest du folgende Kompetenzen erwerben:

- Ursachen und Wirkungen der Reformation beurteilen
- den Einfluss Luthers und Kaiser Karls V. auf den Verlauf der Reformation darstellen
- Gründe für den raschen Erfolg der Reformation erläutern und beurteilen
- den Zusammenhang von Politik und Religion am Beispiel des Bauernkrieges und des Dreißigjährigen Krieges hinterfragen
- die Auswirkungen des Dreißigjährigen Krieges erklären
- den Westfälischen Frieden beurteilen und die friedliche Lösung von Konflikten wertschätzen
- zeittypische Quellengattungen, wie Flugblätter, untersuchen und gesellschaftliche Auswirkungen neuer Möglichkeiten der Informationsvermittlung in Geschichte und Gegenwart beurteilen

M 1 *Buchdruck und neue Medien*

a) *Flugblatt „Im Höllenrachen", Holzschnitt, vor 1536. Die Abbildung zeigt Nonnen und Mönche, die im Maul eines Teufels tafeln, der auf einem Ablassbrief sitzt.*

b) *Luther nutzte die sog. Lutherrose, um deutlich zu machen, dass ein Text wirklich von ihm stammte. Abbildung aus der Übersetzung des Alten Testaments von Martin Luther, 1523. Text unter der Lutherrose: Dis zeichen sey zeuge/ das solche bucher durch meine hand gangen sind/ denn des falschen druckes vnd bucher verderbens/ vleyssigen sich ytzt viel.*

M 2 **Ein Mönch, der sich Luther anschloss, schrieb 1527:**

1517 kamen etliche mit den gekauften Ablassbriefen zu Martin ... und beichteten. Als sie dabei aber sagten, dass sie weder von Ehebruch, Wucher noch unrechtem Gut und dergleichen Sünde und Bosheit ablassen wollten, da sprach sie Martin Luther nicht frei von ihren Sünden. Da beriefen sie sich auf die Ablassbriefe. Diese wollte Luther nicht anerkennen. Er berief sich auf die Aussagen der Bibel: Wenn ihr eure Sünde nicht bereut und Buße tut, werdet ihr alle umkommen.

Zit. nach Heinrich Fausel (Hg.), Martin Luther, München (Siebenstern) 1967, S. 191.

M 3

An die Entstehung der sog. „Zwölf Artikel" erinnert in Memmingen dieses Wandgemälde am Gebäude der Kramerzunft, dem damaligen Versammlungsort der Bauern. Foto, 2011

M 4

Aus dem Grundgesetz der Bundesrepublik Deutschland (Artikel 4):

(1) Die Freiheit des Glaubens, des Gewissens und die Freiheit des religiösen und weltanschaulichen Bekenntnisses sind unverletzlich.

(2) Die ungestörte Religionsausübung wird gewährleistet.

Zit. nach www.bundestag.de (Stand 19. 07. 2018).

Orientierungskompetenz

1 Recherchiere, welche reformatorischen Ereignisse in der Nähe deines Schul- oder Wohnorts stattgefunden haben.
Tipp: Gib im Internet die Suchbegriffe „Stätten", „Reformation" und „Bayern" ein.

2 Luther setzte schon früh ein Zeichen gegen Falschmeldungen.
a) Erkläre anhand von M1b), wieso das nötig war.
b) Wie können heute Unwahrheiten in den Medien überprüft werden? Sammelt Beispiele in der Klasse.

3 Vergleiche die religiösen Bestimmungen des Westfälischen Friedens (siehe S. 132) mit Artikel 4 des Grundgesetzes (M4).

Sachkompetenz und Narrative Kompetenz

4 Vergleiche die in der Quelle M2 angesprochenen zwei Positionen zum Ablasshandel.

5 Ordne die in M3 dargestellten Personen drei verschiedenen Gruppen zu. Gib den Personen Sprechblasentexte.

Methodenkompetenz

6 Untersuche und deute das Flugblatt M1a) mithilfe der Arbeitsschritte auf S. 123.

Urteilskompetenz

7 **Gruppenarbeit:** Historiker sprechen im Zusammenhang mit Reformation und Konfessionellem Zeitalter von einem „Missbrauch der Religion für andere Interessen".
Wählt ein Beispiel aus, an dem ihr diese Behauptung überprüft und eure Sichtweise begründet:
A das Geschäft mit der Angst im Ablasshandel
B das Verlangen der Bauern nach Wiederherstellung alter Rechte
C das Machtstreben europäischer Großmächte

8 **Wähle eine Aufgabe aus:**
Nimm Stellung zu einer der folgenden Aussagen:
a) Ohne Flugblätter wäre die Reformation nicht so erfolgreich verlaufen.
b) Mit den Flugblättern veränderte sich auch die Gesellschaft.

cornelsen.de/webcodes
Code: hobeci
Selbsteinschätzungsbogen

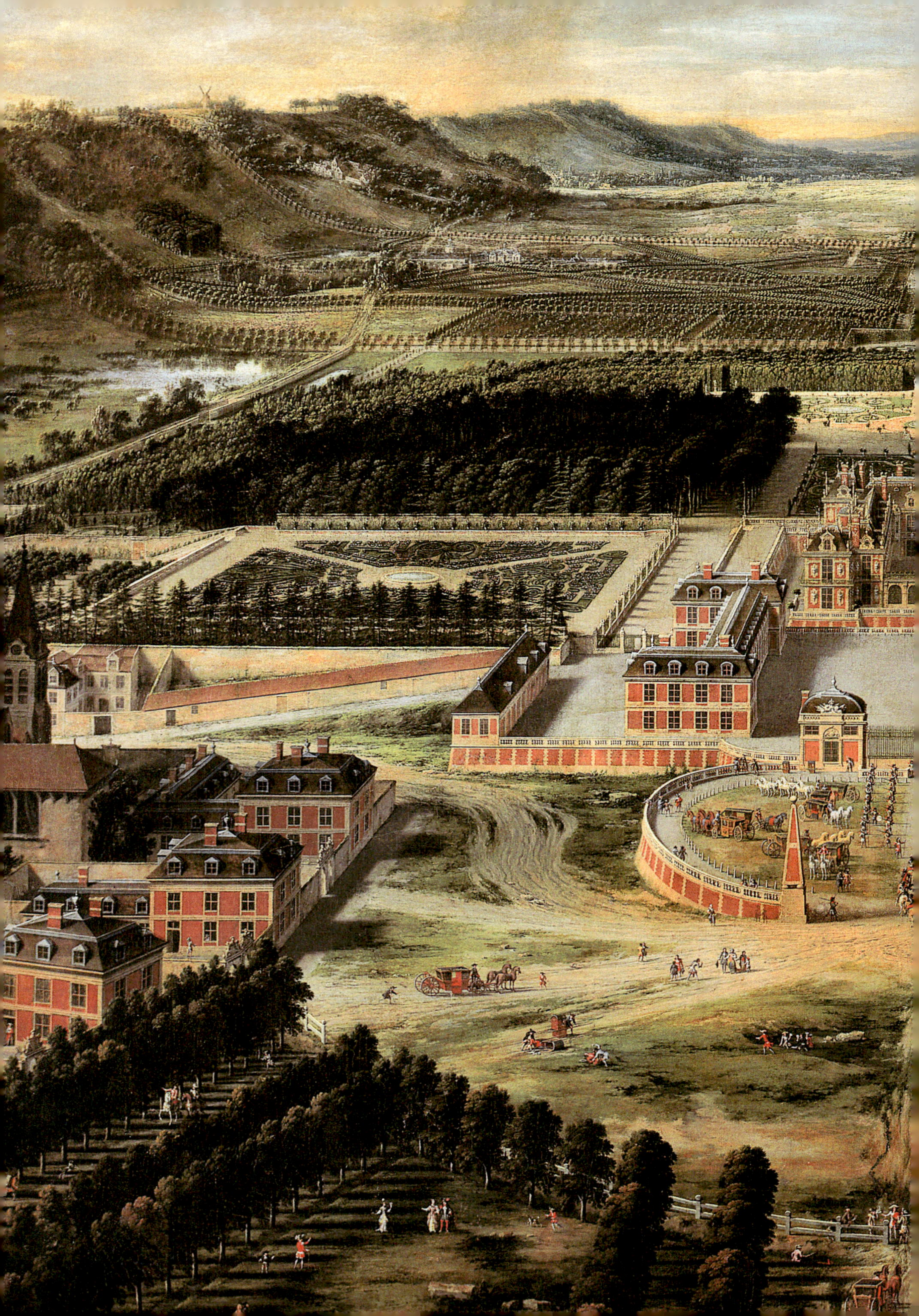

cornelsen.de/webcodes
Code: capadi
Alle Darstellungstexte zum Anhören

6 Absolutismus und Barock

Frankreich im Jahr 1668. Die königliche Kutsche nähert sich dem Schloss Versailles bei Paris. Das ursprünglich kleine Jagdschloss wird seit einigen Jahren umgebaut und soll die größte Schlossanlage Europas werden. Bis zu 36 000 Arbeiter sind auf der Baustelle beschäftigt. Der Auftraggeber ist Ludwig XIV., der als König Frankreich regiert.

Sammelt erste Eindrücke von der Schlossanlage. Was verrät sie über den Bauherrn? Hast du schon ähnliche Schlösser gesehen? Berichte.

Schlossanlage von Versailles, Gemälde von Pierre Patel, 1668

1600	1620	1640	1660

17./18. Jh. Absolutismus in Europa
Zeitalter des Barock

1643–1715 Herrschaft König Ludwigs XIV. von Frankreich

1618–1648 Dreißigjähriger Krieg

1648 Westfälischer Friede

Welche Veränderungen von Staat und Gesellschaft im 17. und 18. Jahrhundert sind heute noch bedeutsam?

Frankreich hatte durch den Dreißigjährigen Krieg enorm an Macht gewonnen. Das war eine günstige Ausgangsposition für den jungen, ehrgeizigen König Ludwig XIV. von Frankreich (1643–1715), der bis heute zu den bekanntesten Persönlichkeiten der europäischen Geschichte gehört. Bei seinem Regierungsantritt wollte Ludwig die Rolle des Königs im Staat neu definieren und künftig alleine alle staatlichen Entscheidungen treffen. Zugleich setzte er sich zum Ziel, Frankreich zur wichtigsten Macht in Europa zu machen, und führte viele Kriege. Er regte viele Reformen an, die Staat und Gesellschaft Frankreichs grundlegend veränderten. Historiker nennen diese Epoche, die vom Streben eines Herrschers nach absoluter Macht geprägt ist, das Zeitalter des Absolutismus. Bauwerke wie das Schloss Versailles (siehe S. 138/139 und 146/147) spiegeln die neue Herrschaftsidee wieder. Ludwig XIV. wurde zum Vorbild für viele europäische Herrscher. Auch in Bayern orientierten sich weltliche und geistliche Fürsten an diesem Regierungsstil und ließen eindrucksvolle Schlösser und prachtvolle Kirchen bauen, die noch heute das Landschaftsbild Süddeutschlands prägen. Der Kunststil jener Zeit wird als Barock bezeichnet. Auch die französische Sprache und Mode wurden in ganz Europa vorbildhaft für den fürstlichen Lebensstil.

Welche Spuren des Absolutismus und Barock begegnen dir heute noch? Um dies herauszufinden, beschäftigst du dich zunächst mit Grundlagen des französischen Staates und der Gesellschaft unter König Ludwig XIV. Am Beispiel Bayerns untersuchst du den Einfluss des französischen Königs über seine Grenzen hinaus.

M 1

M 2

Medaille zur Erinnerung an die erste von Ludwig XIV. abgenommene Militärparade, 1666. Bei diesem Ereignis kamen 18 000 Soldaten zusammen. Die Übersetzung der Inschriften lautet: „Vorspiel zu Siegen" und „wiederhergestellte Militärdisziplin".

Blick auf die Wallfahrtskirche Maria Birnbaum, Sielenbach im Landkreis Aichach-Friedberg. Sie wurde von 1661 bis 1668 erbaut und gilt als eine der bedeutendsten Kirchen der Barockzeit in Bayern. Foto, 2007

1680 1700 1720 1740

1680–1726 Herrschaft Max II. Emanuels, Kurfürst in Bayern

M 3 *Herstellung von Spielkarten, Gemälde, 1680. Da die Arbeiter die Produkte mit der Hand herstellten, wurden solche Betriebe Manufakturen genannt (lat. manus = Hand und lat. facere = machen, herstellen).*

1 **a)** Wähle eine der Quellen (M2 oder M3) aus, die dein Interesse weckt, und beschreibe sie.
b) Stelle anhand deines Bildes Vermutungen darüber an, welche Neuerungen im französischen Staat im 17. Jahrhundert eingeführt worden sind.
c) Tausche deine Ergebnisse in der Klasse aus.

2 Wo finden wir heute noch Spuren aus der Zeit des Absolutismus und des Barock? Sammle erste Ideen (M1).
Tipp: Die Karte mit den Exkursionszielen im Umschlagteil hilft dir dabei.

In diesem Kapitel übst du folgende Kompetenzen:

- Du erkennst, zu welchen Veränderungen die Herrschaftsform des Absolutismus im 17. und 18. Jahrhundert führte und welche Spuren dieser Zeit bis heute existieren.
- Du erarbeitest, wie König Ludwig XIV. den französischen Staat umgestaltete, und beurteilst sein absolutistisches Herrschaftsverständnis.
- Du vergleichst die Herrschaft König Ludwigs XIV. mit bereits bekannten Herrschaftsformen aus Antike und Mittelalter.
- Du untersuchst, inwiefern das Schloss Versailles etwas über die Herrschaftsidee König Ludwigs XIV. aussagt.
- Du beurteilst die Folgen der Außenpolitik des französischen Königs für den Frieden in Europa.
- Du untersuchst, in welcher Weise der bayerische Kurfürst Max II. Emanuel das Beispiel Ludwigs XIV. nachahmte.

L Wie regierte der französische König Ludwig XIV.?

Ludwig XIV. ist bis heute unter dem Namen „Sonnenkönig“ bekannt. Er wählte die Sonne als sein Zeichen und ließ dieses überall verbreiten.
- ***Was sagt das über ihn und seine Vorstellung von Herrschaft aus?***
- ***Gestalte einen Hefteintrag zur Regierungsweise von Ludwig XIV.***

Grundlegendes Datum

17./18. Jh. Absolutismus in Europa

Ludwig XIV. (1643–1715)

Durch den frühen Tod seines Vaters im Jahr 1643 wurde Ludwig schon mit vier Jahren König von Frankreich. Auch wenn seine Mutter Anna von Österreich und der Minister Kardinal Mazarin für ihn regierten, hatte Ludwig Aufgaben eines Königs zu übernehmen. Seine Kindheit war von Aufständen des französischen Adels überschattet: Zweimal musste Ludwig XIV. aus Paris fliehen, bis es gelang, die Unruhen zu beenden. Kein Wunder also, dass Ludwig dem Adel seitdem misstraute. Als Kardinal Mazarin im Jahr 1661 starb, wollte der 22-jährige König allein regieren. Er lenkte die Staatsgeschäfte bis zu seinem Tod 1715 und prägte die Politik, Wirtschaft und Kultur weit über Frankreich hinaus. Viele europäische Fürsten orientierten sich an seinem Vorbild.

M 1

Ludwig XIV. war ein begeisterter Tänzer und trat als 15-Jähriger im Ballett „Die Nacht“ mehrfach als „Sonne“ auf. Aquarell von Henri de Gissey, 1653

M 2

Bischof Bossuet, Erzieher und Prediger am Hof Ludwigs XIV., schrieb 1682 über den Machtanspruch des Königs:

Die Fürsten handeln also als Gottes Diener und Statthalter auf Erden. Durch sie übt Gott seine Herrschaft aus ... Deshalb ist der königliche Thron nicht der Thron eines Menschen, sondern Gottes selber.

Die königliche Gewalt ist absolut ... Ohne diese absolute Gewalt kann der König weder das Gute tun noch das Böse unterdrücken. Der König braucht niemandem Rechenschaft abzulegen über das, was er befiehlt. Seine Macht muss so groß sein, dass niemand hoffen kann, ihm zu entrinnen; der einzige Schutz des Untertanen gegen die Staatsgewalt muss seine Unschuld sein.

Aus alledem ergibt sich, dass die Person der Könige geheiligt ist. Kommt ihre Gewalt von oben, so dürfen sie doch nicht glauben, sie seien Herren über sie. Gott wird Rechenschaft von ihnen fordern. Niemand kann daran zweifeln, dass der ganze Staat in der Person des Fürsten verkörpert ist.

Jacques Bossuet, Die Politik nach den Worten der Heiligen Schrift, 1682. Zit. nach Wolfgang Lautemann und Manfred Schlenke (Hg.), Geschichte in Quellen, Bd. 3, 3. Aufl., München (bsv) 1992, S. 451. Bearb. und übers. von Fritz Dickmann.

„L'État c'est moi!“ – Der Staat bin ich

Dass König Ludwig XIV. dies wörtlich gesagt hat, gilt eher als unwahrscheinlich. Es steht jedoch fest, dass das Zitat Ludwigs Auffassung treffend wiedergibt. Er leitete seine Herrschaft unmittelbar von Gott ab (Gottesgnadentum*) und fühlte sich zwar an die göttlichen Gebote gebunden, aber frei von menschlichen Gesetzen (lat. de legibus absolutus). So erhob er z. B. neue Steuern, ohne zuvor die Generalstände, also die Vertreter der drei Stände Frankreichs, einzuberufen, wie es das Recht vorsah.

M 3 **Ludwig XIV. in seinen Memoiren (Lebenserinnerungen) über seine Regierungsweise:**

Ich entschloss mich, keinen „ersten Minister“ mehr in meinen Dienst zu nehmen. Denn nichts ist unwürdiger, als wenn man auf der einen Seite alle Funktionen, auf der anderen Seite nur den leeren Titel eines Königs bemerkt. Ich wollte die oberste Leitung ganz allein in meiner Hand zusammenfassen ... Ich bin über alles unterrichtet, höre auch meine geringsten Untertanen an, weiß jederzeit über Stärke und Ausbildungsstand meiner Truppen und über den Zustand meiner Festungen Bescheid. Ich gebe unverzüglich meine Befehle zu ihrer Versorgung, verhandle unmittelbar mit den fremden Gesandten, empfange und lese die Nachrichten und entwerfe teilweise selbst die Antworten, während ich für die Übrigen meinen Sekretären das Wesentliche angebe. Ich regle Einnahmen und Ausgaben des Staates und lasse mir von denen, die ich mit wichtigen Ämtern betraue, persönlich Rechenschaft geben.

Ludwig XIV., Memoiren, S. 21–35, zit. nach Geschichte in Quellen, Bd. 3, a. a. O., S. 426. Bearb. und übers. von Fritz Dickmann.

M 4 **Die Heeresstärken europäischer Großmächte im Vergleich**

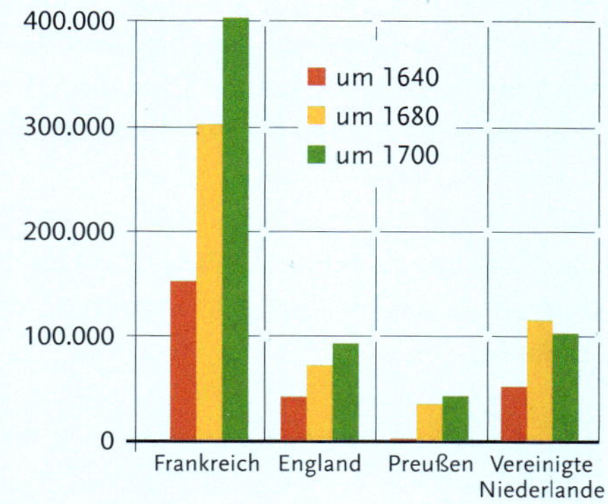

Grundlegender Begriff: Absolutismus

Herrschaftsform in Europa im 17. und 18. Jh., in der die Könige bzw. Fürsten ihre Herrschaft von Gott ableiteten und den Anspruch erhoben, völlig uneingeschränkt zu regieren.

Die Stützen seiner Macht

Ludwig konnte Frankreich nicht ganz ohne Hilfe regieren. Er hatte Minister, die ihn berieten. Entscheidungen traf er aber in der Regel allein. Für die Verwaltung des Landes brauchte der König viele Beamte. Sie kontrollierten die Gerichte und sorgten dafür, dass die königlichen Gesetze im ganzen Land ausgeführt und Steuern eingetrieben wurden. Die Beamten stammten aus dem Bürgertum und waren dem König, dem sie ihr Amt verdankten, treu ergeben; anderenfalls wurden sie ersetzt.

Eine wichtige Rolle für die Herrschaft Ludwigs spielte das Hofleben im Schloss Versailles. Dessen Glanz zog Adlige geradezu magisch an. Sie wurden in die streng geregelten höfischen Zeremonien* eingespannt. Durch den am Hof üblichen Luxus verschuldeten sich viele Adlige und waren von Geschenken des Königs abhängig. Sie wurden kontrolliert und politisch „diszipliniert“, d. h. sie mussten sich unterordnen.

Der König wollte Frankreich in vielen Kriegen die Vorherrschaft über Europa sichern. Zu diesem Zweck ließ er ein stehendes Heer einrichten. Die ausgebildeten Soldaten waren ständig einsatzbereit (siehe S. 140/M2). Sie konnten gegen fremde Truppen und bei Aufständen auch gegen das eigene Volk eingesetzt werden.

1 Informiere dich anhand der Biografie und M1 über das Leben Ludwigs XIV. Notiere Aspekte, die dir interessant bzw. wichtig erscheinen.

2 Erläutere, wie die absolutistische Herrschaft begründet wird. Zeige Grenzen der königlichen Macht auf (M2, Darstellungstext, Grundlegender Begriff).

3 Wie wollte Ludwig regieren? Notiere einen Satz aus M3, der dies deutlich ausdrückt. Gib die Zeile an, aus der der Satz stammt.

4 **Zusatzaufgabe:** Schreibe Fragen auf, die du Ludwig zu seiner Regierungsweise gerne gestellt hättest.

5 Arbeite aus dem Darstellungstext, Z. 10–33, und M4 die Stützen der Macht Ludwigs XIV. heraus. Finde jeweils einen Überbegriff, notiere Stichpunkte dazu und halte deine Ergebnisse in einem Schaubild fest (siehe Skizze).

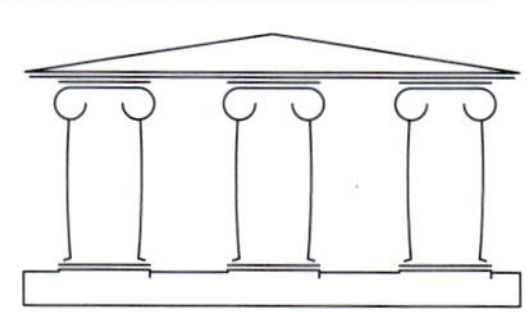

Tipp: Du kannst auch eine weitere Säule einzeichnen.

6 Präsentiert und vergleicht eure Hefteinträge. Diskutiert: Welche Neuerungen Ludwigs XIV. sind für moderne Staaten noch heute wichtig? Welche Aspekte seiner Regierung erscheinen uns veraltet?

★ Ludwig XIV.: Ein Bild und seine Geschichte

Ludwig XIV. war ein Genie in Sachen Eigenwerbung. Bilder sollten seinen Ruhm in ganz Europa verbreiten. Das bis heute bekannteste Gemälde kannst du hier näher kennenlernen. Es wurde Vorbild für viele andere Herrscherdarstellungen.

- ***Was ist das Besondere an diesem Bild und wie ist es entstanden?***

M 1

Madame de Maintenon, langjährige Geliebte Ludwigs XIV., schrieb am 11. März 1701 aus Versailles:

Schon zweimal bin ich nach dem Abendessen aus Saint-Cyr [dem von ihr gegründeten Internat für verarmte Mädchen] hierher zurückgekommen, um den König dazu zu bringen, sich malen zu lassen. Die Gicht [eine Krankheit mit heftigen Gelenkschmerzen] ist uns hier zu Hilfe gekommen, ohne sie hätten wir ihn nicht dazu gebracht, drei bis vier Stunden stillzuhalten.

Lettres de Madame de Maintenon, Bd. 3, 1698–1706, hg. v. Hans Bots u. Eugénie Bots-Estourgie, Paris (Honoré Champion) 2011, S. 288. Übers. v. Verf.

M 2

Der französische Historiker Olivier Chaline über das Gemälde Rigauds (2005):

Der König ist 63 Jahre alt. Eine aufmerksame Betrachtung des Gesichts zeigt, dass die Zeit ihre Spuren hinterlassen hat, vor allem um die Augen und den Mund herum. Dennoch hat der von Gicht geplagte König, der sich in seinem Park mit einem Rollstuhl bewegt, eine jung gebliebene und graziöse Erscheinung. Er streckt das Bein vor, als wolle er einen Tanz beginnen. Doch das Tanzen musste er schon 30 Jahre zuvor aufgeben. Alles atmet Würde und Erhabenheit aus.

Olivier Chaline, Le règne de Louis XIV., Bd. 1, Paris (Edition Flammarion) 2005, S. 368f. Übers. v. Verf.

Hyacinthe Rigaud (1659–1743)

Rigaud war aufgrund seiner lebensechten Porträts einer der gefragtesten Künstler seiner Zeit. Er fertigte rund 400 Gemälde bevorzugt von Mitgliedern der europäischen Königshäuser, Vertretern des französischen Hochadels und der hohen Geistlichkeit an. Für das Porträt Ludwigs XIV. von 1701 erhielt er 40 000 Franc. Sein Jahreseinkommen lag sonst bei 30 000 Franc. Ludwig XIV. wollte dieses Gemälde seinem Enkel Philipp V., der gerade König von Spanien geworden war, schenken. Er entschloss sich aber, es selbst zu behalten. Rigaud fertigte mehrere Kopien an, eine davon erhielt Philipp. In Versailles durfte kein Untertan dem Gemälde den Rücken zukehren.

M 3 *Grobianix, Häuptling der rechten Dorfhälfte, aus dem Asterix-Band „Der große Graben“, gezeichnet von Uderzo, 1980*

1 Gruppenarbeit:

a) Informiert euch mithilfe von M1 und der Biografie Rigauds über die Entstehung des Bildes M4.

b) Baut ein Standbild: Nutzt dazu die Arbeitsschritte auf Seite 196. Einer stellt die Pose des Herrschers (M4) nach, die anderen geben als Standbildbauer Anweisungen. Sprecht im Anschluss über eure Wahrnehmungen und zieht ein Fazit zur Haltung des Herrschers.

2 Wähle eine Aufgabe aus:

a) Beschreibe und deute das Bild M4.

Tipp: Nimm M2, M3 und die Arbeitsschritte „Herrscherbilder erschließen“ (siehe S. 194) zu Hilfe.

b) Vergleiche das Gemälde Ludwig XIV. (M4) mit der Darstellung Ottos III. (S. 13, M3) und arbeite Gemeinsamkeiten und Unterschiede heraus.

M 4

Ludwig XIV., Gemälde von Hyacinthe Rigaud, 1701, Größe: 297 x 190 cm

Lilien: Zeichen des französischen Herrschergeschlechts der Bourbonen
Schwert: angeblich Schwert Karls des Großen
Hermelinpelz: hergestellt aus dem Winterfell des Großen Wiesels, selten und damit teuer

Vorhang: Verwendung üblicherweise bei Darstellungen des auferstandenen Christus, hier Zeichen für die Göttlichkeit des Herrschers
Säule mit Relief der Göttin Justitia: Justitia als römische Göttin der Gerechtigkeit

L Wie zeigt sich die absolutistische Herrschaftsidee im Schloss Versailles?

Ein kleiner Vorort von Paris wurde ab 1661 zur größten Baustelle Europas: Versailles. Ausgerechnet in einer sumpfigen Gegend, die erst trockengelegt werden musste, ließ Ludwig XIV. ein neues Schloss bauen, von dem aus er Frankreich ab 1682 regierte.

- *Untersuche die Schlossanlage von Versailles und stelle einen Zusammenhang zur Herrschaftsauffassung Ludwigs XIV. her.*
- *Halte einen kurzen Vortrag, der auf einen Schlossbesuch vorbereiten könnte.*

M 1

Ausschnitt aus dem Eingangstor von Schloss Versailles, Foto, 2008

M 2

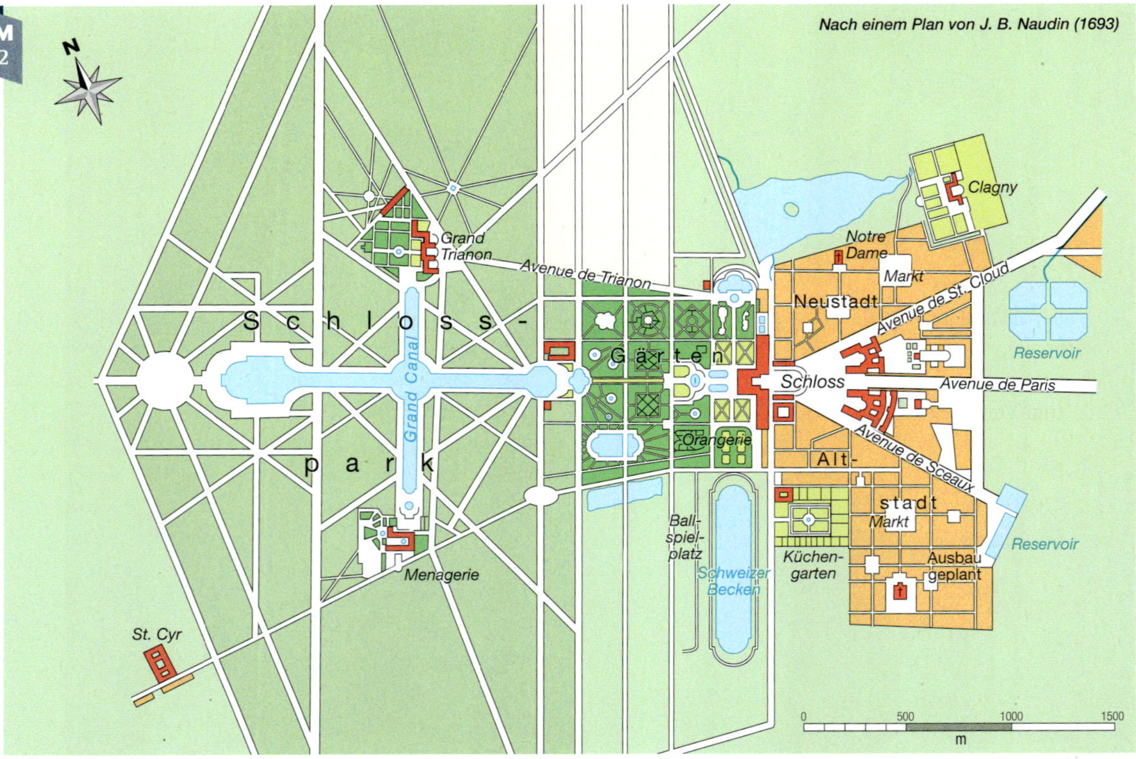

Plan der barocken Schlossanlage von Versailles
Alle Gebäudeteile, die zur Schlossanlage gehörten, sind in Rot eingezeichnet. Genau im Zentrum des Schlosses lag das in Gold gehaltene königliche Schlafzimmer. Die Menagerie war ein königlicher Tierpark, das Grand Trianon ein privater Rückzugsort des Königs. In Saint-Cyr traf sich der König öfter mit seiner Geliebten Madame de Maintenon.

Die Kunstepoche Barock (ca. 1600–1750)

Der Barock (auch das Barock) zeichnet sich durch geschwungene, ovale Formen und eine reichhaltige, prächtige Ausschmückung aus. In barocken Schlossgärten wurden Pflanzen zu geometrischen Formen oder zu Tiergestalten zugeschnitten. Die Natur sollte sich gleichfalls dem Willen des Fürsten unterordnen. Das Wort Barock leitet sich von portugiesisch „barroco" ab (schiefe, unregelmäßige Perle) und wurde zunächst abwertend verwendet. Barock ist nicht nur ein Kunststil, es gibt auch barocke Literatur und Barockmusik.

M 3

Der Spiegelsaal von Versailles, 73 m lang, gilt bis heute als prächtigster Raum des Schlosses. Die Herstellung der Spiegel kostete vielen Handwerkern aufgrund der giftigen Dämpfe das Leben. Foto, 2007

M 4

In der Orangerie befanden sich über 1000 Zitruspflanzen, die im Winter in den angrenzenden Gewächshäusern gelagert wurden. Foto, 2017

Bauen um jeden Preis?

An die 36 000 Arbeiter waren an der Verwirklichung des königlichen Traums beteiligt, 6000 Pferde wurden bei den Arbeiten eingesetzt. Auf der Baustelle ereigneten sich viele Unfälle, teils mit tödlichem Ausgang. Zudem verstarben etwa 6000 Arbeiter an Malaria. Der Bau verschlang riesige Summen: 69 Millionen Livre bis zum Jahr 1710. Zum Vergleich: Ein kleines Haus mit Kamin und zwei Fenstern kostete 200 Livre. Als der König mit seinem gesamten Hof 1682 nach Versailles umzog, war das Schloss noch eine Baustelle. Erst im 19. Jahrhundert wurden die Bauarbeiten beendet.

Wie lebte es sich in Versailles?

Am Versailler Hof hielten sich etwa 10 000 Menschen auf. 1000 Adlige und 4000 Diener waren im Schloss untergebracht, die übrigen wohnten in der Neu- und Altstadt. Auch wenn das Schloss prächtig ausgestattet war und als Rahmen für teure Feste diente, war das Leben dort nicht immer komfortabel: Ein Drittel der 1800 Räume konnte nicht beheizt werden.

Zur barocken Schlossanlage gehörte ein repräsentativer Garten: 1400 Springbrunnen sorgten für imponierende Wasserspiele, allerdings nicht gleichzeitig, sondern aus technischen Gründen nacheinander.

Das Leben am Hof folgte strengen Regeln, alles war auf den Tagesablauf des Königs ausgerichtet. Jede seiner Handlungen war bis ins Kleinste festgelegt, vom Aufstehen über das Beten, Arbeiten, die Mahlzeiten, Spaziergänge und das Zubettgehen. Eine Trennung von öffentlichem und privatem Bereich gab es nicht. Als besondere Ehre galt es, dem König am Morgen beim Aufstehen, dem „Lever", zuzusehen (siehe S. 186).

1 Stelle dir vor, dass deine Klasse im Rahmen eines Schüleraustauschs einen Besuch in Versailles plant. Verfasse einen Kurzvortrag, der die Ergebnisse aus den folgenden Aufgaben enthält.

a) Beschreibe die Schlossanlage von Versailles (M1–M4 und das Auftaktbild S. 138/139). Folgender Wortspeicher hilft dir: Größe der Anlage, Lage des Schlosses, Flügelanlage, Lage des Schlafzimmers, Spiegelsaal, Gartengestaltung, strahlenförmig, rechtwinklig, Achsen.

b) Erkläre, inwiefern sich im barocken Park die absolutistische Herrschaftsidee widerspiegelte (M4, Fachtext Barock und Darstellungstext).

c) Informiere dich über die Baugeschichte von Versailles (Einführungs- und Darstellungstext, Z. 1–11). Beantworte möglichst viele Fragen zum Arbeitsschritt 2 „Ein Bauwerk untersuchen" (S. 193).

Tipp: Nach Eingabe der Stichworte „arts" „culture" „Versailles" kannst du den Spiegelsaal und den Garten virtuell besichtigen.

2 Beantworte die Überschrift. Nutze deine Ergebnisse und vervollständige folgende Sätze:

Die königliche Macht zeigt sich in …

Das Symbol der Sonne findet sich in … und verweist auf …

Der König braucht Geld!

Ludwig XIV. war immer in Geldnot. Ein Kaufmannssohn sollte dieses Problem lösen: Jean-Baptiste Colbert. Ihn berief der König zum Finanzminister.

- ***Sammelt Ideen: Wofür brauchte der König so viel Geld?***
- ***Mit welchen Maßnahmen wollte Colbert die Einnahmen Frankreichs fördern?***

M 1

Jean-Baptist Colbert beschrieb dem König 1664 die Ziele seiner Wirtschaftspolitik:

Ich glaube, man wird ohne Weiteres in dem Grundsatz einig sein, dass es einzig und allein der Reichtum an Geld ist, der die Unterschiede an Größe und Macht zwischen den Staaten begründet. Was dies betrifft, so ist es sicher, dass jährlich aus dem Königreich einheimische Erzeugnisse ... für den Verbrauch im Ausland im Wert von 12 bis 18 Millionen Livres hinausgehen. Das sind die Goldminen unseres Königreiches, um deren Erhaltung wir uns sorgfältig bemühen müssen ... Je mehr wir die Handelsgewinne, die die Holländer [Handelskonkurrenten Frankreichs] den Untertanen des Königs abnehmen, und den Konsum [Verbrauch] der von ihnen eingeführten Waren verringern können, desto mehr vergrößern wir die Menge des hereinströmenden Bargeldes und vermehren wir die Macht, Größe und Wohlhabenheit des Staates ...

Außer den Vorteilen, die die Einfuhr einer größeren Menge Bargeld in das Königreich mit sich bringt, wird sicherlich durch die Manufakturen eine Million zur Zeit arbeitsloser Menschen ihren Lebensunterhalt gewinnen. Eine ebenso beträchtliche Anzahl wird in der Schifffahrt und in den Seehäfen Verdienst finden, und die fast unbegrenzte Vermehrung der Schiffe wird im gleichen Verhältnis Größe und Macht des Staates vermehren. Dies sind die Ziele, nach denen der König meines Erachtens aus guter Gesinnung und Liebe zu seinem Volk streben sollte.

Jean Baptiste Colbert, Denkschrift über den Handel. Zit. nach Geschichte in Quellen, Bd. 3, a. a. O, S. 448f. Übers. v. Fritz Dickmann.

M 2

Finanzminister Colbert präsentiert König Ludwig XIV. einen Plan zum Bau des „Canal du Midi". Der Kanal wurde 1667–1681 gebaut und verbindet das Mittelmeer mit dem Fluss Garonne, der in den Atlantik mündet. Farbdruck, um 1788

Jean-Baptiste Colbert (1619–1683)

Der Bürgerliche stieg als Beamter im Dienste Ludwigs XIV. schnell auf. 1661 vertraute ihm der Herrscher die Kontrolle über die Finanzen an und übertrug ihm bald auch die Zuständigkeit für den Handel und die Flotte. Colbert war damit nach dem König der wichtigste Mann im Staat. Er versuchte bis zu seinem Tod unermüdlich, die Einnahmen des Staates zu vergrößern und die Ausgaben zu reduzieren. Vergeblich mahnte er Ludwig XIV. zu Sparsamkeit.

M 3

Der französische Staatshaushalt
(in Livres = französische Währungseinheit)

Jahr	Einnahmen	Ausgaben	Defizit
1670	70 483 834	77 307 798	6 823 964
1690	106 642 985	149 319 381	42 676 396
1710	36 432 745	225 847 281	189 414 536

Zusammengestellt von Alain Guéry, Les Finances de la Monarchie Française sous l'Ancien Regime, in: Annales. Economies – Sociétés – Civilisations, 33 (Arman-Colin) 1978, Tabelle 2.

M 4

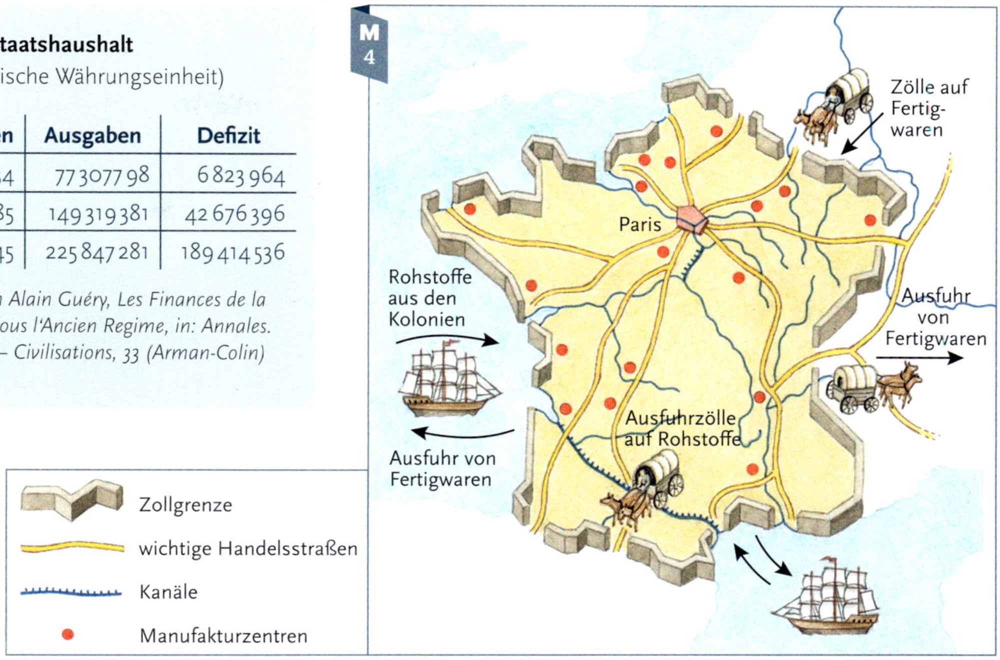

Das Wirtschaftssystem des Merkantilismus

Der Staat greift in die Wirtschaft ein

Colbert setzte sich ehrgeizige Ziele: Er wollte mit einer Fülle von Maßnahmen bewirken, dass Frankreich zur führenden Handelsmacht und zum reichsten Staat Europas aufstieg. Diese auf dem Handel beruhende, staatlich gelenkte Wirtschaftsform nennt man Merkantilismus (lat. mercator = Händler).

Um die ausländische, vor allem die holländische Konkurrenz zu übertrumpfen, brauchte man hochwertige Handelsgüter. Colbert regte deshalb die Gründung von Manufakturen an (lat. manu facere = mit der Hand herstellen). In diesen Großbetrieben wurden Waren arbeitsteilig mit der Hand hergestellt: Die dort Beschäftigten waren auf jeweils einen Arbeitsvorgang spezialisiert und alle zusammen fertigten Waren an, z. B. Spielkarten (siehe S. 141, M3), Wandteppiche oder Porzellangegenstände. Solche Großbetriebe gelten als Vorläufer von Fabriken, in denen Produkte ebenfalls arbeitsteilig, aber mithilfe von Maschinen hergestellt werden.

Gewinner und Verlierer

Die merkantilistische Wirtschaftspolitik brachte den bürgerlichen Kaufleuten, Manufakturbesitzern und Bankiers hohe Gewinne. Ihre Steuerleistungen waren eine wichtige Einnahmequelle für den Staat. Den Arbeitenden in den Manufakturen ging es hingegen oft schlecht. Denn sie verdienten trotz langer Arbeitszeiten wenig.

1 **a)** Erkläre, ausgehend vom Darstellungstext, die Begriffe „Merkantilismus“ und „Manufaktur“. Beziehe auch das Bild M3 auf Seite 141 mit ein.
b) Erarbeite aus M1 die Ziele des Merkantilismus.

2 **Partnerarbeit:** Wertet gemeinsam Schaubild M4 mit Hilfe folgender Arbeitsschritte aus:
a) Erklärt euch gegenseitig die Begriffe „Rohstoffe“, „Fertigwaren“ und „Zölle“.
b) Erläutert, wie die merkantilistische Wirtschaft funktionieren sollte.
c) Stellt euch gegenseitig Verständnisfragen zum Schaubild und beantwortet diese. Zum Beispiel: Warum sollten Rohstoffe nicht ausgeführt werden?

3 Beschreibe das Bild M2. Nenne Vorteile für die französische Wirtschaft, die Colbert aufgezählt haben könnte, um den französischen König vom Bau des Canal du Midi zu überzeugen. Beziehe M1 und M4 mit ein.

4 Vervollständige die folgenden Sätze. Nutze dabei M3, die Biografie zu Colbert und den Darstellungstext.
a) Neu an der Arbeit in Manufakturen war …
b) Colbert war einerseits erfolgreich, denn … , andererseits …

Die Gesellschaft Frankreichs

In den Augen Ludwigs XIV. war jeder Bewohner Frankreichs – ob Adliger oder Bauer – in erster Linie eines: sein Untertan.

- *Aber wie sah die Gesellschaft Frankreichs wirklich aus? Gab es für jeden einen festen Platz in der Gesellschaftsordnung?*

M 2

Bauernfamilie, Gemälde der Gebrüder Le Nain, 1643

M 1

Austernfrühstück im Schloss von Versailles, Gemälde von Jean Francois de Troy, 1734

Was kennzeichnete die Gesellschaft Frankreichs?

Innerhalb der französischen Gesellschaft waren Besitz, Rechte und Pflichten zwischen den Ständen sehr ungleich verteilt. So mussten Bürger und Bauern die Steuerlast, die ab dem Ende des 17. Jahrhunderts ständig zunahm, fast allein tragen.

Auch innerhalb der einzelnen Stände gab es große Unterschiede. Wer ein geistliches Amt wählte, rückte in den ersten Stand auf. Dieser umfasste reiche Bischöfe und Äbte ebenso wie die niedrige Geistlichkeit, also z. B. Priester und Nonnen. Reiche Bürgerliche, die sich ein Amt bei Hof kauften, stiegen in den Amtsadel auf. Von diesem grenzten sich die Mitglieder des Geburtsadels ab, die auf eine lange Reihe adliger Vorfahren zurückblickten.

Häufiger erlebten Menschen einen gesellschaftlichen Abstieg und verarmten. Manche Bauern mussten ihre Höfe nach schlechten Ernten verkaufen und als besitzlose Landarbeiter von Hof zu Hof ziehen. Das Getreide wurde infolge mehrerer Missernten sowie Kriegen knapp und teuer. Hungerkrisen nahmen im 18. Jahrhundert zu, auch weil die merkantilistische Wirtschaftspolitik (siehe S. 148/149) einseitig Handel und Gewerbe förderte, nicht jedoch die Landwirtschaft. Im Jahr 1709 gab es in Frankreich bei einer Gesamtbevölkerungszahl von 24,5 Millionen Menschen etwa 2,5 Millionen Bettler.

M 3

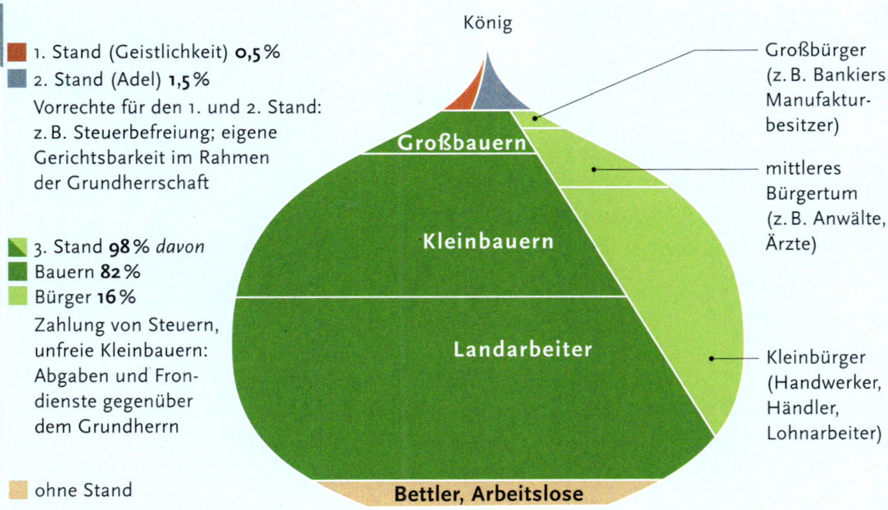

Die französische Ständegesellschaft unter Ludwig XIV.

M 4

Sébastien de Vauban (1633–1707), Festungsbaumeister, schrieb 1698 an Ludwig XIV.:

Durch diese langjährigen Studien bin ich zu der Wahrnehmung gelangt, dass in der letzten Zeit fast ein Zehntel der Bevölkerung sich tatsächlich durch Betteln erhält, dass von den übrigen [viele] nicht in der Lage sind, das erste Zehntel durch Almosen zu unterstützen, weil sie selber diesem Elendszustand um Haaresbreite nahe sind ... und ich glaube, dass es keine zehntausend Familien gibt, von denen man sagen könnte, dass es ihnen wirklich gut geht. Ich fühle mich bei Ehre und Gewissen verpflichtet, Seiner Majestät vorzutragen, dass man nach meinem Eindruck in Frankreich von jeher nicht genug Rücksicht auf das niedere Volk genommen hat. Daher ist es denn auch die am meisten ruinierte und elendste Schicht im Königreich, andererseits aber durch seine Zahl und durch die wirklichen und nützlichen Dienste, die es dem Staat leistet, die bedeutendste Schicht. Denn das Volk ist es, das alle Lasten trägt, das immer am meisten gelitten hat und noch leidet. Nun ist es aber die untere Schicht des Volkes, die durch ihre Arbeit, ihren Handel, ihre Aufgaben den König und sein ganzes Reich emporbringt. Sie stellt die Soldaten und Matrosen für Flotte und Heer, dazu zahlreiche Offiziere, alle Kaufleute und unteren Justizbeamten. Sie übt alle Künste und Gewerbe aus, sie betreibt den gesamten Handel und die Manufakturen des Königreiches, sie stellt die Arbeiter, Weingärtner und Tagelöhner auf dem Lande, sie pflegt und füttert das Vieh, sät und erntet das Korn, mit einem Wort: Sie verrichtet alle große und geringe Arbeit in Stadt und Land.

Sebastien de Vauban, Projet d'une Dixieme Royale, zit. nach Geschichte in Quellen, Bd. 3, a. a. O., S. 460f. Übers. von Fritz Dickmann.

1 Beschreibe die Bilder M1 und M2. Nenne Adjektive, die die jeweilige Stimmung wiedergeben. Notiere in einem Satz, welchen Eindruck die Bilder von der Gesellschaft Frankreichs vermitteln.

2 Beschreibe den Aufbau der französischen Gesellschaft (M3). Beginne an der Spitze. Erläutere Unterschiede innerhalb der Gesellschaft. Nutze dabei die Informationen des Darstellungstextes.

3 Überprüfe folgende Aussagen (M3 und Darstellungstext):

a) Geistlichkeit und Adel machten nur 2 % der Gesamtbevölkerung aus und waren von der Steuer befreit.

b) Bürgerliche konnten in den 1. und 2. Stand aufsteigen, Bauern nur in den 2. Stand.

c) Die Zugehörigkeit zu einem Stand gibt an, wie reich jemand war.

4 **a)** Fasse zusammen, wie Vauban (M4) die Gesellschaft beschreibt.

b) Vergleiche seine Beobachtungen mit M3.

Frankreichs Außenpolitik – eine Gefahr für den Frieden in Europa?

„Ich habe den Krieg zu sehr geliebt", bekannte Ludwig XIV. auf dem Totenbett. Der König strebte auch außenpolitisch nach höchstem Ruhm und führte in 54 Regierungsjahren 29 Kriege.

- ***Beurteile die Folgen dieser Außenpolitik für Europa.***

M 1 *Der französische General Melac im Pfälzischen Erbfolgekrieg, deutsches Flugblatt 1709*

Kriege über Kriege

Ludwig XIV. führte gegen seine Nachbarstaaten fast ununterbrochen Krieg, gestützt auf das stehende Heer. Er wollte die Hegemonie, d. h. die Vormachtstellung Frankreichs in Europa ausbauen Zugleich sollte mit einem Krieg gegen die Spanischen Niederlande der Einfluss des Herrscherhauses Habsburg, das in Spanien und Österreich regierte, zurückgedrängt werden. Teils berief sich Ludwig auf Erbansprüche, teils forderte er die Rückgabe von Gebieten, die früher zu Frankreich gehört hatten. Diese ließ er besetzen: Im Elsass z. B. die freie Reichsstadt Straßburg (1681), außerdem Teile von Lothringen. Äußerst grausam verlief der Pfälzische Erbfolgekrieg (1688–1697): Frankreichs Heer machte weite Teile der Pfalz mit der „Taktik der verbrannten Erde" unbewohnbar.

Wer erhält das Weltreich Spanien?

Am Ende des 17. Jahrhunderts zeichnete sich ein Konflikt neuer Dimension ab, ein Krieg um das spanische Weltreich. Gleich drei Mächte erhoben Anspruch auf das Erbe des spanischen Königs Karls II. Laut Testament sollte Ludwigs Enkel, Philipp von Anjou, das spanische Reich erben, aber einen erneuten Machtzuwachs für Frankreich wollten die europäischen Großmächte unbedingt verhindern. Der Spanische Erbfolgekrieg gilt als erster Weltkrieg in der Geschichte, weil nicht nur in Europa, sondern auch in den Kolonien, insbesondere Nordamerika, erbittert gekämpft wurde. Max II. Emanuel von Bayern (siehe S. 154/155) kämpfte auf Ludwigs Seite in der Hoffnung auf Geldzahlungen und Gebietsgewinne.

Die französisch-bayerische Niederlage bei Höchstädt (1704) wirkte kriegsentscheidend. Beendet wurde der Krieg aber erst 1713/14. Bis dahin hatten ca. 1,2 Millionen Menschen durch diesen ihr Leben verloren.

Das spanische Erbe wurde geteilt. Ludwigs Enkel erhielt das Königreich Spanien mit der Bestimmung, dass das spanische und französische Reich nicht vereint werden durften. An Österreich fielen die Spanischen Niederlande und Teile Italiens. Großbritannien sicherte sich wichtige Stützpunkte im Mittelmeer und französischen Besitz in Nordamerika.

M 2

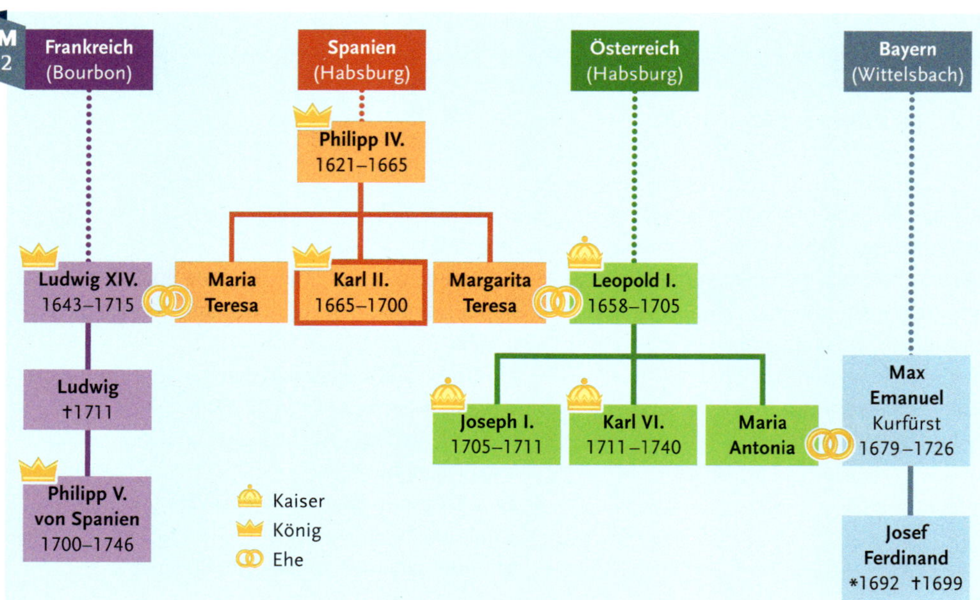

Die spanische Erbfolge

M 3 *Der Spanische Erbfolgekrieg (1701–1714)*

„Balance of power" statt Hegemonie?

Die Friedensschlüsse von Utrecht (1713) und Rastatt (1714) beendeten die Hegemonie Frankreichs. Auch in der Folge sollte das Vormachtstreben eines Staates verhindert und das europäische Staatensystem in einem Gleichgewicht gehalten werden. Fünf Großmächte kontrollierten nun gemeinsam das europäische Mächteverhältnis: Großbritannien, Frankreich, Preußen, Österreich und Russland.

Grundlegender Begriff: Hegemonie

Vormachtstellung eines Staates in einer bestimmten Region, z. B. in Europa

1 Arbeite aus M1 und dem Darstellungstext (Z. 1–15) die Zielsetzung, Vorgehensweise und Folgen der französischen Außenpolitik bis 1697 heraus.

2 Erläutere anhand von M2 die Frage um die spanische Thronfolge.

3 **a)** Informiere dich über wichtige Stationen und den Ausgang des Spanischen Erbfolgekrieges (M3 und Darstellungstext, Z. 16–50).

b) Nimm Stellung zur Bedeutung des Spanischen Erbfolgekriegs für die europäischen Großmächte und die Zeitgenossen (M3 und Darstellungstext).

4 Beurteile die Außenpolitik Ludwigs XIV. Folgende Stichpunkte sollten dabei vorkommen: Stehendes Heer, Friede in Europa, Hegemonie, Gleichgewicht der Mächte.

Kurfürst Max Emanuel – ein bayerischer Sonnenkönig?

Kurfürst Max Emanuel aus Bayern (1680–1726) wurde schon mit 21 Jahren in ganz Europa berühmt, weil er den Kaiser bei der Abwehr des türkischen Heeres vor Wien erfolgreich unterstützte. Sein Ziel: Er wollte den Königstitel erwerben. Vorbild seiner Politik war Ludwig XIV.

- *In welcher Weise orientierte Max Emanuel sich am Regierungsstil des französischen Königs? Und welche Folgen hatte seine Politik für Bayern?*

M 1

Teil des Eingangstores des Jagdschloss Fürstenried, das 1715 für Kurfürst Max Emanuel erbaut wurde, Foto, 2015

M 2

Max Emanuel bei der Jagd, die in ganz Europa ein wichtiger Teil des Hoflebens war. Max Emanuel wurde seit den Türkenkriegen wegen seiner Kleidung „Blauer Kurfürst" genannt und in Gemälden entsprechend gezeigt. Von ihm heißt es, dass ihn die Jagd, der Tanz und schöne Frauen stets mehr interessierten als politisches Alltagsgeschäft. Gemälde von Giovanni-Battista Corlando, um 1700

Eine erfolgreiche Innenpolitik?

Beim Regierungsantritt Max Emanuels waren die Folgen des Dreißigjährigen Krieges in Bayern noch spürbar. Die Bevölkerungszahl war niedrig, das Wirtschaftsleben schwach ausgeprägt. Dennoch strebte Max Emanuel in erster Linie danach, seinen Ruhm zu vermehren. Ohne zu zögern gab er für das 1682 eingeführte stehende Heer, eine prächtige Hofhaltung, den Ankauf erlesener Kunstwerke und den Bau repräsentativer Schlösser große Summen aus. Er wollte Ludwig XIV. mit dem Bau des Schlosses Schleißheim sogar übertrumpfen: Dieses sollte größer als Versailles werden, errichtet wurde aber letztlich nur ein Flügel. Für eine Förderung der Wirtschaft, etwa durch Gründung von Manufakturen, interessierte sich Max Emanuel nur am Rande. Dafür wollte er keine staatlichen Gelder verwenden.

Ähnlich wie Ludwig XIV. versuchte auch der bayerische Kurfürst, den Einfluss der Stände zurückzudrängen und seine Macht auszubauen. Schon sein Vater hatte die Generalversammlung der Stände nicht mehr einberufen. Und auch Max Emanuel verhandelte nur mit einem Kreis von Ständevertretern. Obwohl die Stände über das Steuerbewilligungsrecht verfügten, gelang es ihnen nicht, den Kurfürsten zu einer maßvollen Politik zu bewegen. Beim Tod Max Emanuels 1726 war Bayern vielmehr hoch verschuldet.

Eine glückliche Außenpolitik?

Max Emanuel wollte Bayern vergrößern und den Königstitel für das Haus Wittelsbach erwerben. Er setzte dabei auf Krieg und eine geschickte Heiratspolitik. Und tatsächlich: Als Dank für seinen erfolgreichen Einsatz im Kampf gegen die Türken erhielt Max Emanuel 1685 die Tochter Kaiser Leopolds I. zur Frau. Von ihr leitete er Ansprüche auf den spanischen Thron ab, die sich aber 1699 zerschlugen (siehe S. 152/153). Die anschließende Entscheidung des Kurfürsten, sich im Spanischen Erbfolgekrieg gegen den Kaiser und auf Frankreichs Seite zu stellen, erwies sich als höchst problematisch. 1706 verhängte der Kaiser die Reichsacht über Max Emanuel, der damit sein Kurfürstentum verlor und ins Exil gehen musste. Er begab sich nach Versailles und finanzierte dort luxuriöse Feste. Bayern wurde inzwischen von kaiserlichen Truppen besetzt; die Bewohner litten unter den Einquartierungen, den Plünderungen der Soldaten und unter den erzwungenen Einziehung ins feindliche Heer. 1715 erhielt Max Emanuel sein Kurfürstentum zurück. Sofort nahm er sein verschwenderisches Hofleben wieder auf. Bei seinem Tod hinterließ er Schulden in der Höhe von 26,8 Millionen Gulden, dies entsprach dem 7-fachen Jahreseinkommen des Staates.

M 3

Während des Spanischen Erbfolgekrieges kam es zur „Sendlinger Mordweihnacht" (1705). In Sendling bei München wehrten sich an die 3000 Bauern gegen die Ausbeutung durch kaiserliche Besatzungstruppen. Über 1000 Bauern kamen bei der Auseinandersetzung ums Leben. Ausschnitt aus einem Bild in einer Kapelle in Lenggries.

1 Partnerpuzzle: Ihr beschäftigt euch paarweise zunächst (a–b) mit der Innen- oder Außenpolitik und tauscht dann eure Ergebnisse (c) mit einem neuen Partner aus. Achtet darauf, dass sich möglichst gleich viele Paare der Innen- bzw. Außenpolitik widmen.

a) Arbeitet mithilfe des Darstellungstextes (Z. 1–25 oder Z. 26–49) Ziele, Kennzeichen und Folgen von Max II. Emanuels Innen- bzw. Außenpolitik heraus.

b) Beschreibt dann das zugehörige Bild (M2 oder M3) und erklärt, in welchem Zusammenhang es mit der Innen- bzw. Außenpolitik steht.

c) Sucht einen Partner, der sich mit dem anderen Thema beschäftigt hat. Erläutert euch die Ergebnisse aus 1a und 1b. Notiert diese in der Tabelle.

	Innenpolitik	***Außenpolitik***
Ziele		
Kennzeichen/ Maßnahmen		
Folgen		
Vergleich mit der Politik Ludwigs XIV.	*Bezieht M1 mit ein.*	

2 Überprüft, ob Gemeinsamkeiten und Unterschiede zur Politik Ludwigs XIV. bestehen. Fasst eure Ergebnisse in der Tabelle zusammen.

3 Diskutiert, ob die Gemeinsamkeiten zwischen Max Emanuel und Ludwig XIV. ausreichen, um vom 17. und 18. Jahrhundert als dem Zeitalter des Absolutismus zu sprechen.

Urteile über den Absolutismus

In den letzten Geschichtsstunden habt ihr herausgearbeitet, wie sich die absolutistischen Herrscher selbst sahen.

- ***Setzt euch in Partnerarbeit mithilfe der Materialien A oder B damit auseinander, wie die Herrschaft Ludwigs XIV. im 18. und 19. Jahrhundert beurteilt wurde.***
- ***Vergleicht dann den Absolutismus mit Herrschaftsformen, die euch bereits bekannt sind, und formuliert ein eigenes sachliches Urteil, indem ihr den Blogbeitrag (M4) fortsetzt.***

A

M1

Zeichnung von W. Thackeray, 1840. Lat. rex = König, Ludovicus = Ludwig

M2

Der Engländer William Thackeray kommentiert seine Zeichnung (1840):

Sie sehen sofort, dass (Ihre) Majestät aus der Perücke, den hochhackigen Schuhen und dem Umhang ... besteht. Was den kleinen, schlanken, geschrumpften, dicken, alten Mann von etwa 1,50 m Größe in einer Jacke und Kniehosen betrifft, so gibt es in IHM jedenfalls keine Majestät; und doch ist er eben aus dieser Kleidung herausgekommen. Zieh ihm die Perücke und Schuhe an, und er wird 1,80 m groß – und dazu den anderen Schnickschnack, und er steht vor dir majestätisch, imperial und heroisch!

William Makepeace Thackeray, The Paris Sketch Book of Mr. M.A. Titmarsh, Frankfurt a.M. (Outlook Verlag) 2018, S. 257. Übersetzt v. Verf.

1 Beschreibe die Zeichnung M1 von links nach rechts.

2 Lies M2 und erkläre dann, wie und woran der Zeichner Kritik übt.

B

M3 **Erinnerungen des Herzogs von Saint-Simon an die Herrschaft Ludwigs XIV. (1750):**
In allem liebte er Glanz, Verschwendung, Fülle. Es war wohlberechnet, dass er die Sucht, ihm hierin nachzueifern, in jeder Weise begünstigte. Er impfte sie seinem ganzen Hofe ein. Wer alles draufgehen ließ für Küche, Kleidung, Wagen, Haushalt und Spiel, der gewann sein Wohlwollen. Um solcher Dinge willen redete er die Leute an. Indem er so den Luxus gewissermaßen zur Ehrensache und für manche zur Notwendigkeit machte, richtete er nacheinander alle zugrunde, bis sie schließlich einzig und allein von seiner Gnade abhingen. So befriedigte er seinen Hochmut und seinen Ehrgeiz ... Er hat dem Lande ... eine Wunde geschlagen, die wie ein Krebsschaden[1] an allem frisst.

Wilhelm Weigand (Hg.), Aus den Denkwürdigkeiten des Herzogs von Saint-Simon, 2. Aufl., Leipzig (Insel Verlag) 1922. Übers. v. Arthur Schurig. Zit. nach www.gutenberg.spiegel.de/buch/-7584/13 (Stand: 04. 03. 2018).

[1] *großes Übel*

1 Arbeite aus M3 die Kritik am Absolutismus heraus.

2 Erscheinen dir die Urteile überzeugend? Begründe deine Meinung.

M4 **Auf der Kinderseite der Bundeszentrale für politische Bildung „Hanisauland" (2018) findet sich folgende Anfrage:**
Anna, 13: Welche Vorteile und welche Nachteile hat der Absolutismus?
Antwort der Redaktion: Hallo Anna, der Absolutismus war eine historische Herrschafts- und Gesellschaftsform, an die viele Menschen – nicht nur die Mächtigen – glaubten und die auch die Kultur sehr beeinflusste. Er hatte Vorteile und Nachteile. Historische Ereignisse und Gesellschaftsformen müssen immer innerhalb ihrer Zeit beurteilt werden, denn gerade der Absolutismus ist uns heute in vielem fremd und passt in vielerlei Hinsicht nicht in unser Wertesystem. In erster Linie kam der Absolutismus natürlich dem Herrscher entgegen, dessen Macht gestärkt wurde. Aber auch er wurde dadurch in ein System gezwängt, das ihm viele Pflichten auferlegt hat. Der Absolutismus hat insgesamt die Entwicklung der europäischen Staaten stark beeinflusst. Zum Beispiel waren es absolutistische Herrscher, die in ihren Gebieten eine moderne Verwaltung mit Beamten, ein neues Steuersystem und ein stehendes Herr einführten (mit dem sie dann auch entsprechend viele Kriege führten!). Das sind Elemente, die sich bis heute in unsere modernen Gesellschaften fortsetzen.

https://www.hanisauland.de/lexikon/a/absolutismus.html (Stand 04.03.2018)

Aufgaben für alle:

1 Informiert euch gegenseitig über die Ergebnisse aus der Partnerarbeit.

2 Vergleicht die absolutistische Herrschaft mit anderen euch bekannten Herrschaftsformen. Lest nach auf den Seiten 18–21 und 142/143.
Übertragt die Tabelle in eure Hefte und füllt sie aus.

	Demokratie in Athen	Kaiser im Mittelalter	Absolutistischer König
Wie werden der/die Herrschende(n) bestimmt?			
Welche Rolle spielt Gott für die Herrschaft?	–		
Wie kommen Gesetze zustande?			
Wie ist die Macht verteilt?			

3 a) Erläutert anhand von M4 Vor- und Nachteile aus damaliger und aus heutiger Sicht.
Tipp: Machtfülle des Herrschers, aber auch Zwänge, Staaten langfristige Entwicklungsimpulse
b) Ergänzt den Blogeintrag. Folgende Satzanfänge können euch dabei helfen: Besonders problematisch aus damaliger Sicht war … Politische Mitsprache, wie wir sie heute kennen, … (viele Kriege, Verschuldung der Staaten, Adel verliert an politischer Macht).
Ihr könnt dabei eure Ergebnisse aus den Materialien A und B sowie aus der Tabelle verwenden.

⋆Spuren des Barock heute

Bayern ist das beliebteste Urlaubsland Deutschlands. Jährlich kommen ca. 37 Millionen Touristen (Stand: 2017) aus der ganzen Welt hierher. 55 % davon wollen in Bayern Sehenswürdigkeiten besuchen.

- ***Untersuche, welche Rolle Barockbauten für den Tourismus heute spielen.***

M1

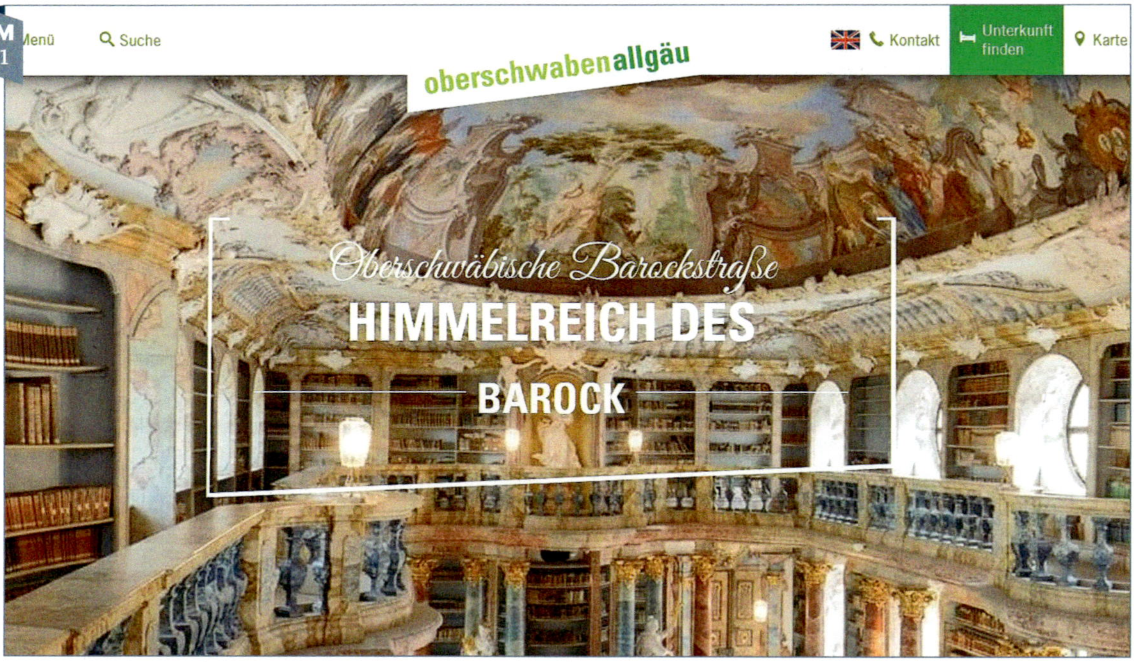

Bibliothekssaal eines barocken Klosters, Internetseite (Stand: 30. 05. 2018), siehe M2. Die Oberschwäbische Barockstraße liegt größtenteils in Bayern und Baden-Württemberg, hat aber auch Stationen in Österreich und der Schweiz.

M2

Aus einem Tourismusprospekt (2018):

Die Oberschwäbische Barockstraße – eine der ältesten Kultur- und Ferienstraßen Deutschlands: 760 km, vier Routen und über 50 Barockerlebnisstationen umfasst die Oberschwäbische Barockstraße. 2016 feierte sie ihr 50-jähriges Bestehen und gehört damit zu Deutschlands ersten Ferienstraßen. Wer sich auf eine Reise entlang der Oberschwäbischen Barockstraße begibt, dem erlaubt sie allerorten einen immer neuen Blick auf die Besonderheiten dieser Route: Klöster, Abteien und Kirchen, prunkvolle Schlösser und Adelssitze und eine ausgeprägte barocke Landschaft gehören ebenso dazu wie der Klang der barocken Orgeln, Köstlichkeiten barocker Tafeln ... und eine ganz besondere oberschwäbische Lebensart.

www.oberschwaben-tourismus.de/reisethemen/kultur-barock/oberschwaebische-barockstrasse.html (Stand: 30. 05. 2018)

1 Beschreibe den Bibliothekssaal des Klosters (M1) und erkläre, inwiefern es sich um ein barockes Bauwerk handelt.
Tipp: Lies die Merkmale des Barock auf S. 146 nach.

2 Arbeite heraus, wie der Begriff Barock in M1–M2 verwendet wird, und erkläre die jeweilige Bedeutung. Erläutere die damit verbundene Absicht.

3 Verfasse eine Mindmap zu „Spuren des Barock heute". Nutze M1–M2 und ergänze eigene Beispiele. Recherchiere dafür nach barocken Bauwerken in deiner Umgebung. Beziehe auch die Karte mit den Exkursionszielen am Ende des Buches mit ein.

1600 | 1650 | 1700 | 1750

17./18. Jh.
Absolutismus in Europa
Zeitalter des Barock

1643–1715 König Ludwig XIV. von Frankreich herrscht absolut
Merkantilismus – neue Wirtschaftsform

1680–1726 Max II. Emanuel,
Kurfürst in Bayern, regiert absolut

1701–1714 Spanischer Erbfolgekrieg

Absolutismus und Barock

Neue Herrschaftsform – der Absolutismus

Ein Gewinner des Dreißigjährigen Krieges war der französische König. Er konnte seine Machtposition gegenüber den Adligen stärken und entwickelte einen neuen Herrschaftsanspruch. Ludwig XIV., der „Sonnenkönig“, betrachtete sich als von Gott in sein Amt eingesetzt, über den Gesetzen stehend und wollte alleine regieren. Viele europäische Fürsten orientierten sich an dieser Art der Herrschaft, auch der bayerische Kurfürst Max Emanuel. Man nennt diese Zeit auch die Epoche des **Absolutismus**.

Stützen der absolutistischen Macht

Auch wenn Ludwig XIV. als Alleinherrscher bezeichnet wird, war es ihm nicht möglich, das gesamte Land ohne Hilfe zu regieren. Der absolutistische Herrscher stützte sich auf drei wichtige Säulen: die Verwaltung, das stehende Heer und die Hofhaltung. Er brauchte eine Vielzahl von Beamten, um die von ihm beschlossenen Gesetze durchzusetzen oder Gelder für den Staat wie Steuern und Zölle eintreiben zu lassen. Der Absolutismus bildete somit einen bedeutenden Schritt zum modernen Verwaltungsstaat, wie wir ihn heute kennen. Wichtig war für Ludwig zudem das stehende Heer, das er jederzeit zur Ausweitung seiner Macht im eigenen Land und in Europa nutzen konnte. Und schließlich diente auch eine prächtige Hofhaltung seinem Machterhalt. Adlige aus ganz Frankreich versammelten sich am Hof von Versailles und wurden dort in höfische Zeremonien eingespannt und dadurch politisch ausgeschaltet. Durch das kostspielige Leben am Hof verschuldeten sich viele und wurden vom König abhängig.

Eine neue Wirtschaftsform – der Merkantilismus

Mit dem Absolutismus entstand auch ein neues Wirtschaftssystem: der Merkantilismus. Dieses, geprägt von Finanzminister Colbert, zielte darauf, die staatlichen Einnahmen durch Förderung des Handels zu vermehren und Frankreich zu einem reichen Staat zu machen. Die Kennzeichen waren:

- Einfuhr billiger Rohstoffe und Bau von Manufakturen zur Herstellung hochwertiger Produkte
- Ausbau der Verkehrswege
- Steigerung der Ausfuhr eigener Fertigprodukte ins Ausland
- Abschottung gegen Handelswaren aus dem Ausland durch hohe Zölle

Das ehrgeizige Ziel, Frankeichs Wohlstand zu vergrößern, wurde jedoch verfehlt. Ludwigs Ausgaben überstiegen die Einnahmen bei Weitem, sodass ein riesiger Schuldenberg entstand. Ständig wachsende Steuern trugen dazu bei, dass im 17. Jahrhundert breite Bevölkerungsgruppen in Frankreich noch mehr verarmten. Aber es gab auch Gewinner der neuen Wirtschaftspolitik: Kaufleute, Manufakturbesitzer und Bankiers.

Hegemonie oder „Balance of power“?

Besonders viel Geld benötigte Ludwig XIV. für das stehende Heer. Dieses kam in zahllosen Kriegen zum Einsatz. Er wollte das Staatsgebiet vergrößern und Frankreichs **Hegemonie** (Vormacht) in Europa sichern. Beide Ziele erreichte er zunächst. Ein Wandel trat mit dem Spanischen Erbfolgekrieg (1701–1713/14) ein: Bei diesem unterlagen Frankreich und Bayern der von den Habsburgern angeführten Großen Allianz. In den Friedensschlüssen 1713/14 wurde ein Gleichgewicht der Mächte („balance of power“) hergestellt, das in der Folgezeit den Frieden aufrechterhalten werden sollte.

In diesem Kapitel konntest du folgende Kompetenzen erwerben:

- den Absolutismus als Ausgangspunkt für Veränderungen von Staat und Gesellschaft im Europa des 17. und 18. Jh. erkennen
- im Vergleich mit anderen Herrschaftsformen den Absolutismus als ein zentrales Prinzip staatlicher Ordnung in der europäischen Geschichte erfassen
- das absolutistische Herrschaftsverständnis beurteilen
- das barocke Schloss von Versailles als Abbild der absolutistischen Herrschaftsidee analysieren
- die Nachahmung des Absolutismus in Deutschland am Beispiel der Herrschaft des Kurfürsten Max II. Emanuels von Bayern untersuchen
- die hegemoniale Außenpolitik Ludwigs XIV. beurteilen und das Prinzip der „balance of power" erfassen

M 1

Suchsel

J	K	M	U	F	L	R	P	Z	B	R	X	L	Z	H
J	I	H	O	F	O	E	Q	Ö	H	S	R	K	B	K
G	H	T	G	W	T	W	G	L	R	U	W	S	S	Q
U	S	A	O	E	M	O	E	L	L	M	U	Z	O	A
V	L	B	V	I	J	P	B	E	N	S	C	E	N	O
E	F	S	W	N	H	F	D	F	Y	I	B	L	N	Q
R	C	O	Z	O	T	O	P	R	O	L	W	X	E	R
S	W	L	Y	M	M	E	J	E	X	I	X	N	N	X
A	O	U	F	E	V	C	Y	U	I	T	T	E	K	I
I	M	T	R	G	H	N	T	E	Y	N	T	O	Ö	U
L	B	I	D	E	O	A	K	T	I	A	V	Y	N	E
L	W	S	H	H	P	L	Q	S	N	K	B	A	I	D
E	A	M	I	L	W	A	H	O	D	R	K	R	G	M
S	R	U	A	W	O	B	C	J	V	E	S	K	J	N
G	L	S	W	F	Y	Q	O	R	D	M	N	U	D	W

M 2

Kurfürst Max Emanuel im Jahr 1712, Gemälde von Joseph Vivien

M 3

Der Historiker Ilja Mieck beschrieb 1993 die kurz- und langfristigen Wirkungen des Merkantilismus:
Angesichts der hohen Investitionen[1] des dahinterstehenden wirtschaftspolitischen Druckes ... ist es nicht überraschend, dass sich Erfolge einstellten. Ganze Gewerbezweige oder auch einzelne von den Fürsten besonders geschätzte Unternehmen erlebten regelrechte Blütezeiten, aber fast immer waren es Scheinblüten, die aus dem Sumpf des Subventionsbeetes[2] emporwuchsen und beim leisesten Widerhauch einer freien Konkurrenz rasch verdorrten ... Außerdem funktionierte der merkantilistische Außenhandel nur, solange die dahinterstehende Idee neu war: Wollten erst einmal alle Staaten nur noch wertvolle Fertigwaren exportieren und lediglich Rohstoffe importieren, musste der Welthandel theoretisch zusammenbrechen.

Ilja Mieck, Wirtschaft und Gesellschaft Europas 1650–1850, in: ders. (Hg), Handbuch der europäischen Wirtschafts- und Sozialgeschichte, Bd. 4, Stuttgart (Klett-Cotta) 1993, S. 144.

[1] *Zuschüsse von Geld, um Gewinn zu steigern*
[2] *Subventionen = staatliche Förderung eines Unternehmens*

M 4

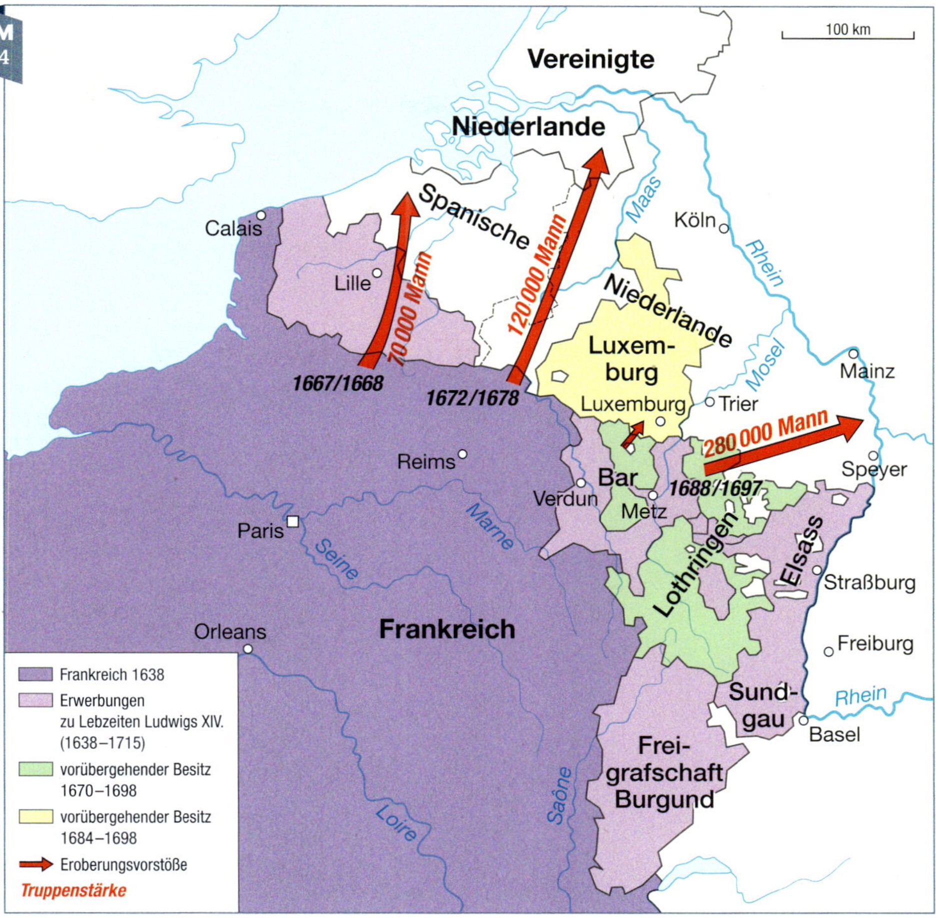

Frankreich (Ausschnitt) und östliche Nachbarn zur Zeit Ludwigs XIV.

Orientierungskompetenz

1 In einem Internet-Forum stößt du auf folgende Fragen: „Was war neu im absolutistischen Staat? Haben die Veränderungen Auswirkungen für uns heute?" Beantworte die Frage in einigen wenigen Sätzen.

Sachkompetenz und Narrative Kompetenz

2 **a)** Im Suchsel (M1) sind senkrecht und waagerecht neun Wörter versteckt, die zu diesem Kapitel passen. Alle Leserichtungen sind möglich. Schreibe die Begriffe heraus.

b) Partnerarbeit: Sucht euch einen Partner, der schon fertig ist, und erläutert euch die Begriffe, indem ihr stets einen Zusammenhang zum Absolutismus herstellt.

Tipp: Alle Begriffe sind in der Zusammenfassung auf S. 159 erwähnt. Ihr könnt sie dort nachlesen.

Methodenkompetenz

3 **a)** Beschreibe das Bild M2.

Tipp: Nimm die Arbeitsschritte auf S. 194 zu Hilfe.

b) Vergleiche M2 mit dem Gemälde von Ludwig XIV. auf S. 145.

c) Erkläre, warum es viele Übereinstimmungen zwischen beiden Bildern gibt.

Urteilskompetenz

4 Beurteile mithilfe von M3 die Wirksamkeit der merkantilistischen Wirtschaftspolitik.

5 Erläutere anhand von M4 die Ziele und Auswirkungen der Außenpolitik Ludwigs XIV. Nimm Stellung zu den Folgen für die französische Gesellschaft und Europa.

Tipp: Lies nach auf den S. 150 und 152.

cornelsen.de/webcodes
Code: potodu
Selbsteinschätzungsbogen

cornelsen.de/webcodes
Code: kivebi
Alle Darstellungstexte zum Anhören

7 Bauwerke als Ausdruck politischen Denkens

75 Stufen musste der Besucher im Treppenhaus nach oben steigen, um zum Fürsten zu gelangen. Mit jedem Schritt erblickte der Gast mehr von dem prächtigen Deckengemälde. Das Treppenhaus gehört zu den Prachträumen der Würzburger Residenz, die im 18. Jahrhundert entstand.

Was sagt ein solcher Raum über die Erbauer, die Würzburger Fürstbischöfe, aus? Sammle erste Ideen.

Tipp: Erkunde das Treppenhaus und die Residenz im Internet. Gib die Suchbegriffe „Bayerische Schlösserverwaltung“, „Bayern 3D“ und „Heimat digital“ ein.

Treppenhaus in der Würzburger Residenz, Foto, o. J.

1000 v. Chr. | 500 v. Chr. | 0 | 500 n. Chr.

Antike

5. Jh. v. Chr. Blütezeit Athens

Perikles führender Politiker in Athen
Blütezeit der Kunst und des Theaters in Athen

Was verraten Bauwerke über das politische Denken?

Nicht nur Texte, Bilder oder Zeitzeugenberichte verraten uns etwas über die Vergangenheit. Auch Bauwerke sind wichtige Quellen für den Geschichtsunterricht. Das hast du bereits im letzten Schuljahr am Beispiel der ägyptischen Pyramiden herausgefunden. Diese zeugen bis heute von den mathematischen Fähigkeiten und der hoch entwickelten Bautechnik der Alten Ägypter, aber auch von deren religiösen und politischen Vorstellungen: Die Pyramide diente dem Pharao als „Wohnung für die Ewigkeit" und demonstrierte eindrucksvoll seine Stellung als Gottkönig.

In diesem Längsschnitt erforschst du, was Bauwerke verschiedener Epochen speziell über die politischen Vorstellungen ihrer Entstehungszeit und Bauherren aussagen. Du entscheidest dich dazu für ein Beispiel aus der Antike, dem Mittelalter oder der Neuzeit und präsentierst deine Ergebnisse in einem Vortrag. Grundlegende Daten und Begriffe helfen dir dabei. Danach beschäftigst du dich mit einem Gebäude, das für unsere Gegenwart sehr wichtig ist, dem Reichstagsgebäude in Berlin. In diesem tagt das deutsche Parlament, der Bundestag. Sieht man diesem Gebäude seine demokratische Bedeutung an? Das könnt ihr abschließend in der Klasse diskutieren.

M 1

Parthenon, Foto, 2018

M 2

Aachener Dom mit Pfalzkapelle, Foto, 2011

1000 n. Chr.	1500 n. Chr.	2000 n. Chr.

europäisches Mittelalter — Beginn der Neuzeit

800 Kaiserkrönung Karls des Großen

14.–16. Jh.
Renaissance und Humanismus

17./18. Jh. Absolutismus in Europa

Zeitalter des Barock
1643–1715 Herrschaft König Ludwigs XIV. in Frankreich
1680–1726 Herrschaft Max II. Emanuels, Kurfürst in Bayern

M 3

Würzburger Residenz, Foto, 2011

1 Was können Bauwerke als historische Quelle verraten? Sammelt erste Ideen in einer Mindmap.
2 Betrachtet die drei Bauwerke (M1–M3).
a) Nutzt die Tabelle, um die Bauwerke der passenden Epoche (Antike, Mittelalter, Neuzeit) zuzuordnen. Begründet eure Entscheidung.
b) Ordnet die Grundlegenden Daten (siehe Zeitleiste) und Begriffe Absolutismus, Demokratie, Kaiser, König und Monarchie zu.
Tipp: Einzelne Begriffe können auch mehrmals zugeordnet werden.
c) Erklärt euch die Begriffe gegenseitig.

In diesem Kapitel übst du folgende Kompetenzen:
- Du untersuchst Bauwerke verschiedener Epochen als historische Quellen.
- Du erfasst, welche Bedeutung historische Gebäude haben.
- Du beurteilst, welches Herrschaftsverständnis in den untersuchten Bauwerken deutlich wird; dabei ziehst du vergleichend ein modernes öffentliches Bauwerk heran.
- Du präsentierst deine Erkenntnisse in einem mediengestützten Vortrag.
- Du wendest bereits bekannte Grundlegende Daten und Begriffe an und erläuterst Zusammenhänge zwischen Architektur und Herrschaftsform.

Parthenon-Tempel Athen (M1)	*Kaiserpfalz Aachen (M2)*	*Würzburger Residenz (M3)*
Epoche:	Epoche:	Epoche:
Grundlegende Daten und Begriffe:	Grundlegende Daten und Begriffe:	Grundlegende Daten und Begriffe:

Eine Präsentation zu einem Bauwerk erstellen

Im Folgenden hast du die Wahl zwischen drei verschiedenen Bauwerken. Jedes stammt aus einer anderen Epoche. Findet euch in Gruppen zusammen und untersucht euer Bauwerk anhand der vorgegebenen Fragen. Ihr könnt die Materialien im Buch nutzen und/oder im Internet recherchieren. Anschließend präsentiert ihr eure Ergebnisse in einem mediengestützten Vortrag.

M 1

Fragen für die Analyse	*Ausgewähltes Beispiel: ...*
Wer hat das Bauwerk in Auftrag gegeben?	
Warum wurde das Bauwerk in Auftrag gegeben?	
Wann wurde das Gebäude errichtet?	
Wer hat den Bau finanziert?	
Welche Schwierigkeiten mussten beim Bau überwunden werden?	
Welche Besonderheiten hat der Bau?	
Welche Funktionen erfüllte das Gebäude?	
Wer hatte Zugang zu dem Gebäude?	
Gab es Vorbilder für den Bau?	
Zusatzfrage für schnelle Gruppen: Wann, warum und wie wurde das Gebäude verändert?	

Sicher habt ihr schon digitale Präsentationen erstellt. Zur Orientierung und Wiederholung einige Tipps:

1. Gliederung: Bringt die Informationen, die ihr der Klasse geben wollt, in eine sinnvolle Reihenfolge, d. h. vom Allgemeinen zum Speziellen (z. B. Gebäude, Baugeschichte, Besonderheiten, Funktion des Gebäudes, Veränderungen).

2. Anzahl der Folien: Verwendet nicht zu viele Folien (4 bis 6 Folien).

3. Gestaltung der Folien: Verwendet einen hellen, einfarbigen Hintergrund und eine dunkle, gut lesbare Schrift. Verzichtet auf überflüssige Animationen (z. B. Schrift oder Bilder „einfliegen“ lassen). Formuliert in Stichpunkten, nicht in Sätzen. Nutzt dabei Formulierungen aus M1.

Auf einer Folie solltet ihr euer Bauwerk auf einem Bild vorstellen. Auf der letzten Folie eurer Präsentation soll neben einem Bild eures Bauwerks die jeweilige Abschlussfrage stehen (vgl. Aufgabenstellung). Aber verratet die Lösung noch nicht.

Prüft eure Präsentation nochmals auf Rechtschreibung und Zeichensetzung.

4. Üben der Präsentation: Sprecht euch ab, wer was bei der Präsentation übernimmt. Verwendet Moderationskarten als Hilfestellung beim Vortrag.

Übt den Vortrag so ein, dass ihr während der Präsentation möglichst selten auf die Projektionsfläche sehen müsst. Überprüft, wie lange ihr für den Vortrag braucht. Plant dabei Zeit für Fragen der Mitschüler ein.

Der Parthenon-Tempel

Er liegt hoch oben auf der Akropolis, dem Burgberg Athens. Schon in der Antike zog er die Blicke geradezu magisch auf sich.

- *Was verrät uns der Parthenon-Tempel? Findet es heraus und gestaltet eine Präsentation zu diesem Bauwerk.*

M 1

Die Akropolis heute, Foto, 2018

M 2

1 Der Parthenon (wörtlich: Jungfrauengemach) für die Schutzgöttin der Stadt, Athene. Die Ausmaße des Bauwerks übertrafen das zentrale Heiligtum in Olympia, den Zeus-Tempel. 2 Die Propyläen: Torhalle und Eingang zur Akropolis, 3 Statue der Athene, 4 weiterer Tempel für Athene, Rekonstruktionszeichnung

M 3

Der Journalist Heiko Kammerhoff in einer Jugendzeitschrift (2011):

Die Bürger Athens beschließen vor rund 2500 Jahren, auf ihrer Akropolis prächtige neue Bauten zu erschaffen. Für die Götter – und für sich selbst. Auf dem Felsen inmitten der Stadt setzen sie damit allen, Feinden und Verbündeten, ein deutliches Zeichen: Menschen, schaut auf dieses moderne Athen! ...

Ein solches Bauvorhaben hat es in Athen noch nie gegeben. 15 Jahre lang können die Einwohner nun jeden Tag miterleben, wie schwitzende Arbeiter schwere Steinquader mithilfe von Kränen und Rampen auf die Akropolis ziehen. Richten sie den Blick aus ihren engen Gassen nach oben, sehen sie, wie das Werk voranschreitet und ihre Stadt eine neue Krone aufs Haupt gesetzt bekommt – den Parthenon.

Es ist ein Gebäude, das gegen jede Regel verstößt und gerade deshalb so ist wie die Stadt, die es hervorgebracht hat: modern und selbstbewusst. An nichts wird gespart. So ist der Parthenon aus massivem Marmor – ähnliche Bauten werden sonst meist aus Kalkstein gefertigt, auf den die Steinmetze eine dünne Schicht des kostbaren Materials als Schmuck auftragen. Außerdem haben der Architekt Iktinos und der Bildhauer Phidias* weitere kühne Neuerungen im Sinn. Sind Tempel im alten Griechenland zu dieser Zeit üblicherweise mit sechs großen Säulen bestückt, verpassen die Bauherren dem Parthenon jeweils acht. Traditionen, so scheinen sie damit zu sagen, sind dazu da, um gebrochen zu werden. Man muss sich immer neu erfinden! ...

Die Athener nutzten den Parthenon ... als Schatzhaus. Dort lagerten die Silber- und Goldvorräte des Staates, darunter auch die Abgaben, die Athens Bündnispartner für den Schutz durch die mächtige Flotte des Stadtstaates zu bezahlen hatten. Manche vermuten, dass Perikles und seine Anhänger einiges von diesen Reichtümern für den Bau des neuen Wahrzeichens abgezweigt haben.

Heiko Kammerhoff, Dem athenischen Volke, in: Geolino-Extra. Das alte Griechenland (Gruner + Jahr) 2011, S. 16–21.

* *Phidias = Leitung über die Anlage der Akropolis, Schöpfer der Zeusstatue in Olympia*

Baugeschichte der Akropolis im 5. Jh. v. Chr.

- 480 v. Chr. Zerstörung Athens durch die Perser, Niederbrennen der aus dem 8.–6. Jh. v. Chr. stammenden Tempel auf der Akropolis
- 449 v. Chr. Vorschlag des Strategen (Feldherrn) Perikles zum Wiederaufbau der Akropolis, Zustimmung der Bürger in der Volksversammlung
- 447–432 v. Chr. Bau des Parthenon, Baukosten zwischen 450–800 Talenten (ein Talent entsprach dem Wert von 25 kg Silber)
- 437–432 v. Chr. Bau der Propyläen (Torbau)
- 421–404 v. Chr. Bau zweier weiterer Tempel für die Göttin Athene auf der Akropolis

M 4

Im Inneren des Parthenon befand sich die 11,5 m hohe Statue der Athene, angefertigt von Phidias, Rekonstruktionszeichnung von Peter Conolly. Das Gold und Elfenbein, das die Statue umkleidete, konnte im Fall einer staatlichen Finanznot abgenommen und verwendet werden. In dem Raum hinter der Statue wurde das Staatsvermögen verwahrt. Die Statue ist seit der Spätantike verschollen.

M5

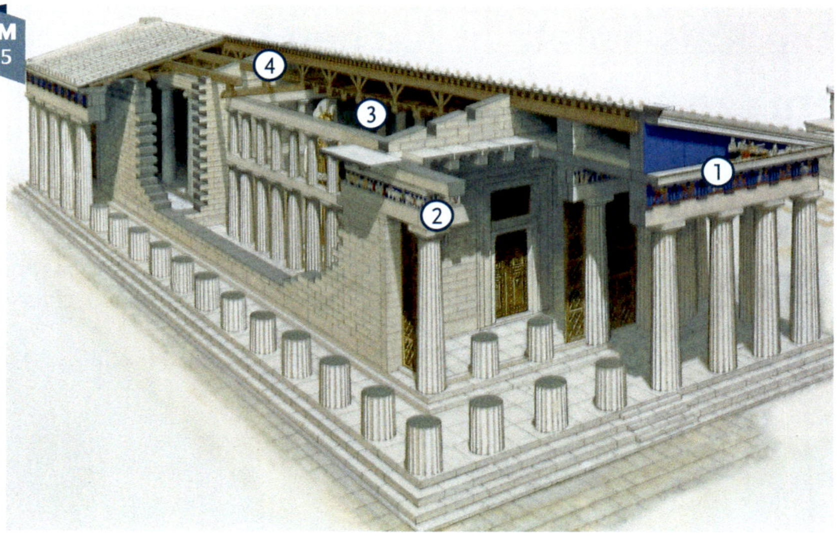

1 Parthenongiebel mit Darstellung von Athenes Geburt (Osten) bzw. ihrem Streit mit Poseidon über den Besitz der Polis Athen (Westen), 2 Fries, 3 Cella (Hauptraum mit der Statue der Athene), 4 Schatzkammer

M6

Im Inneren des Tempels war ein 160 m langer Fries angebracht, also eine an der Wand befestigte Bilderreihe. Auf den noch erhaltenen Teilen sind 378 Menschen und über 200 Tiere auf ihrem Weg zum Parthenon-Tempel dargestellt; hier junge Adlige, erkennbar an ihrer Kleidung und den Pferden.
Ein solcher Zug fand jährlich im Rahmen der sog. Panathenäen statt, einem mehrtägigen Fest aller Athener (pan = alle) anlässlich des Geburtstages der Göttin Athene. Der Festzug endete vor dem Parthenon mit einer Opferung der Tiere und dem gemeinsamen Mahl der Bürger.

M7

Der Historiker Plutarch (45–125 n. Chr.) in seiner Perikles-Biografie über die Akropolis:

So stiegen die Bauten empor in stolzer Größe, in unnachahmlicher Schönheit der Formen, und die Meister wetteiferten miteinander, durch die Feinheit der Ausführung über ihr Handwerk hinauszuwachsen. Das Wunderbarste aber war doch die Schnelligkeit.

Plutarch, Perikles 13, zit. nach Plutarch, Große Griechen und Römer, Bd. 2, Zürich und Stuttgart (Artemis) 1955, S. 122 f. Bearb. und übers. v. Konrat Ziegler.

1 Recherchiert mithilfe der Chronologie zum Bau auf S. 168 sowie M1 bis M7 Informationen über den Parthenon, damit ihr möglichst viele Fragen aus dem Fragenkatalog (siehe S. 166) beantworten könnt. Es macht nichts, wenn einige Fragen offen bleiben.

2 Erstellt mithilfe eurer Ergebnisse eine Präsentation, mit der ihr das Bauwerk der gesamten Klasse vorstellt. Beachtet dabei die Hinweise auf S. 166.
Auf der letzten Folie eurer Präsentation soll folgende Abschlussfrage stehen: „Was hat das Bauwerk mit den Begriffen Polis und Demokratie zu tun?" Die Lösung verratet ihr noch nicht, besprecht sie mit der Klasse.
Tipp: Auf der Internetseite des Akropolis-Museums kannst du dir den Parthenonfries ansehen. Wähle dazu in englischer Sprache den Suchbegriff „parthenonfrieze".

3 **Zusatzaufgabe:** Recherchiert die weitere Geschichte des Gebäudes im Internet unter dem Stichwort „Parthenon" und nacheinander jeweils unter den folgenden Suchbegriffen: Kirche, Moschee, Lord Elgin, UNESCO*.

Die Kaiserpfalz in Aachen – ein „zweites Rom"?

„Zweites Rom" – so nannte ein Zeitgenosse Karls des Großen dessen Lieblingsresidenz. „Bis an die Sterne" reichten ihm zufolge die „hohen Kuppelbauten", die sich mächtig und „großartig … zum Himmel" erhoben. Seit 794 nutzte der alternde Kaiser Aachen als festen Herrschaftssitz und verlieh so der zukunftsweisenden Idee Nachdruck, dass der Kaiser einen eindeutigen Mittelpunkt seiner Herrschaft braucht.

- *Findet heraus, was das Besondere an dieser Kaiserpfalz ist und welchen Zweck sie erfüllte.*

M 1

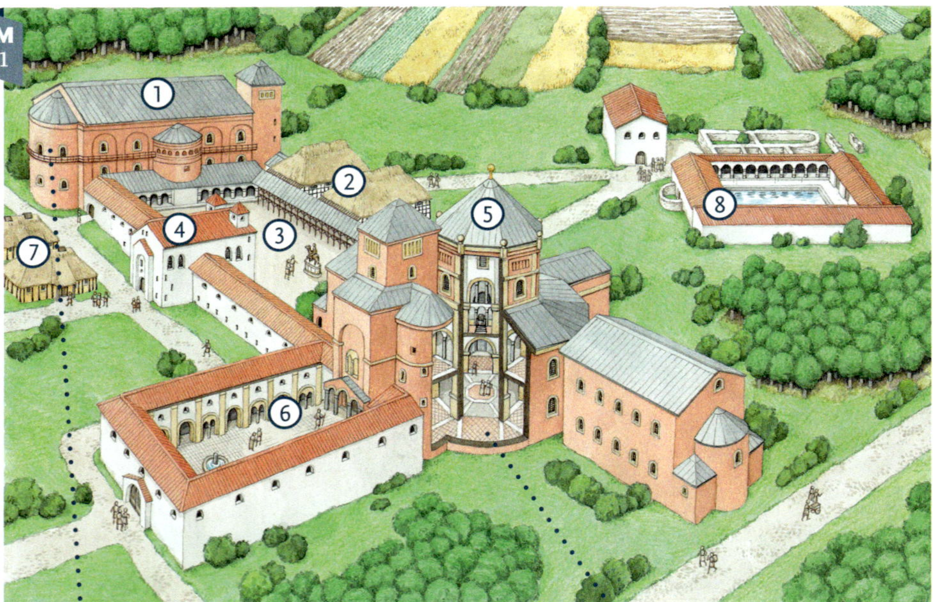

Modell der Pfalz von Aachen, Rekonstruktionszeichnung

1 Königshalle (Aula): Empfang ausländischer Gesandtschaften; Ort der Beratung mit den Adligen des Reichs
2 Wohngebäude des Königs und seiner Familie
3 Denkmal des Germanenkönigs Theoderich (451–526 n. Chr.)
4 Torhalle zum Gerichtssaal
5 Pfalzkapelle nach byzantinischem Vorbild
6 Wandelhalle (Atrium) nach römischem Vorbild
7 Wohnhäuser für das Gesinde (Mägde und Knechte)
8 Badehäuser und Schwimmbäder nach römischem Vorbild

M 2

Konstantin-Basilika in Trier, Foto, 2010. So wie im Innern der Basilika könnte es in der Königshalle in Aachen ausgesehen haben. Die ursprünglich römische Palasthalle entstand im 4. Jahrhundert. Ihre Baugestalt diente als Vorbild für karolingische Bauten.

M 3

Kaiserthron in der Pfalzkapelle Aachen. Die Steinplatten des Thrones stammen aus einer in der Nachbarschaft gelegenen römischen Thermenruine, Foto, 2011.

Geschichte der Kaiserpfalz Aachen

765/66 Erste Erwähnung einer Pfalz in Aachen, die „Aquis Villa", „Hofgut bei den Wasserquellen", genannt wird.

ab 790 Ausbau der Pfalz durch Karl den Großen, Bau der Pfalzkapelle, Baumeister Odo von Metz

seit 800 Aufenthaltsort für alle nachfolgenden mittelalterlichen Könige und Kaiser: Krönungsort, Versammlungsort

936 Krönung Ottos des Großen in der Pfalzkapelle zum König

ab 1500 Bedeutungsverlust als Herrschaftssitz und Krönungsort

1978 Aufnahme des Aachener Doms, ehemalige Pfalzkapelle mit Anbauten aus späterer Zeit, in die Liste des Weltkulturerbes der Vereinten Nationen

M 4

Der Historiker Stefan Weinfurter beschreibt die Pfalzanlage in Aachen und ihr Vorbild, 2013:

Die prächtigste aller Pfalzen ... wurde in Aachen errichtet ... Hauptgrund für die Wahl des Ortes waren sicherlich die warmen Quellen, die den Winter erträglicher machten. Die Dämpfe des warmen Quellwassers habe Karl geliebt, so erfahren wir von Einhart in der „Vita Karoli Magni" [Das Leben Karls des Großen] ... Gern habe er seine Freunde und die Hofgesellschaft ins Bad eingeladen, und bisweilen hätten „hundert oder mehr Menschen mit ihm gebadet". Ein frühmittelalterliches Erlebnisbad, könnte man sagen ...

Die Gesamtanlage der Pfalz wurde von zwei Bauwerken bestimmt. Das war im Norden die königliche Aula, die sich an der Stelle des heutigen Rathauses befand. Ihre Ausmaße waren gewaltig: 47,42 Meter in der Länge und 20,76 Meter in der Breite. Hinzu kam im Westen eine Apsis [halbkreisförmiger Kuppelbau] für den Thron ... Von ihr führte eine Verbindung, nämlich ein zweistöckiger Säulengang, nach Süden zur berühmten Aachener Pfalzkirche. Diese ist heute im Wesentlichen noch so erhalten und gilt als eines der eindrucksvollsten Zeugnisse der Epoche ...

Das Vorbild für die Aachener Pfalzkapelle war sicherlich die Kirche San Vitale in Ravenna, die Karl der Große 787 kennengelernt hatte ... Ravenna, die byzantinische Kaiserstadt in Italien und ebenso Hauptstadt des Ostgotenkönigs Theoderich, ... muss Karl den Großen fasziniert haben. Es war die einzige wirkliche Kaiserstadt, die er jemals gesehen hat. Aus dem Palast Theoderichs des Großen ließ er eigens antike Säulen für seinen Neubau in den Norden transportieren. 801 wurde auch das vergoldete Reiterstandbild Theoderichs von Ravenna nach Aachen gebracht ... All dies zeugt von dem Bestreben, antike Herrscherpracht nachzuahmen. In die Kuppel des Rundbaus von Aachen ließ Karl ein Mosaik [heute eine Nachbildung] mit einem vier Meter hohen Christus einfügen ... Nicht weit vom thronenden König des Himmels entfernt, befand sich Karls eigener Thron. Er stand vermutlich bereits auf der Empore [erhöhter Raumteil], über den eigenen erhöhten Zugang erreichbar und wohl an seinem heutigen Standort, von dem aus der Herrscher die Vorgänge in der Kirche überblicken konnte.

Stefan Weinfurter, Karl der Große. Der heilige Barbar, München/Zürich (Piper) 2013, S. 148–150.

1 Erklärt, was unter einer Königspfalz zu verstehen ist. Nutzt dazu S. 16 f.

2 Stellt mithilfe von M1 und M4 sowie des Darstellungstextes Wissenswertes über die Kaiserpfalz in Aachen zusammen. Beantwortet dann die Fragen aus dem Fragenkatalog auf S. 166 mithilfe von M1, M4 und dem Darstellungstext.

3 Präsentiert die Ergebnisse in der Klasse. Beachtet bei der Erstellung die Hinweise auf S. 166. Auf der letzten Folie eurer Präsentation soll folgende Abschlussfrage stehen: Was verraten uns die Kenntnisse über die Kaiserpfalz in Aachen in Bezug auf die Grundlegenden Begriffe Monarchie, König und Kaiser im Mittelalter sowie über Karls Herrschaftsauffassung? Die Lösung verratet ihr noch nicht. Ihr besprecht sie mit der Klasse.

Die Würzburger Residenz

Im 18. Jahrhundert entstand ausgerechnet in einem geistlichen Fürstentum eines der prächtigsten Barockschlösser Europas: die Würzburger Residenz.
- ***Finde heraus, was diese über die Bauherren und deren Zeit verrät.***

Der Bau der Würzburger Residenz

1720 Baubeginn nach einem Auftrag des Würzburger Fürstbischofs Johann Philipp Franz von Schönborn an den Architekten Balthasar Neumann
1731 Einzug des Würzburger Fürstbischofs Friedrich Carl von Schönborn in den Nordblock
1730–1744 Bau des Südblocks und des Treppenhauses
1752–1753 Anfertigung des Deckengemäldes im Treppenhaus durch den aus Venedig stammenden Maler Tiepolo, beauftragt von Fürstbischof Carl Philipp von Greiffenclau (1749–1754)
ab 1770 Gestaltung des barocken Hofgartens
bis 1781 weiterer Innenausbau; besonders reiche Ausstattung der sog. Kaiserzimmer (160 m Länge), die der Kaiser bei der Durchreise zum Reichstag nach Frankfurt am Main als Quartier nutzen konnte.

M 1

Johann Philipp Franz von Schönborn, von 1719 bis 1724 Fürstbischof von Würzburg, gab den Bau der Würzburger Residenz in Auftrag. Sein Bruder Friedrich Carl (1729–1746) setzte die Bautätigkeit fort. Die Schönborns waren im 17. Jahrhundert zu einer der mächtigsten Familien des Heiligen Römischen Reichs aufgestiegen. Ihre Vertreter nahmen wichtige Bischofssitze und Hofämter ein.

M 2

Der Kunsthistoriker Diethard Herles über die Würzburger Residenz (1996):

Das Bistum Würzburg, dessen Bischof zugleich die weltliche Macht innehatte, war in diesem Reich[1] nur ein Gebiet von mittlerer Größe. Und die Stadt Würzburg war mit 15 000 Einwohnern ... der einzige größere Ort im Bistum ... Zur Zeit ihrer Erbauung war die Würzburger Residenz eines der größten Gebäude in Süddeutschland. Fürstliche Schlösser sind typische Bauten der Barockzeit und bezeichnend für den gewaltigen Abstand, der zwischen den Lebensverhältnissen der Höchsten und denen der Bevölkerung lag ... Eine Residenz ist nicht nur ein Bauwerk, das eine Funktion als Regierungssitz hat, sondern auch der Ort, an dem die Macht des Fürsten unübersehbar zur Schau gestellt wird. Dazu gehörte auch die entsprechende Hofhaltung. Ein großer Teil der Einnahmen des Landes wurde dafür ausgegeben. Der Hofstaat an der Residenz Würzburg umfasste ... über vierhundert Personen, die täglich versorgt werden mussten... Die großen Treppenhäuser spielten beim Empfangszeremoniell eine wesentliche Rolle ... Kaum ein anderer Teil des Bauwerks erfüllt so ideal die Ansprüche des Fürsten nach Repräsentation wie die Treppe. Der Fürst residiert oben, der Besucher muss hinaufsteigen und sieht dabei an der Großzügigkeit und prunkvollen Ausgestaltung des Treppenhauses, welche mächtige Persönlichkeit hier zu Hause ist. Im Ermessen des Fürsten liegt es, wie weit er seinem Gast entgegenkommt ... Denn je nach Rang der Besucher wurden diese erst im Audienzzimmer des Fürstbischofs empfangen oder aber bereits im Treppenhaus auf dem obersten oder mittleren Absatz bzw. auch am Fuß der Treppe, wenn es sich um einen sehr hochgestellten Gast handelt. Benutzt wurde die Haupttreppe nur bei offiziellen Anlässen wie Empfängen oder besonderen Besuchen.

Diethard Herles, Tiepolo in der Würzburger Residenz, München (Kastner + Callwey) 1996, S. 6–11.

[1] *Heiliges Römisches Reich Deutscher Nation*

M 3

Der Erdteil Asien, Ausschnitt aus dem Deckengemälde des Treppenhauses, Foto, o.J. Auf den drei anderen Seiten sind Europa, Afrika und Amerika dargestellt (Australien war noch nicht entdeckt). Jeder Erdteil wird verkörpert durch eine Hauptfigur, begleitet von einem landestypischen Tier. Tiepolo kannte exotische Tiere allerdings nur von Abbildungen, deshalb ist ihm die Darstellung des Elefanten nicht ganz gelungen. Tiepolo fertigte das Gemälde mithilfe seiner Söhne in Freskotechnik an: Er trug die Farben schnell in den noch feuchten Putz auf und benötigte für die riesige Fläche insgesamt 218 Tage.

M 4

Der im Zentrum des ersten Stocks liegende Kaisersaal gilt als prächtigster Raum des Bauwerks. Die Wände sind – wie damals üblich – mit Stuckmarmor verkleidet, einer täuschend echt wirkenden Marmornachbildung, die farblich genau auf den Boden und die Fresken abgestimmt werden konnte. Vom Saal gehen links und rechts weitere Zimmer für den Kaiser und sein Gefolge ab, Foto, 2010.

M 5

Baukosten für die Würzburger Residenz:

- Gesamtkosten in fränkischen Gulden (= fl.) 1564000 fl.
- Kosten für Balthasar Neumann: anfangs jährlich 375 fl. Gehalt, freie Kost und Unterkunft, am Schluss 632 fl., plus 423 fl. für Kost und Unterkunft
- Kosten für Tiepolo: Deckenfresko im Treppenhaus: 12000 fl., Fresken im Kaisersaal 10000 fl., 3000 fl. Umzugskosten, freie Kost und Unterkunft (mittags 8, abends 7 Speisen)
- Handwerksmeister 6 Batzen täglich, ungelernter Arbeiter 3 Batzen täglich (15 Batzen entsprechen einem fränkischen Gulden)

Zusammengestellt nach Marianne Erben, Das kleine Buch von der Würzburger Residenz, 2. Aufl., Würzburg (Echter) 1996, S. 47f.

1 Recherchiert mithilfe der Baugeschichte, M1–M5 sowie weiteren Materialien dieses Kapitels (Auftaktbild, S. 162/163 und M3, S. 165) Informationen zur Würzburger Residenz. Versucht möglichst viele Fragen aus dem Fragenkatalog S. 166 zu beantworten.
Tipp: Überprüft, ob das Schloss Versailles ein Vorbild für die Würzburger Residenz war.

2 Erstellt, ausgehend von euren Ergebnissen, eine Präsentation. Beachtet dabei die Tipps auf S. 166. Auf der letzten Folie eurer Präsentation soll die Abschlussfrage stehen: „Was hat das Bauwerk mit den Begriffen Monarchie und Absolutismus zu tun?“ Die Lösung verratet ihr noch nicht. Ihr besprecht sie mit der Klasse.

3 **Zusatzaufgabe:** Recherchiert unter den Stichwörtern Bayerische Schlösserverwaltung/Würzburger Residenz/Baugeschichte bzw. Bayerische Schlösserverwaltung/Würzburger Residenz/UNESCO-Weltkulturerbe nach der Geschichte der Residenz im 20. Jahrhundert und ergänzt eure Präsentation.

Das Reichstagsgebäude – Versammlungsort der Volksvertreter

An Bauwerken kann man oft unterschiedliche Regierungsstile erkennen. Beim Reichstagsgebäude in Berlin, in dem der Deutsche Bundestag berät und abstimmt, verdeutlichte der Architekt des Umbaus nach 1990, Sir Norman Forster, dass dieser Ort der Demokratie dient.

- *Findet heraus, wie das Gebäude den demokratischen Willen sichtbar macht.*

M 1

Das Reichstagsgebäude, in dem sich der Deutsche Bundestag befindet, mit dem Regierungsviertel im Hintergrund, Schrägluftbild, 2016

M 2

Plenarsaal des Deutschen Bundestages während einer Sitzung, Foto, 2013

M 3

Blick von der Kuppel auf den Plenarsaal, Foto, o. J.

M 4

Beschreibung des Plenarsaals, zentraler Sitzungssaal der Volksvertreter im Berliner Bundestag, Homepage des Deutschen Bundestages, 2018:
Ein paar Schritte nur sind nötig, die große Freitreppe hinauf, dann durch die mächtigen Säulen des Portals – und schon ist von der hohen Empfangshalle aus das Herzstück des Deutschen Bundestages zu sehen: der Plenarsaal. Mehr noch als in allen vorhergehenden Gebäuden beherrscht der Plenarsaal den so gründlich umgestalteten Bau, nicht zuletzt durch seine bis zum Fuß der Glaskuppel hinaufreichende Höhe. Fast alle Stockwerke sind um ihn herum gruppiert; aus vielen Blickwinkeln kann er eingesehen werden. Die ganze erste Etage des Reichstages, die sogenannte Plenarsaalebene, ist den Abgeordneten, ihren Mitarbeitern und dem Parlamentspersonal vorbehalten ...
Ist das große Westportal hauptsächlich für die Besucher des Bundestages bestimmt, so dient das Ostportal an der gegenüberliegenden Seite des Reichstagsgebäudes vor allem den Abgeordneten. Sie erreichen von dort aus die über dem Erdgeschoss liegende Plenarsaalebene. Wie ein Kranz umgeben sie Räume und Einrichtungen, die für die Arbeit zumal an Debattentagen nötig oder nützlich sind ...
Vor allem aber bietet die Kuppel jene einzigartige Attraktion, die alle anzieht: Sie ist begehbar. Zwei gegenläufige Rampen winden sich in sanften Spiralen zu einer Aussichtsplattform hinauf, von der aus sich das schönste Panorama über Berlin zeigt ...
Die Etage über der Plenarsaalebene ... ist Besuchern und Journalisten vorbehalten, die von hier aus auf die Besuchertribüne des Plenarsaals gelangen. Über den Abgeordnetensitzen sind sie so weit in den Plenarsaal hineingezogen, dass alles wie zum Anfassen nah erscheint ...
Über dem Plenarsaal liegt die Dachterrasse samt einem Restaurant für die Besucher – und jene Glaskuppel, die sofort zum Wahrzeichen des Bundestages geworden ist. Tags glänzt sie, nachts leuchtet sie über der Stadt. In ihrer technischen Funktion bringt die Kuppel zusätzliches Tageslicht in den Plenarsaal [ermöglicht wird dies durch ein trichterförmiges Lichtumlenkelement mit 360 Spiegeln]. Umgekehrt transportiert der bis ins Plenum reichende Trichter die Abluft des Saales nach oben ins Freie.

www.bundestag.de/architektur (Stand: 03. 07. 2018). Bearb. vom Verf.

Geschichte des Bundestages im Reichstagsgebäude

1894 Fertigstellung des Reichstages als Tagungsort für die Volksvertreter (Abgeordnete) im Deutschen Reich. Architekt: Paul Wallot

1933 Brand des Reichstages, in der Folgezeit: Entmachtung der frei gewählten Abgeordneten durch die nationalsozialistische Diktatur

1945 Ruine nach den Zerstörungen des Zweiten Weltkriegs

1961–1970 Wiederaufbau und Nutzung als Museum

1991 Nach der Wiedervereinigung der beiden deutschen Staaten wird Berlin erneut Hauptstadt; Beschluss der Neueinrichtung des gesamtdeutschen Parlaments im einstigen Reichstagsgebäude

1994 Vollständiger Umbau des Reichstages durch den britischen Architekten Sir Norman Foster; Kosten: 600 Millionen DM (ca. 300 Millionen Euro)

1999 Umzug des Deutschen Bundestages von Bonn nach Berlin

1 a) Stellt mithilfe von M1 bis M4 und des Darstellungstextes Informationen über das Reichstagsgebäude zusammen.
Tipp: Ihr könnt auch im Internet recherchieren. Geht auf die Homepage des Deutschen Bundestages. Dort findet ihr den Link „Architektur des Reichstagsgebäudes". Informationsmaterial wird zum Download und zum Versand angeboten.
b) Beantwortet mit den gesammelten Informationen den Fragenkatalog auf S. 166.

2 Diskutiert in der Klasse, ob und wie die Architektur den demokratischen Zweck des Gebäudes hervorhebt. Bezieht dabei möglichst viele der zuvor zusammengestellten Informationen ein.

3 **Gruppenarbeit:** Vergleicht in der Klasse die Bauwerke, die auf S. 164/165 und 167–173 vorgestellt wurden. Überprüft, ob die bauliche Gestalt etwas über das politische System verrät.

In diesem Kapitel konntest du folgende Kompetenzen erwerben:

- in einem historischen Bauwerk das politische Selbstverständnis des Bauherrn oder einer ganzen Epoche erkennen
- Die Bedeutung historischer Gebäude erfassen
- Bauwerke aus verschiedenen Epochen als historische Quellen analysieren und die Ergebnisse der Arbeit vor der Klasse mediengestützt präsentieren
- moderne Bauwerke und ihre politische Aussage mit denen von Bauten aus früheren Zeiten vergleichen
- ausgewählte historische Bauwerke den Epochen Antike, Mittelalter und Neuzeit begründet zuordnen und dabei Grundlegende Daten und Begriffe zur Orientierung nutzen
- auf der Basis dieser Zuordnung Zusammenhänge zwischen der Herrschaftsform und der Architektur eigenständig erläutern

M 1

Begründungen für die Aufnahme von bestimmten Bauwerken in die Liste des Weltkulturerbes

Die Organisation der Vereinten Nationen für Bildung, Wissenschaft und Kultur verleiht seit 1972 den Titel „Weltkulturerbe" für weltbedeutende Orte und Stätten:

a) Das Bauwerk gilt als beispielhaft für die künstlerische Schaffenskraft und technische Leistungsfähigkeit des frühen Mittelalters. Schon Zeitgenossen sprachen von einem Wunder der Baukunst. Es diente der Wiederbelebung der Tradition des römisch-christlichen Kaisertums und war lange Zeit das Vorbild für spätere religiöse Bauten.

b) Sichtbar wird in dem Bau ein herausragendes Kunstwerk des europäischen Barock, das viele Schaffensbereiche wie Architektur, Malerei und plastische Gestaltung zusammenführte. Die beiden Fürstbischöfe, die den Bau vorantrieben, schufen ein Sinnbild des Hof- und Kulturlebens im 18. Jahrhundert.

c) Die Gebäudegruppe stellt ein herausragendes Beispiel für eine antike Anlage dar, die bis in unsere Zeit überdauert und eine Grundlage für die Kultur unserer Gegenwart geschaffen hat. Sie bezeugt ein umfassendes religiös und politisch ausgerichtetes Bauprogramm, das die Athener, befeuert durch den Sieg über die Perser, mit mehreren Baumeistern vollbrachten. Tempelbauten und Hallen liefern in harmonischer Verbindung mit den Gegebenheiten der Natur ein Zeugnis der klassischen griechischen Kultur und Geisteswelt, d. h. der Kunst, Philosophie, Mythen und des Selbstbewusstseins der antiken Form der Demokratie.

Verfassertext nach den Begründungen der „Organisation der Vereinten Nationen für Erziehung, Wissenschaft und Kultur": www.unesco.de (Stand: 11. 07. 2018).

M 2

Schloss Schleißheim bei München, Baubeginn des Neuen Schlosses (im oberen Teil des Fotos) unter Kurfürst Max II. Emanuel 1700/01, Fertigstellung unter Max III. Joseph (1745 bis 1777), Foto, 2016

M 3

Forum Romanum, der Mittelpunkt des politischen, gesellschaftlichen, kulturellen und religiösen Lebens zur Zeit der römischen Republik und des Kaisertums mit Senatsgebäude und Triumphbogen des Septimus Severus im Hintergrund sowie Überresten des Saturntempels im Vordergrund, Foto, o. J.

M 4

Dom in Speyer, zur Zeit seiner Fertigstellung größter Kirchenbau der Welt und noch heute größte romanische Kirche der Welt (Ausmaße: Länge 134 Meter, Breite ca. 38 Meter, Gewölbehöhe 33 Meter), Demonstration des religionspolitischen Machtanspruches seitens des Bauherrn, Kaiser Konrad II., Grablege mehrerer Kaiser, Foto, 2008

Orientierungskompetenz und Methodenkompetenz

1 **a)** Ordne die Begründungen für die Aufnahme der Akropolis, der Aachener Pfalzkapelle und der Würzburger Residenz (M1) in die Liste des Weltkulturerbes passend zu.

b) Erschließe aus M1 die jeweils besondere Bedeutung der Akropolis, der Pfalzkapelle in Aachen und der Würzburger Residenz als Grundlage für die Aufnahme in die Liste des Weltkulturerbes.

2 Erläutere zu M2 bis M4 das politische Selbstverständnis, das sich in der Architektur der jeweiligen Anlage äußert.

Tipp: Orientiere dich an den Grundlegenden Begriffen Polis, Demokratie, Monarchie, König, Kaiser, Absolutismus und Aristokratie.

Sachkompetenz

3 Ordne die folgenden Bezeichnungen für Bauwerke den Epochen Antike, Mittelalter, Barock und Absolutismus richtig zu: Pfalzkapelle, Schloss, Tempel, Burg, Residenz, Pfalz, Dom.

Narrative Kompetenz und Urteilskompetenz

4 Diskutiert in der Klasse darüber, welche der folgenden Begriffe am besten zu Akropolis, Kaiserpfalz, Würzburger Residenz und Reichstag passen: Pracht, Macht, Erhabenheit, Schlichtheit, Zugänglichkeit, Offenheit, Schein, Realität.

Tipp: Mögliche Aussagen könnten sein:
Die Akropolis wirkt erhaben, denn ...
Die Kaiserpfalz in Aachen verkörpert die ... des Kaisers, denn ...
Die Residenz in Würzburg zeigt ...
Der Bundestag im Reichstagsgebäude will ... demonstrieren, denn ...

cornelsen.de/webcodes
Code: wohiqo
Selbsteinschätzungsbogen

L Otto der Große mit Gefolge auf Reisen

Es herrscht Aufregung in den Pfalzen Magdeburg und Quedlinburg. Seit Wochen werden Vorbereitungen getroffen. Der Herrscher und sein zahlreiches Gefolge haben sich im Machtzentrum des sächsischen Herzogtums angesagt.

- *Wer gehört zum Gefolge und welche Herausforderungen bestehen bei Unterbringung und Versorgung?*

M1

Aus den Informationen des ZDF 2008 zur filmischen Dokumentation über Otto den Großen und das Reich:

Im Mittelalter wird vom Sattel aus regiert – denn eine Hauptstadt oder einen richtigen Regierungssitz gibt es im Reich nicht. Otto zieht als Reisekönig gut 180 Tage im Jahr mit seinem fast zweitausendköpfigen Gefolge durch die deutschen Lande. Wenn der König kommt, müssen Städte, Dörfer und Klöster für die Verköstigung sorgen. Vor allem die Bauern trifft es hart. „Gott segne den König, aber möge er nie wieder kommen", lautet damals ein Spruch.

Informationen des ZDF zur Dokumentation „Otto und das Reich", 2008, in www.zdf.de/dokumentation/die-deutschen/otto-und-das-reich-100.html (Stand: 14.06.2018).

M2

Der Journalist und Publizist Reymer Klüver beschreibt 2014 den Einzug Ottos:

Der Kaiser trifft in Begleitung seines gewaltigen Hofstaates ein. Der umfasst neben der kaiserlichen Familie seine engsten Gefolgsleute sowie mitreisende Gäste, dazu das Ehrengeleit von einigen hundert Reitern, die den Kaiser auf seinen Wegen beschützen und ein Zeichen seiner Bedeutung und Würde sind. Zum Gefolge gehören auch die Hofkapellane. Sie feiern mit ihm die Gottesdienste, verwahren die Reliquien [Teile der Gebeine von Heiligen], die Otto stets begleiten, und agieren (handeln) gemeinsam mit einem Kanzler als seine Notare (Person, die Rechtsgeschäfte beglaubigt und schriftlich fixiert), die des Königs Dokumente ausstellen.

Hinzu kommen Hunderte von Bediensteten. Die gepanzerten Reiter brauchen Waffenschmiede und Waffenknechte und Hufschmiede für die Pferde. Zeltmeister gehören zum Tross [Kaiserzug] und Stallknechte, Jäger und Bäcker und Köche, Boten, Diener und Mägde. Auch Heilkundige fehlen nicht. Fahrendes Volk schließt sich dem kaiserlichen Zug an, Musiker, Sänger, Gaukler.

Wohl weit mehr als 1000 Menschen kommen an diesem Sonntagmorgen in Magdeburg an, mit Pferden, Lasttieren, Fuhrwerken, Karren. Vermutlich schlagen sie auf den Wiesen vor den Mauern Zelte auf, Lagerfeuer brennen. Zwischen den Zelten herrscht reges Treiben, die Truppe muss versorgt werden.

[Einen Tag später ziehen der Kaiser und seine unzähligen Begleiter weiter in die nahe gelegene Pfalz Quedlinburg.]

Dort bleibt der ganze Tross einige Zeit. Im Quedlinburger Stift, einem Kloster, ist Ottos Tochter Äbtissin.

Nahrungsmittel in gewaltigen Mengen müssen all die Bauern herbeischaffen, deren Höfe zum Besitz des Quedlinburger Stifts zählen. Acht Ochsen, hundert Schweine und Schafe, dazu Hühner, Ferkel, Fische, Eier und Gemüse sowie Karrenladungen voller Getreide und etliche hundert Liter Wein und Bier: All das werden Otto, seine Gäste und das Gesinde während des [Aufenthalts] ... verzehren, Tag für Tag.

Reymer Klüver, Geburt eines Reiches. In: GEO Epoche Nr. 70 (2014): Karl der Große und das Reich der Deutschen 800 bis 1806, Hamburg (Gruner + Jahr), S. 50.

M 3

So stellte sich der französische Buchmaler David Aubert das Leben am Hofe von Karl dem Großen in einer Pfalz vor: Der Kaiser (mit Krone) spricht mit einem Gefolgsmann. Seine Lehnsmänner sind seine wichtigsten Berater. Er trifft sie in den Pfalzen oder sie reisen mit ihm von einer Pfalz zur nächsten. Buchmalerei, um 1460

M 4

Der Buchmaler David Aubert gibt eine Vorstellung davon, wie die Gefolgsleute und angereisten Fürsten und Bischöfe sich austauschen, beraten und bekannt machen. Manchmal kam es auch zu Streitigkeiten. Nicht alle geistlichen und weltlichen Herren fanden innerhalb der Pfalz Platz, deshalb übernachteten sie in teilweise prächtigen Zelten. Buchmalerei, um 1460

Hoftag
Versammlung, die der König oder Kaiser in seinen Residenzen regelmäßig abhielt. Sie diente der Festigung des persönlichen Treueverhältnisses zwischen kaiserlichem Lehnsherrn und Königsvasallen ebenso wie der Absprache und dem Aushandeln von Verträgen. Auf Hoftagen traten zur Unterhaltung auch Musiker, Sänger und Gaukler auf.

1 Fasse in einem Satz das Grundproblem des Reisekönigtums für die Bevölkerung zusammen (M1).
2 Nenne alle Reisenden, die mit dem Kaiser die Pfalz besuchen. Notiere auch deren Aufgaben (M2).
3 **Wähle eine Aufgabe aus:**
   a) Beschreibe das Geschehen in M3 in drei Sätzen.
   b) Beschreibe das Geschehen im M4 in drei Sätzen.
4 Überprüfe, ob sich die in den Bildern (M3 und M4) enthaltenen Informationen durch Aussagen in M2 belegen lassen.
5 Fertige die Skizze einer Pfalzanlage an (siehe S. 16, M1 und 170, M1) und beschrifte sie mit den Informationen, die du auf diesen Seiten erhalten hast.
Tipp: Suche nach geeigneten Orten für die Personengruppen und ihre Tätigkeiten, die im Text beschrieben werden. Nutze dazu auch die Informationen über den Zweck der einzelnen Bauteile auf S. 16 und 170.

L Das Leben auf der Burg

Auf dieser Doppelseite arbeitest du mit einer Rekonstruktionszeichnung einer mittelalterlichen Burg, die es so nie gegeben hat.

- *Erforsche das Leben auf einer mittelalterlichen Burg und finde heraus, wie das Alltagsleben der Menschen auf dieser Burg vermutlich aussah.*

M2

Kemenate in der Marksburg bei Koblenz aus dem 15. Jahrhundert

M1 Vorstellung von einer idealen Burg eines sehr wohlhabenden Adligen um 1400

M 3

Eine Darstellung des Alltags auf einer mittelalterlichen Burg:

Auf den größeren Burgen des Mittelalters wohnten oft viele Hundert Menschen. Mehrere gehörten zur Familie des Burgherren, darunter Frauen, Kinder und unverheiratete Verwandte. Zehn oder mehr Männer gehörten der Besatzung an. Sie bewachten die Burg ... Zudem gab es Küchenmeister und -personal, Knechte für die Felder, Weinberge und Wälder sowie Mägde, die der Burgherrin und deren Verwandten dienten. Auch Handwerker wie Schmiede, Steinmetze und Zimmermänner durften auf keiner Burg fehlen .... Der Alltag ... richtete sich nach dem Stand der Sonne. Mit dem Morgengrauen standen die Burgbewohner auf und arbeiteten bis zur Dunkelheit. Als vorrangig galt die Versorgung jener Menschen, die vom Burgherrn abhängig waren. Daher war der Tagesablauf auf der Burg ganz auf die Landwirtschaft ausgerichtet ... Nur der Sonntag war frei und wurde zur Erholung und für den Kirchengang genutzt ... Der große Festsaal wurde nur an besonderen Tagen beheizt. Gegen Abend zogen sich die Burgbewohner in die kleineren Räume zurück, die sogenannten Kemenaten, da diese schneller aufheizten.

Zit. nach www.planet-wissen.de/geschichte/mittelalter/leben_auf_der_burg (Stand: 22. 3. 2019).

1 Fasse den Alltag auf einer mittelalterlichen Burg zusammen (M3).

2 Erkläre die Funktionen der folgenden Gebäude und Bauteile: Wehrmauer, Bergfried, Palas (M1 und M2).

3 **Gruppenarbeit:** Bildet Vierergruppen. Jedes Mitglied der Gruppe bearbeitet eine Aufgabe zu M1. Stellt euch anschließend gegenseitig die Ergebisse vor.

a) Beschreibt die Wohnsituation eines wohlhabenden Ritters mithilfe der Räumlichkeiten im Palas (M1, M2).

b) Erarbeitet mithilfe der abgebildeten Gebäude die unterschiedlichen Aufgaben des Gesindes (= Knechte und Mägde) auf der Burg. Nehmt M3 zu Hilfe.

c) Erarbeitet mithilfe der abgebildeten Gebäude die Aufgaben des adligen Burgenbesitzers.

d) Erarbeitet mithilfe der abgebildeten Gebäude die unterschiedlichen Berufsfelder, die es damals auf einer Burg gab. Nehmt M3 zu Hilfe.

4 Erstellt eine Mindmap über das Leben auf der Burg. Ihr könnt so beginnen:

L Zwei Bildquellen zur Eroberung Mexikos beschreiben und erklären

Über die Eroberung des Aztekenreichs durch die Spanier kannst du auf S. 84/85 nochmals nachlesen. Untersuche mit deinem Partner entweder Bildquelle A oder B und erarbeitet einen mündlichen Vortrag. Die Arbeitsaufträge helfen euch dabei.

A

Eine indianische Quelle zur Eroberung Mexikos beschreiben

M 1

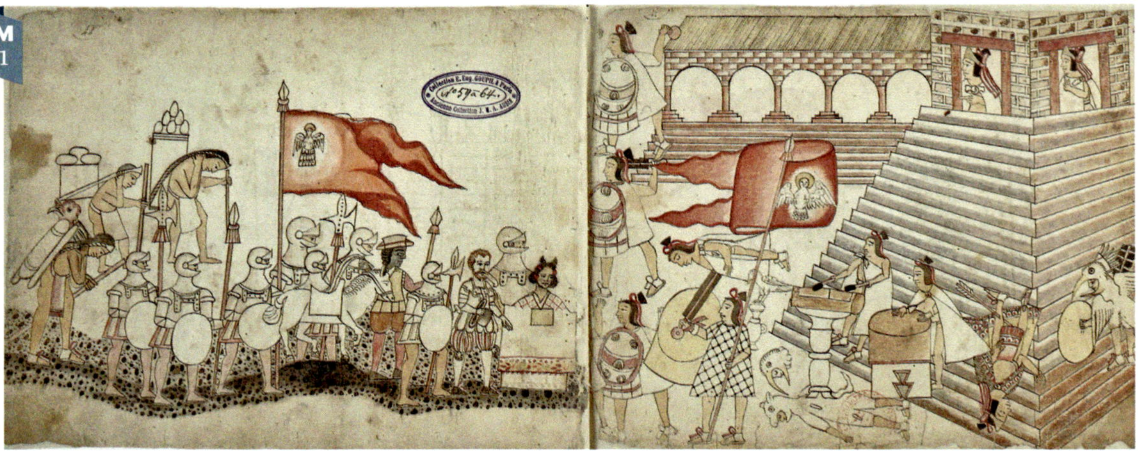

Es gibt nur sehr wenige Bildquellen aus indianischer Hand. Dieser Ausschnitt aus einem Bilderbogen der aztekischen Geschichte entstand Ende des 16. Jh. unter Aufsicht christlicher Missionare. Diese wollten möglichst viel von der Geschichte und den Bräuchen der Azteken erfahren, um alle in ihren Augen „unchristlichen" Verhaltens- und Denkweisen zu bekämpfen. Der Bilderbogen ist nur in kleinen Teilen erhalten geblieben.

Die Dolmetscherin Malinche (von den Spaniern Doña Marina genannt) steht bereit, um das Gespräch zwischen Cortés und Moctezuma zu übersetzen.

Indianische Lastenträger sind mit Proviant bepackt.

Die spanischen Eroberer tragen Ritterrüstungen und das Banner (die Fahne) des Heiligen Geistes.

Hernán Cortés hat den Hut abgenommen, um Moctezuma entgegenzugehen. Moctezuma fehlt hier im Bild.

Pfeile durchbohren den Herrscher der Azteken, während die Musiker weiterspielen.

Auf diesem Ausschnitt ist der Tod Moctezumas abgebildet.

1 Ordne die umrandeten Sätze einer Szene im Bild zu und beschreibe genau, wo sie zu sehen ist.

2 **Partnerarbeit:** Verfasst einen Stichwortzettel für einen mündlichen Vortrag zur Beschreibung des Bildes. Entscheidet, wer welche Teile für den Vortrag übernimmt. Schreibt das Ergebnis in drei oder vier Sätzen ins Heft.

3 **Zusatzaufgabe:** Finde heraus, unter welchen Umständen der Herrscher der Azteken den Tod fand. Gib dazu im Internet die Suchbegriffe „Moctezuma" und „Tod" ein.

B

Ein Wandgemälde zur Eroberung Mexikos beschreiben und erklären

M 1

Der mexikanische Maler Diego Rivera (1886 bis 1957) fertigte für ein Regierungsgebäude seines Landes eine Reihe riesiger Wandgemälde an. Sie zeigen die Geschichte des Aztekenreiches, die Ankunft der Spanier und Ereignisse aus der mexikanischen Geschichte bis ins 20. Jahrhundert.
Das Bild hier stammt aus dem Jahre 1930 (beendet 1956) und zeigt die Ankunft der spanischen Eroberer um Hernán Cortés im Jahre 1519 an der Küste des heutigen Mexiko.

Einheimische leisten Zwangsarbeit: Bäume fällen, den Acker pflügen und Felsen abtragen.

Drei Spanier betrachten einen goldenen Gegenstand, den Indios gefunden haben.

Cortés schließt einen Vertrag oder ein Geschäft ab. Geld wechselt den Besitzer. Ein Beamter schreibt mit oder stellt eine Urkunde aus.

Zwei Eroberer brennen einem an den Händen gefesselten Einheimischen mit heißem Eisen ein Zeichen auf die Haut.

Ein Geistlicher verkündet die Botschaft des Christentums.

Wer die Arbeit für die Spanier verweigert, riskiert den Tod.

1 Das Bild wimmelt von verschiedensten Szenen. Ordne die umrandeten Sätze einer Szene im Bild zu und beschreibe genau, wo sie zu sehen ist.

2 **Partnerarbeit:** Verfasst einen Stichwortzettel für einen mündlichen Vortrag zur Beschreibung des Bildes. Entscheidet, wer welche Teile für den Vortrag übernimmt.

3 Beurteilt, für wen der Maler mehr Sympathien hat. Formuliert dazu zwei Sätze ins Heft.

L Flugblätter – eine Waffe im religiösen Streit?

Während der Reformation wurden mit Flugblättern nicht nur religiöse Gegner verspottet, sondern auch die eigenen Ansichten zur Religion verbreitet.

- *Erarbeitet auf dieser Doppelseite, gegen wen sich das abgedruckte Flugblatt richtet und welche Botschaft damit verbunden war.*

M1

Flugblatt „Die Hirten sind zu Wölfen geworden", um 1520

M2

Text unterhalb des Holzschnittes:

Die Hirten sind zu Wölfen geworden.
…
Ihre Herde, die sie weiden sollten,
läuft zerstreut auf breiter Heide,
Verführt, erwürgt durch falsche Lehre.
Das bekümmert mir mein Herz sehr.
So sehe ich den großen Schaden,
womit die Christenheit ist beladen,
durch Bischof, Papst und Kardinal.
…
Darum predige, lehre und schreibe ich,
sollte es auch mein Leben kosten.

Vereinfacht und gekürzt vom Verf.

M 3

Der gute Hirte (Bibel, Johannes 10,11-13)

In einem Gleichnis der Bibel bezeichnet sich Jesus als „guten Hirten":

Ich bin der gute Hirt. Der gute Hirt gibt sein Leben hin für die Schafe. Der bezahlte Knecht aber, der nicht Hirt ist und dem die Schafe nicht gehören, lässt die Schafe im Stich und flieht, wenn er den Wolf kommen sieht, und der Wolf reißt sie und jagt sie auseinander. Er flieht, weil er nur ein bezahlter Knecht ist und ihm an den Schafen nichts liegt.

Zit. nach www.die-bibel.de/bibeln/online-bibeln/einheitsuebersetzung/bibeltext/-bibel/text/lesen/stelle/53/100001/109999/ (Stand: 14. 8. 2018).

M 4

„Der gute Hirte", Ausschnitt aus einem Mosaik in einer Grabstätte in Ravenna, 5. Jh. n. Chr.

Gruppenarbeit: Untersucht und deutet das Flugblatt M1, indem ihr den Arbeitsschritten auf S. 123 folgt. Die Materialien sowie die folgenden Arbeitsaufträge geben euch dazu jeweils Hilfestellungen.

1 Beschreibt das Flugblatt so genau wie möglich.
2 Erklärt, in welcher Beziehung Text (M2) und Bild stehen.
Tipp: Überlegt, wer von den Personen aus dem Bild die Worte sprechen könnte.
3 Interpretiert das Flugblatt mithilfe von M3 und M4.
Tipp: Wenn ihr Hilfe benötigt, lest nach auf S. 119 (Z. 18–23) und S. 121 (Z. 8–15).
4 Formuliert nun eure Interpretation schriftlich aus. Haltet dabei die Reihenfolge der Arbeitsschritte (siehe S. 123) ein.

L Was verrät uns das „Lever" Ludwigs XIV.?

Am Hof Ludwigs XIV. gab es viele Zeremonien, also regelmäßig wiederkehrende, feierliche Handlungen. Die bekannteste fand am Morgen statt: Das Lever (sprich: Levee), also der tägliche Ablauf des Aufstehens des Königs.

- ***Finde heraus, wie sie ablief, und plant eine kurze Filmsequenz darüber.***

M 1

Erinnerungen des Herzogs von Saint-Simon an die Herrschaft Ludwigs XIV. (1750):

Der König ist gehalten, eine ganze Aristokratie zu beschäftigen, daher muss er sich fortwährend zeigen und seine Person zur Schau tragen ...

Morgens weckt den König der erste Kammerdiener. Ein anderer Diener trägt ein frisches Hemd herbei. Dann treten der Reihe nach fünf verschiedene Gruppen von Menschen in das Schlafzimmer.

Zuerst kommt die „vertrauliche Gruppe": Das sind seine Kinder, der erste Arzt und der erste Chirurg. Es folgt die „große Gruppe": Zu ihr gehören der Meister der Garderobe, Friseure, Schneider, verschiedene Diener und die Kammerdamen der Königin. Man gießt dem König aus einer vergoldeten Schale Franzbranntwein[1] über die Hände. Dann bekreuzigt sich der König und betet. Anschließend erhebt er sich aus dem Bett und zieht die Pantoffeln an. Der Großkämmerer[2] reicht ihm den Schlafrock.

In diesem Augenblick wird die dritte Gruppe hereingelassen: verschiedene Diener, weitere Ärzte und Chirurgen und die königlichen Nachttopfträger. Der Kammer-Edelmann nennt dem König die Namen der vor der Tür wartenden Edelleute. Diese treten als vierte Gruppe ein: Es sind dies die Mantel- und Büchsenträger[3], Kaplan[4] und Hofprediger, Hauptmann und Major der Leibgarde, der Oberjägermeister, ...Gesandte und Minister. Der König wäscht sich jetzt die Hände und zieht sich aus. Zwei Pagen ziehen ihm die Pantoffeln aus. Das Hemd wird beim rechten Ärmel vom Großmeister der Garderobe, beim linken Ärmel vom ersten Diener der Garderobe entfernt. Ein anderer Diener trägt ein frisches Hemd herbei.

In dem feierlichen Augenblick, wenn der König ein frisches Hemd anzieht, dem Gipfelpunkt der Handlung, wird die fünfte Gruppe eingelassen, die einen großen Teil der übrigen Hofgesellschaft umfasst. Diener bringen dem König jetzt die Kleider. Schließlich überreicht ihm der Garderobenmeister Hut, Stock und Handschuhe ...

Zit. nach Theodor Steudel, Der Fürstenstaat, Wiesbaden (Vieweg und Teubner) 1933.

[1] *alkoholhaltiges Öl zur Reinigung der Hände*
[2] *Verantwortlicher für die königlichen Gemächer*
[3] *Gewehr*
[4] *katholischer Geistlicher*

1 **Gruppenarbeit:** Erschließt die Quelle M1und gebt stichpunktartig die Reihenfolge der Handlungen wieder. Plant dann eine kurze Filmsequenz über diese Zeremonie. Nutzt die folgenden Anregungen, ihr könnt eigene Ideen hinzufügen. Vergesst nicht einen griffigen Titel für den Film festzulegen. Lest auch auf den Seiten 142–147 nach.
Wo könnt ihr die Handlung drehen?
Wer ist anwesend?
Wie viele Schauspieler braucht ihr?
Welche äußerlichen Merkmale sollen diese haben (z. B. Größe)?
Welche Gegenstände spielen eine wichtige Rolle?
Welche Requisiten (Kleidungsstücke, Perücken, Einrichtungsgegenstände etc.) werden dazu benötigt?
Wie lässt sich der Ablauf (Beginn, Höhepunkt, Ende) filmisch umsetzen? Braucht ihr einen Sprecher, der die Handlung kommentiert? Was soll gesprochen werden?
Wie lässt sich die Bedeutung der Handlung umsetzen (entsprechende Haltung der Darstellung, passende Musik aus dieser Zeit, Beleuchtung)?

2 Vergleicht eure Ergebnisse und diskutiert diese.
Tipp: Wenn genügend Zeit ist, könnt ihr den Film in der Folgestunde mit Tabletts oder Handys drehen.

Lösungshilfen zu den Seiten „Kompetenzen prüfen“

Kapitel 1: König und Reich: Herrschaft im Mittelalter (S. 30/31)

1
- *Aussage:* Die königliche Herrschaft spielte im Mittelalter und in der Antike eine zentrale Rolle.
- *Begründungen:*
  - Augustus und die römischen Kaiser, die auf ihn folgten, regierten ein großes Reich. Auf ihn konzentrierte sich die Macht. Die Herrscherdarstellungen zeigen seine Macht symbolisch (Lorbeerkranz, Verweis auf göttliche Abstammung, herrschaftliche Gestik).
  - Karl der Große begründete ein großes Reich und unterwarf andere Stämme, z. B. den Stamm der Sachsen.
  - Otto der Große übte seine Herrschaft über das große Ostfränkische Reich aus. Durch das Lehnswesen band er die Adligen im Reich an sich. Ihre Treue und Unterstützung sicherte ihm seine Macht. Er stützte sich bei der Verwaltung seines Reichs auf gut ausgebildete Geistliche. Sie konnten u. a. Urkunden verfassen, Befehle geben und überwachen. Seine Macht baute er durch erfolgreiche Kriegsführung aus (955 Sieg über die Ungarn in der Schlacht auf dem Lechfeld) und Befestigung von Grenzmarken durch Markgrafen. Herrscherdarstellungen zeigen seine Macht (Siegeldarstellung mit Reichsapfel und Zepter, Reiterdarstellung). Die königliche Macht war durch die Vorstellung des Gottesgnadentums gerechtfertigt.
- *Aussage:* Die zentrale Rolle der königlichen Herrschaft in der Antike und im Mittelalter war eingeschränkt.
- *Begründungen:*
  - Im Römischen Reich bestand lange die Republik. Die republikanischen Einrichtungen blieben auch in der Kaiserzeit erhalten, aber sie verloren an Einfluss.
  - Im Mittelalter war der König immer auf die Treue der Fürsten angewiesen.
  - Der Investiturstreit zeigt die große Macht, die der Papst neben dem Kaiser hatte.

2 Kreuzworträtsel:

1. Canossa	6. Königswahl
2. Adel	7. König
3. Investitur	8. Verwaltung
4. Vasall	9. Kurfürsten
5. Lehnsherr	10. Imperator

3 Zusicherungen: Gegenseitige Zusicherung von Treue; der Lehnsherr gibt Schutz, der Lehnsmann gibt Rat und Hilfe.

4 Die Buchmalerei zeigt die Handlungen, die auch bei der Wahl Ottos eine Rolle spielten:
- Der Bischof salbt den König.
- Adlige und geistliche Würdenträger spenden Beifall und stimmen der Wahl des Königs zu.

5 In M3 werden Papst und Kaiser als gleichgeordnet dargestellt. Keiner hat einen höheren Rang als der andere. Der Papst hält den Bischofsstab. Seine Aufgabe besteht darin, für den Erhalt von Glauben und Religion zu sorgen. Der Kaiser hält das Schwert. Seine (weltliche) Aufgabe besteht darin, für den Schutz des Reichs und der Menschen zu sorgen.

6 M2 auf S. 12 zeigt, wie der Papst und Karl der Große von Petrus ihre Aufgaben zugeteilt bekommen: Karl der Große erhält die Lanze, die für die Verteidigung des Reichs steht. Papst Leo nimmt eine Art Stola (Schal) entgegen, die für seine geistlichen Aufgaben steht. Im Vergleich zu M2 auf S. 30 lässt sich erkennen, dass die übergeordnete Rolle einer grundsätzlichen geistlichen Macht nicht mehr vorhanden ist. Die weltlichen und geistlichen Aufgaben sind nach dem Investiturstreit deutlicher getrennt.

7 Die Münze zeigt einen Herrscher ganz so, wie er in der Antike dargestellt wurde: Er trägt einen Lorbeerkranz und wird im Profil dargestellt. Die von einer Spange gehaltene Toga ist nach dem Vorbild der Antike gestaltet. Die Inschrift nimmt ebenfalls Anleihen bei den Münzen aus der Zeit des Augustus, indem Friedrich II. als Caesar Augustus Imperator bezeichnet wird.

8 **a)** Die Bedeutung des Lehnswesens liegt in der zentralen Ausrichtung aller Inhaber von Herrschaft (Adel, Geistliche) auf den obersten Lehnsherrn und König (Z. 2 f.). Seit dem 12. Jahrhundert sind Lehnsverhältnisse schriftlich dokumentiert (Z. 10–12) und damit stellen sie die Grundlage für die Politik bis ins Spätmittelalter hinein dar (Z. 14–16).

b) Die Regeln innerhalb des Lehnswesens sorgten für Ordnung und Kontrolle. Eine zentrale Macht wie der König konnte so dafür sorgen, dass alle Entscheidungen von ihm zu treffen und zu kontrollieren waren. Aber er war auch auf die Fürsten als Lehnsmänner angewiesen, denn sie mussten Rat und Hilfe leisten. Das bedeutete, dass sie im Kriegsfall Waffenhilfe für den König leisten sollten. Deswegen konnten sie in ihrer Funktion als Beratende auch die Zustimmung zur Kriegführung verweigern. Da die Fürsten als Lehnsmänner des Königs gleichzeitig Lehnsherrn der ihnen untergeordneten weniger mächtigen Adligen waren, gaben sie die Lehen weiter und der König verlor allmählich die Kontrolle über seine Lehen. Das bedeutete einen Machtverlust für ihn, da die Untervasallen keinen unmittelbaren Treueid leisteten.

Kapitel 2: Leben und Kultur im Mittelalter (S. 60/61)

1 **a)** Gemeinsamkeiten zwischen einer mittelalterlichen und einer modernen Stadt: Zentrum von Handel und Handwerk, Rathäuser, Kirchen, Aufteilung in Stadtviertel
Unterschiede: Fehlen einer Stadtmauer heute, Fehlen von Museen in einer mittelalterlichen Stadt, Fehlen von U- und S-Bahnen im Mittelalter, Fehlen von Hochhäusern im Mittelalter
b) Gemeinsamkeiten zwischen einem mittelalterlichen und einem modernen Kloster: Klosterkirche im Zentrum, Wirtschafts- und Verwaltungsgebäude, Zentren für die Andacht katholischer und orthodoxer Christen
Unterschiede: geringere Zahl der Mönche in einem heutigen Kloster und überhaupt geringere Zahl von Klöstern heute, Fehlen einer ausschließlichen Selbstversorgung und Unabhängigkeit von der Außenwelt heute, Fehlen von medizinischen Einrichtungen heute (in der Regel)

2 A) Bürger, das sind Handwerker, Händler, Fernhandelskaufleute B) Stände, das sind Klerus, Adel sowie Bürger und Bauern C) Ghetto, D) Zünfte, das sind Zusammenschlüsse von Handwerkern, die dasselbe Handwerk ausüben: Bäcker, Tischler etc. E) Kulturelle Blütezeit während der Herrschaft der Staufer, 12. Jahrhundert, F) Klöster; der Spruch soll von Benedikt von Nursia stammen. G) Grundherr, er verlangte im Unterschied zum Lehnsherrn keinen Kriegsdienst von seinen Abhängigen H) Stadtrecht, es regelte beispielsweise, dass abhängige Bauern, die in die Stadt abgewandert sind, ihre Freiheit erlangten, wenn sie länger als ein Jahr in der Stadt lebten.

3 **a)** „Ein Waisenkind wird als Ordensmann berühmt" oder „Das Kloster als Lebens- und Aufstiegschance" oder „Ein kleiner Junge wird Mönch und später als Dichter bekannt".
b) Versorgung eines sonst unversorgten Kindes bzw. Heranwachsenden, Ergänzung der Schar der Mönche, die notwendig war, um ein Kloster zu bewirtschaften
c) Bildungseinrichtungen wie eine Klosterschule, in der die Mönche schreiben und lesen lernten, außerdem Wissen über Pflanzen und Heilkunde vermittelt.

4 Aufgaben der Bauern: Abgaben und Dienste. Letztere bestehen in Mähen (Bauer im Vordergrund mit Sense), Tierpflege wie das Scheren von Schafen (Bauer in der Mitte), Holzhacken (Bauer rechts oben), Umgraben von Feldern und Beeten (Bauer links vorne), Pflügen (Hintergrund links) und Einbringen der Ernte (Bauer ganz rechts). Bei letzterem könnte es sich auch um Abgaben handeln (Äpfel oder Trauben).

5 **a)** Tätigkeiten: Mauern, d. h. Errichten des Kirchenbaus; Steinbearbeitung, d. h. Herstellen von Säulen und Bögen, Hilfsdienste leisteten die Ziegelträger und Mörtelrührer.
b) Steinbauten: Zu sehen sind im Vordergrund vor allem Kirchen, erkennbar am Giebelkreuz. Im Hintergrund: Schlösser, eventuell: Rathaus.
c) Baustil: Gotik (Spitzbogen)

6 **a)** *Aufgaben und Pflichten:* Bauern bearbeiten Hof und Grund des Grundherrn, wozu sie die Grundabhängigkeit verpflichtet (Frondienste), müssen außerdem Abgaben leisten. Handwerker sind lediglich an die Zunftordnung gebunden, erhalten Lohn, sind aber sonst frei; sie können sich als Bürger auch im Stadtrat politisch einbringen.
b) *Gesellschaftlicher Aufstieg:* Die Freiheit und die handwerklichen Fähigkeiten boten den Handwerkern bessere Voraussetzungen für einen gesellschaftlichen Aufstieg, z. B. durch Reichtum. Sie erkämpften sich die politische Teilnahme an Entscheidungen. Eine Voraussetzung, die für Bauern nicht bestand.

7 *Vorteile:* Stadträte trafen Entscheidungen, kein Grundherr machte Vorgaben. Die Konkurrenz unter den Handwerkern förderte handwerkliche Fertigkeiten und Ideenreichtum. Märkte boten die Möglichkeit für die Bauern des Umlandes, ihre Produkte zu verkaufen. Handelsverbindungen über weite Strecken sorgten auch für einen Austausch von Wissen und beförderten so den Fortschritt; Bauern, die nach einem Jahr frei wurden, konnten sich so aus der Abhängigkeit von einem Grundherrn befreien. Spitäler sorgten für Kranke und alte Menschen.

Nachteile: Mauern riegelten die Stadt ab; das Stadtrecht begünstigte die Bürger und nicht die nichtbürgerlichen Gruppen; die Zunftvorschriften schränkten teilweise den Spielraum für Neuerungen ein. Die jüdische Bevölkerung wurde in ihrer Entwicklung und Entfaltung nicht nur eingeschränkt, sondern auch ausgenutzt oder verfolgt.

Kapitel 3: Neue räumliche und geistige Horizonte (S. 90/91)

1 *Vorteile für die Europäer:* Neue Nutzpflanzen gelangen nach Europa. Vor allem der Anbau von Kartoffeln und Mais verringerte den Hunger in Europa und förderte die Leistungsfähigkeit der arbeitenden Menschen. Die Europäer exportieren ihre Pflanzen und Tiere zum Aufbau eigener Produktionsstätten nach Amerika.
Nachteile für die Europäer: keine
Vorteile für die einheimische Bevölkerung: keine
Nachteile für die einheimische Bevölkerung: Eroberung durch Fremde, Zerstörung der Städte und der Religion.
Folgen für die Weltwirtschaft: enorme Ausweitung des Handels mit Austausch von wichtigen Gütern wie Südfrüchten, Gewürzen, Kaffee und Tee zwischen Asien, Afrika, Amerika und Europa

2 Nr. 1 richtig
Nr. 2 Die Osmanen eroberten 1453 Konstantinopel.
Nr. 3 Die Neuzeit beginnt um 1500 ...
Nr. 4 richtig
Nr. 5 richtig
Nr. 6 Nikolaus Kopernikus fand heraus, dass die Sonne im Zentrum unseres Planetensystem steht und sich die Erde um die Sonne dreht.
Nr. 7 richtig
Nr. 8 Kolumbus entdeckte den „neuen" Kontinent Amerika (allerdings waren die Wikinger bereits früher in Nordamerika gelandet).

3 *Kunst:* realistischere Bilder durch das Erzeugen von „Raumtiefe", so als wäre man selbst im Raum, Personen wirken sehr „lebendig", Hintergrund: keine christlichen Motive oder Ornamente, Menschen mit individuellen Gesichtszügen
Weltbild: In der Astronomie setzt sich die Auffassung durch, dass sich die Erde um die Sonne dreht. Die geografischen Kenntnisse der Europäer werden durch die Entdeckungsfahrten der Portugiesen rund um Afrika bis nach Indien und der Spanier nach Amerika enorm erweitert.
Menschenbild: Im Mittelpunkt des humanistischen Denkens stand der gebildete Mensch. Der selbstbewusste Bürger sollte sein Leben nicht nach dem Jenseits ausrichten, sondern bereits im Diesseits glücklich sein.
Wirtschaft und Handel: Entstehung weltweiter Handelsbeziehungen zwischen Europa, Afrika, Asien und Amerika. Austausch von Pflanzen und Tieren über die gesamte damals bekannte Welt.
Wissenschaften: Wiederentdeckung der Kenntnisse der Antike in der Renaissance, neue Entdeckungen in allen Naturwissenschaften durch genaue Beobachtungen und Forschung. Der Buchdruck erlaubt den massenhaften Druck von Büchern, Broschüren und Flugblättern.

4 Das Gemälde ist 1500 in Italien entstanden, der Maler heißt Jacopo de Barbari. Es zeigt den Mathematiker Luca Pacioli und einen seiner Schüler oder seinen Geldgeber; letzter trägt eine teure Kleidung, stammt vermutlich aus dem Adel. Paciolis Kutte und die Kordel zeigen, dass er ein Mönch ist. Er ist umgeben von Dingen, die er für seine wissenschaftlichen Forschungen benötigt (neues Weltbild). Die beiden Personen tragen individuelle Gesichtszüge (neues Menschenbild). Auf der Schiefertafel ist mit Kreide eine geometrische Figur gezeichnet. Ein Buch des griechischen Mathematikers Euklid (lebte im 3. Jh. v. Chr.) liegt aufgeschlagen auf dem Tisch. Ganz vorne steht ein Kompass, daneben liegt ein Zirkel. Mit der linken Hand zeigt der Mathematiker auf eine nicht erkennbare Abbildung im Buch. Auf dem Tisch und an der Wand befinden sich geometrische Körper. Der Raum vermittelt dem Betrachter die Botschaft, dass hier wissenschaftlich geforscht wird, basierend auf antiken Werken, die so wiederbelebt werden.

5 **a)** und **b)**
In Spanien wird die Leistung von Kolumbus gefeiert. Die Entdeckung machte Spanien durch die wertvollen Importe (Silber, Gold, Zucker usw.) zunächst sehr reich. Von Spanien ging die Christianisierung des Kontinents aus, was als großer Fortschritt aus christlich-spanischer Sicht gesehen wird. Spanisch wird in großen Teilen Mittel- und Südamerikas gesprochen.
Teile der indianischen Bevölkerung Lateinamerikas benutzen wieder selbstbewusst ihre eigenen Sprachen, pflegen ihre traditionelle Kultur und betrachten die Kolonisierung als Beginn andauernder

Benachteiligung und Ausgrenzung. Mit der Eroberung, Unterdrückung und dem massenhaften Tod sei das Grundlage ihrer Lebensweise und Kultur zerstört worden.

Kapitel 4: Wirtschaft und Handel gestern und heute (S. 112/113)

1 Mögliche Antworten sind Beispiele aus der Unterhaltungselektronik (Spiele, Computer), Kommunikationstechnik (Handy) oder Lebensmittel (z. B. Obst, Angebot Jahreszeiten unabhängig).

2 Vortrag: individuelle Lösung
Hilfestellung: Zu sehen ist der Hafen einer Stadt in der Frühen Neuzeit. Hinter der mächtigen Stadtmauer und ihren Türmen sind Kirchen und große Steinbauten erkennbar. Das Stadttor ist geöffnet. An den Kaimauern liegen zwei größere Schiffe, darunter eine Kogge. Arbeiter sind mit dem Transport von Waren aller Art mit Fuhrwerken oder als Träger beschäftigt. Ein großer Kran kann schwere Lasten aus den Schiffen heben.

3 Von Europa nach China: Gemüsesorten, Arzneimittel, Sitzmöbel Stuhl

4 Von China nach Europa: Kompass, Steuerruder (Seefahrt), Brustgeschirr für Pferde, Schubkarre (Landwirtschaft), Druckverfahren, Papier (Medien), Schleusentore (Transport), Gusseisen (Handwerk), Schwarzpulver/Schießpulver (Militär)

5 Der bedeutendste Handelsaustausch findet heute zwischen China und den USA sowie zwischen China und Europa statt. Andere asiatische Länder, vor allem Indien, Südkorea und Japan, sind ebenfalls große Exporteure. Es fällt auf, dass der afrikanische und südamerikanische Kontinent vom Umfang des Handels wenig in das globale Netz eingebunden sind.
Erste Globalisierung: Vorrangig Handel zwischen Europa, Afrika und Amerika

6 individuelle Lösung
Tipp: Was spricht für die Namensnennung? Die Fugger haben aus einem kleinen Unternehmen ein großes Handelsimperium geschaffen, waren als Geldgeber sehr einflussreich und angesehen, außerdem engagierten sie sich sozial (Fuggerei).
Dagegen: Sie haben insbesondere die Monopolstellung im Bergbaubereich ausgenutzt, um reich zu werden. Die Fugger gaben den beauftragten Handwerkern nur geringen Lohn und verkauften die Produkte mit hohem Gewinn.

Kapitel 5: Das konfessionelle Zeitalter (S. 136/137)

1 individuelle Lösung

2 **a)** Durch die massenhafte Verbreitung von Flugschriften und anderen Print-Medien kamen auch viele Fälschungen in Umlauf.
b) Überprüfung der Webseitenanbieter:
- Gibt es ein Impressum und lässt es sich öffnen?
- Sind Autoren bekannt?
- Sind Sprache und Rechtschreibung korrekt?
- Wird die Herkunft des Wissens benannt?/Gibt es Fußnoten, die auf die Quellen als Basis für die Informationen verweisen?
- Inhalte können verglichen/überprüft werden mit Angaben u. a. in Schulbüchern, Lexika und Fachliteratur

3 Vergleich Westfälischer Frieden mit Grundgesetz Artikel 4
Westfälischer Frieden:
- Anerkennung der Protestanten
- Bevölkerung muss nicht mehr den Glauben ihres Landesherrn annehmen oder auswandern bzw. die Fürsten schreiben ihren Untertanen nicht mehr die Religion vor

Grundgesetz:
- allgemeine Religionsfreiheit
- Staat garantiert die Religionsfreiheit

4
- einerseits Ablassbriefe als Weg zur Sündenvergebung ohne aber tatsächliche Reue bzw. Verhaltensänderung für die Zukunft
- andererseits Luther/Bibel: Sünden müssen wahrhaft bereut und Buße getan werden; zur wahrhaften Reue gehört auch der Wille, die Sünden in Zukunft nicht zu wiederholen

5
- Verfasser der sogenannten „12 Artikel" (Brief mit Forderungen an die Grundherren) in der Hand haltend
- rechts: protestantischer Prediger mit der Bibel
- links die beiden bewaffneten Personen im Hintergrund: Bauern

Sprechblasentexte: individuelle Lösungen

6 Auf dem Flugblatt wird eine Teufelsfigur dargestellt, die auf einem Ablassbrief mit vielen Siegeln sitzt. Ein Fuß hat die Form einer Vogelkralle, der andere Fuß steckt in einem goldenen Gefäß, das wohl Weihwasser enthält. In der Rechten hält das Teufelswesen eine Schatulle, sicherlich mit Geld, das aus dem Ablasshandel stammt. Das Maul des affenartigen Gesichts ist weit aufgerissen. Im Innern sieht man Mönche und Nonnen an einer festlichen Tafel sitzen. Von links fliegen auf seltsamen

Fabelwesen der Papst (erkennbar an der Tiara, Kopfbedeckung des Papstes, dem Petrusschlüssel und einem Ablassbrief) und ein weiterer Kirchendiener herbei. Auf dem Haupt des Monsters brutzelt ein Höllenfeuer, das von einem kleinen Teufel bewacht wird. Weitere Unwesen treiben ihr Spiel auf einem baumartigen Gewächs, das aus dem Nacken der großen Teufelsfigur ragt. Auch aus diesem Feuer holen sich kleine Kirchenleute ihre Mahlzeit.

Das Flugblatt erschien fast zwanzig Jahre nach Luthers Thesenanschlag 1517 und fast 20 Jahre vor dem Augsburger Religionsfrieden. Die Auseinandersetzung zwischen Protestanten und Katholiken war also in vollem Gange.

Das Flugblatt muss aufgrund der offensichtlichen Bösartigkeit der Teufelsfigur widerlich und abstoßend auf die Zeitgenossen gewirkt haben.

Auf mich wirkt es … individuelle Lösung

Der Künstler war ein Kritiker der katholischen Kirche und sehr wahrscheinlich ein Anhänger Luthers (protestantische Perspektive): Der Bevölkerung sollte durch diese drastische Darstellung deutlich gemacht werden, dass die katholische Kirche mit dem Ablasshandel teuflische Absichten verfolgte. Der Künstler wollte mit seinem Flugblatt die katholische Kirche und das Papsttum bekämpfen.

7 A Angst vor dem Fegefeuer – Kirche als Mittler – Verkauf von Ablassbriefen

B Berufung auf die Bibel und auf Luthers Schrift „Von der Freiheit eines Christenmenschen"

C z. B. Schweden, Dänemark oder Frankreich, die nicht nur aus religiösen Gründen in den Dreißigjährigen Krieg eingreifen; Frankreich, obgleich katholisch, tritt auf Seiten der Protestanten in den Krieg ein

8 **a)** Medienrevolution: massenhafte Verbreitung von Flugblättern; vor allem von protestantischer Seite genützt

b) Veränderungen in der Gesellschaft: z. B. mehr Lesekundige, Information; Teilhabe; Erweiterung des Kommunikationsraumes, Möglichkeit, Kritik zu üben.

Kapitel 6: Absolutismus und Barock (S. 160/161)

1 Neu am absolutistischen Staat: Konzentration der Regierungsgewalt beim König, Ausschaltung des Adels, Repräsentation der Macht durch Schlossbau, keine Söldner mehr, sondern stehendes Heer, jederzeit abrufbereit, umfangreicher Beamtenapparat (Verwaltung), Erhebung von höheren Steuern, Lenkung der Wirtschaft: Merkantilismus (Ausfuhr von Rohstoffen und Einfuhr von Fertigprodukten mit hohen Steuern belegt; Produktion in Manufakturen besonders gefördert).

Auswirkungen bis heute: ja, besonders wichtig > Steuern, stehendes Heer, Verwaltung

2

J	K	M	U	F	L	R	P	Z	B	R	X	L	Z	H
J	I	H	O	F	O	E	Q	Ö	H	S	R	K	B	K
G	H	T	G	W	T	W	G	L	R	U	W	S	S	Q
U	S	A	O	E	M	O	E	L	L	M	U	Z	O	A
V	L	B	V	I	J	P	B	E	N	S	C	E	N	O
E	F	S	W	N	H	F	D	F	Y	I	B	L	N	Q
R	C	O	Z	O	T	O	P	R	O	L	W	X	E	R
S	W	L	Y	M	M	E	J	E	X	I	X	N	N	X
A	O	U	F	E	V	C	Y	U	I	T	T	E	K	I
I	M	T	R	G	H	N	T	E	Y	N	T	O	Ö	U
L	B	I	D	E	O	A	K	T	I	A	V	Y	N	E
L	W	S	H	H	P	L	Q	S	N	K	B	A	I	D
E	A	M	I	L	W	A	H	O	D	R	K	R	G	M
S	R	U	A	W	O	B	C	J	V	E	S	K	J	N
G	L	S	W	F	Y	Q	O	R	D	M	N	U	D	W

b) *Absolutismus:* Überbegriff für die Zeit des 17. und 18. Jahrhunderts und Herrschaftsform;
Balance of power: beendet Hegemoniestreben Ludwigs XIV. nach Spanischem Erbfolgekrieg;
Hegemonie (Streben nach Vorherrschaft): typisch für Außenpolitik Ludwigs XIV.;
Hof: bei Ludwig XIV. in Versailles, höfisches Leben durch Zeremonien geprägt, die die Bedeutung des Königs hervorhoben;
Merkantilismus: Wirtschaftsform, Lenkung der Wirtschaft im Absolutismus;
Sonnenkönig: Bezeichnung für Ludwig XIV.;
Steuer: dritter Stand als Träger der Steuern, wichtig wegen hoher Ausgaben des absolutistischen Staates;
Versailles: Regierungssitz Ludwigs XIV. Machtdemonstration;
Zölle: Lenkung des Handels im Merkantilismus

3 **a)** Max Emanuel mit Perücke in Ritterrüstung und blauer Schärpe/Schleife, Blick zum Betrachter, vor einem Vorhang, deutet auf eine Krone, im Hintergrund eine Stadt, rechts ein Jagdhund

b) Unterschiede in der Kleidung: Darstellung Max Emanuels als Feldherr, Ludwigs als König, Gemeinsamkeit in der Haltung, z. B. dem erhobenen Arm, der Fußstellung, und dem Blick auf den Zuschauer herab: stolze Herrscherpose, Gemeinsamkeit: Vorhang im Hintergrund, Unterschied: Hund als Zeichen für Max Emanuels Jagdleidenschaft

c) Vorbildfunktion Ludwigs XIV., Bekanntheit seines Gemäldes in ganz Europa, bei Max Emanuel speziell durch seine längere Anwesenheit in Versailles zur Zeit des Spanischen Erbfolgekrieges

4 kurzfristige Erfolge bei staatlich unterstützten Handwerks- und Manufakturbetrieben; langfristig nicht erfolgreich, da sich die Wirtschaft der einzelnen Staaten gegenseitig blockieren würde

5 Ziele: Streben nach Ausweitung des eigenen Staatsgebiets nach Osten und Sicherung der Hegemonie in Europa; viele Gebiete nur kurzfristig im französischen Besitz, langfristig Gebiete um Lille, um Verdun, Elsass und Burgund erworben, Folgen für die französische Gesellschaft: ständiger Einsatz des stehenden Heeres führt zu hoher Steuerbelastung und trägt zur Verarmung breiter Bevölkerungskreise bei; für Europa Verwicklung in Kriege, hohe Verluste auch in der Bevölkerung, Zerstörung von Landstrichen wie der Pfalz

Kapitel 7: Bauwerke als Ausdruck politischen Denkens (S. 176/177)

1 **a)** a > bezieht sich auf die Pfalzkapelle in Aachen, b > auf die Würzburger Residenz und c > auf die Akropolis. Die Zuordnung kann aus den Epochenbegriffen Mittelalter, Barock und Antike abgeleitet werden.
b) Akropolis: Gruppe von Gebäuden mit religiöser und politischer Bedeutung, die harmonisch in die Natur eingefügt sind; Zeugnis des Selbstbewusstseins der Athener nach dem Sieg über die Perser
Pfalzkapelle Aachen: Beispiel für künstlerische und technische Leistungen der Menschen des Mittelalters und deren Orientierung an antiken Vorbildern bei gleichzeitiger Erneuerung durch die christlich-religiösen Elemente
Residenz Würzburg: Zusammenspiel von Architektur, Malerei und Plastik als Rahmen für höfisches Leben in der Zeit des Barock, zugleich Dokumentation von Macht

2 M2: Barocke Anlage, symmetrisch und von geometrischen Formvorgaben dominiert: Erkennbar ist der Wunsch nach Gestaltung und Kontrolle des höfischen Raumes durch einen monarchischen Herrscher, den Erbauer der Schlossanlage. Max Emanuel war Kurfürst in der Zeit des Absolutismus, er richtete sich nach dem Vorbild des französischen Königs.
M3: Gebäudeansammlung mit einem Triumphbogen für einen Kaiser, einer Tempelanlage und mit Ruinen des Senatsgebäudes: Erkennbar ist das Zusammenspiel von Herrscherverehrung (Triumphbogen), religiöser Bindung (Tempel) und Hinweisen auf die Mitbestimmung einer gesellschaftlichen Gruppe, die das Römische Reich auch in der Kaiserzeit prägte. Im Römischen Reich, das zunächst als Republik verwaltet wurde, entstanden Gebäude, die demokratische Mitbestimmung, den Bezug zu den Göttern und später die Verehrung für die Kaiser symbolisierten.
M4: Große Domanlage mit mehreren Türmen und Kuppeln; romanischer Baustil erkennbar an den Rundbogenfenstern; Zeugnis für die Bedeutung der christlichen Religion im Mittelalter

3 Antike: Tempel; Mittelalter: Pfalzkapelle, Burg, Pfalz, Dom; Barock und Absolutismus: Schloss, Residenz

4 Die Sätze können folgendermaßen ausformuliert werden:
Die Akropolis wirkt erhaben, denn auf einem Burgberg gruppieren sich um eine eindrucksvolle Tempelanlage mehrere kleinere Tempel und andere Gebäude.
Die Kaiserpfalz in Aachen verkörpert die Macht des Kaisers, dies wird durch den Thronsaal deutlich; sie stellt die Rechtfertigung seiner Herrschaft durch göttliche Weisung in den Vordergrund.
Die Residenz in Würzburg zeigt durch die Pracht der Ausstattung sowie die Größe und Symmetrie der Anlage, dass die Macht und Bedeutung des Fürstbischofs hervorgehoben werden sollten.
Der Bundestag im Reichstagsgebäude will Offenheit und Zugänglichkeit demonstrieren, denn die Glaskuppel lässt Licht in den Plenarsaal. Wenn Besucher auf dem Dach des Reichstages stehen und die Glaskuppel emporgehen, können sie in den Plenarsaal sehen. Die Realität der Sitzungen wird augenscheinlich.

Übersicht über die Fachmethoden aus Band 6 und 7

Die Seitenzahlen in dieser Übersicht verweisen auf den vorliegenden Band. Im zweiten Teil sind die Methoden-Arbeitsschritte, die in Band 6 eingeführt wurden, abgedruckt.

Texte, Bilder, Karten, Kunstwerke untersuchen

Informationen auswerten und darstellen

Methoden aus Band 6

• Einem Darstellungstext Informationen entnehmen

Sich einen Überblick verschaffen

1. Lies den Text genau und markiere auf einer Fotokopie schwierige Wörter, wichtige Begriffe und Informationen.
2. Welche Informationen vermitteln die Überschriften?

Stichpunkte notieren

3. Schreibe die markierten wichtigen Begriffe und Informationen auf ein Blockblatt heraus.
4. Finde Oberbegriffe: Was gehört zusammen?

Den Inhalt wiedergeben

5. Wichtige W-Fragen klären (wer, wann, wo, was, wie?).
6. Den Inhalt anhand der Unterstreichungen und der notierten Stichpunkte wiedergeben.
7. Welche Fragen bleiben offen? Wo bekomme ich mehr Informationen?

• Eine Geschichtskarte auswerten

Einer Karte Informationen entnehmen

1. Was bildet die Karte ab? Welche Gegend zeigt sie zu welcher Zeit?
2. Welcher Maßstab wurde verwendet?
3. Welche Symbole (z. B. Punkte, Linien, Pfeile, kursive Schrift, gekreuzte Hämmer) werden verwendet und was bedeuten sie?
4. Was bedeuten die Farben?

Die Kartenaussage zusammenfassen

5. Was sagt die Karte genau aus? Welche Informationen kannst du ihr entnehmen?

• Ein Bauwerk untersuchen

Das Bauwerk beschreiben

1. Wie sieht das Bauwerk aus? Welche Maße hat es? Aus welchem Material besteht es? Wie sieht es innen aus?
2. Aus welchen Teilen besteht die Anlage?

Informationen zur Errichtung sammeln

3. Wer war der Auftraggeber?
4. Wie wurde das Bauwerk vermutlich errichtet?

Die Bedeutung des Bauwerks erklären

5. Wozu diente das Bauwerk?
6. Wo befindet es sich?
7. Weshalb wurde das Bauwerk dort errichtet?

• Ein Kunstwerk entschlüsseln

Einzelne Elemente beschreiben

1. Welche Art von Kunstwerk liegt vor?
2. Was ist dargestellt (Personen, Gegenstände), welche Einzelheiten (Körperhaltung, Gesichtsausdruck etc.) lassen sich feststellen?
3. Was erscheint dir merkwürdig oder fremd?

Die Beschriftung auswerten und weitere Informationen hinzuziehen

4. Welche Hinweise gibt die Bildunterschrift?
5. Welche weiteren Informationen brauche ich?

Das Kunstwerk deuten

6. Um wen handelt es sich bei den dargestellten Personen und Figuren?
7. Welche Gesamtaussage lässt sich formulieren?
8. Welche Fragen bleiben offen?

• Eine schriftliche Quelle untersuchen

Textquellen lesen

1. Lies den Text gründlich.

Quelle und ihren Autor zeitlich einordnen

2. Wer war der Autor der Quelle?
3. Wann und wo wurde die Quelle geschrieben (zeitlicher und örtlicher Abstand zum Ereignis)?
4. An wen richtet sich der Text?

Den Inhalt einer Quelle erfassen

5. Welche Begriffe muss ich noch klären?
6. Was berichtet die Quelle?

Die Absicht des Autors erkennen und den Text beurteilen

7. Wie zuverlässig erscheinen die Aussagen der Quelle? Berücksichtige daher auch die Informationen zum Autor und zur Entstehungszeit.

• Ein Schaubild auswerten

Einzelne Elemente des Schaubildes erfassen

1. Was ist das Thema des Schaubildes?
2. Lassen sich verschiedene Farben, Blöcke und Symbole erkennen? Wofür stehen diese?
3. Welche staatlichen Einrichtungen und Ämter werden genannt (Verfassungsschaubilder)?
4. Wer darf mitbestimmen, wer nicht?

Aufbau des Schaubildes untersuchen

5. Wie ist das Schaubild am besten zu lesen?

Das Schaubild lesen

6. Gib den Inhalt des Schaubildes in eigenen Worten (mündlich oder schriftlich) wieder.

• Herrscherbildnisse erschließen

Einzelne Elemente beschreiben

1. Welche Art von Kunstwerk liegt hier vor (z. B. Statue, Vase, Gemälde, Fotografie)?
2. Aus welchem Material ist es gemacht? Wie groß ist das Kunstwerk?
3. Wer ist dargestellt?
4. Welche Einzelheiten kannst du beschreiben (Körperhaltung, Gesichtsausdruck, Aussehen, Herrschaftszeichen)?
5. Was erscheint dir merkwürdig oder fremd?

Die Beschriftung auswerten und weitere Informationen heranziehen

6. Welche Hinweise gibt die Bildunterschrift?
7. Welche weiteren Informationen brauche ich? Wo kann ich die Informationen beschaffen?

Das Kunstwerk/Herrscherbildnis deuten

8. Welche Botschaft soll dem Betrachter des Kunstwerks vermittelt werden?
9. Welche Fragen bleiben offen?

Unterrichtsmethoden

1 Einen Kurzvortrag halten

- Vorbereitung: Sammle und ordne alle Informationen zu deinem Thema in einer Mindmap.
- Entwickle eine Ordnung für deinen Vortrag: Lege zu jedem Hauptpunkt eine Karteikarte mit den wichtigsten Informationen an und nummeriere die Karteikarten in einer sinnvollen Reihenfolge.
- Überlege dir einen interessanten Einstieg und Schluss für deinen Vortrag.
- Versuche, möglichst frei vorzutragen. Sprich laut, deutlich und nicht zu schnell.
- Schau dein Publikum an. So siehst du auch, wenn es Zwischenfragen gibt.
- Unterstütze deinen Vortrag durch Anschauungsmaterial (Bilder, Grafiken, Gegenstände).

2 Ein gutes Lernplakat gestalten

- Verwende für das Plakat mindestens die Größe DIN A2, besser DIN A1 (= 8 DIN-A4-Blätter).
- Beschränke dich auf die wesentlichen Informationen.
- Die Informationen auf dem Plakat müssen sachlich stimmen (z. B. richtige Jahreszahlen).
- Das Thema des Plakats muss deutlich zu lesen sein.
- Schreibe in Stichpunkten oder in kurzen Sätzen.
- Unterstreiche Schlüsselbegriffe oder rahme sie ein.
- Verwende für die Schrift einen schwarzen oder dunkelblauen Stift. Andere Farben eignen sich für Pfeile, Linien oder Hervorhebungen.
- Achte auf die Lesbarkeit der Schrift (Größe und Ordnung). Du kannst Hilfslinien mit Bleistift zeichnen und später wegradieren.
- Gliedere deine Informationen durch unterschiedliche Schriftgrößen. Verwende Ordnungszahlen, wenn du eine bestimmte Reihenfolge darstellen möchtest.

3 Ein Rollenspiel durchführen

- **Ausgangslage festhalten:** Fertigt eine Situationskarte und mehrere Rollenkarten an. *Situationskarte:* Kurze Beschreibung, welche Situation nachgespielt werden soll. Welche Probleme sind zu lösen? *Rollenkarte:* Je eine für die dargestellten Personen und für die Beobachter. Auf den Karten sind Tätigkeit, Eigenschaften, Verhalten und die Ziele der Personen notiert.
- **Rollen verteilen:** Vorgaben der Rollenkarten beachten, eigene Vorstellungen dürfen aber auch eingebracht werden.
- **Spiel vorbereiten:** Die Spielerinnen und Spieler heften sich ein Schild mit ihrer Rollenkennzeichnung an. Sie besprechen die Situation (Situationskarte) und die Rollen (Rollenkarten) untereinander.
- **Spiel durchführen:** Spielbeobachter machen sich während des Spiels Notizen zu den einzelnen Rollen.
- **Spiel auswerten:** Die Beobachter bewerten das Spiel und begründen ihre Meinung. Wurden die Rollen glaubhaft gespielt? Welche Argumente wurden genannt? Passten sie in die Situation und die Zeit? Was war gut, was könnte verbessert werden?

4 Ein Standbild entwickeln

In einem Standbild stellt ihr eine bestimmte Handlung oder eine Szene aus einem Bild oder Text nach. Dafür benötigt ihr:
einen oder mehrere Standbildbauer, einen oder mehrere Darsteller, Zuschauer.

- Der Standbildbauer formt durch Anweisungen und Vormachen das Standbild. Er/sie gibt dabei möglichst viele Einzelheiten vor, z. B. Körperhaltung, Gesichtsmimik, Gestik der Hände. Die Darsteller verhalten sich hierbei wie „lebendige Puppen" und folgen, ohne zu sprechen, den Anweisungen.
- Es ist auch möglich, dass jede Rolle doppelt besetzt wird: Ein Darsteller nimmt die Position einer bestimmten Person ein, der andere steht dahinter und sagt laut, was diese Person in dieser Situation vielleicht denkt.
- Die Zuschauer beurteilen im Anschluss das Standbild und können Veränderungen vorschlagen.
- Zum Abschluss berichten die Darsteller über ihre Wahrnehmung.

Tipp: Entwickelt mehrere Standbilder zu dem gleichen Thema, dann wird es noch interessanter, und ihr könnt im Anschluss die verschiedenen Blickwinkel miteinander vergleichen.

5 Informationen aus dem Internet bewerten

Das Internet bietet eine Fülle digitaler Quellen wie Bilder und Texte, aber auch Darstellungen, also Texte von Historikern, Rekonstruktionszeichnungen oder Geschichtskarten, an.

Recherche im Internet:

- Setze dich genau mit der Themenstellung auseinander und gib möglichst konkrete Begriffe in die Suchmaschine ein.
- Verschaffe dir einen ersten Überblick über die Treffer, indem du den Titel der Links und die Kurzbeschreibung liest. Nicht immer stehen die besten Suchergebnisse oben.

Bewertung von Internetseiten:

- Bewerte die Suchergebnisse nach der Herkunft der Links, lies gegebenenfalls im Impressum nach, von wem die Seite stammt. Besonders vertrauenswürdig sind Seiten staatlicher Institutionen, da die abgedruckten Inhalte sorgfältig geprüft werden. Mit Internetseiten von Privatpersonen oder ungeklärter Herkunft solltest du kritisch umgehen. Besonders hilfreich für historische Themen sind in der Regel Links von Bibliotheken (z. B. Bayerische Staatsbibliothek), Museen (z. B. das Deutsche Historische Museum und sein **L**ebendiges **M**useum **O**nline LeMO), Archiven, historischen Fakultäten (= Bereichen) der Universitäten, Bundes- und Landeszentralen für politische Bildung, internationale Organisationen (UN) und Wissensportale wie Planet Schule und Planet Wissen, Bavarikon, Haus der Bayerischen Geschichte sowie das Politik-Online-Lexikon für Jugendliche Hanisauland.
- Überprüfe, ob die Herkunft der verwendeten Quellen und Darstellungen angegeben ist.
- Beurteile das äußere Erscheinungsbild der Seite (Farbwahl, Aufbau, sprachliche Korrektheit).

Bewertung der gefundenen Informationen:

- Analysiere die Darstellungen oder Quellen auf der von dir ausgewählten Internetseite nach den dir bekannten Methodenschritten (siehe Seite 193/194). Sind die Informationen zielführend für deine Präsentation, den Kurzvortrag oder das Lernplakat?
- Vergleiche deine Ergebnisse mit den Informationen aus anderen Links. Widersprechen sich die Aussagen in den verschiedenen Links? Versuche zu klären, woran das liegt (Glaubwürdigkeit der Seite, unterschiedliche Ergebnisse in der Wissenschaft).

Bewertung der Recherche:

- Stelle anschließend fest: Welche Vorzüge hat eine Internetrecherche im Gegensatz z. B. zum Besuch einer Bibliothek, eines Museums oder eines historischen Ortes wie einer Burg?

Selbstlern-Methoden: Texte und Begriffe leichter entschlüsseln

Schlüsselbegriffe finden	Überschriften nennen meist schon das Thema. Man muss nicht jedes Wort kennen, um den Text zu verstehen. Schlüsselwörter führen zu den Hauptinformationen. Durch sie erfährst du, was wichtig ist, worauf es in diesem Text ankommt. **Tipp:** Achte auf fett gedruckte oder in Farbe gesetzte Wörter bzw. sonstige Hervorhebungen wie Unterlegungen.
Wörterbuch-Profi	Bittet die Lehrkraft darum, dass im Klassenzimmer ein einsprachiges Wörterbuch zur Verfügung steht. Dann könnt ihr ein unbekanntes Wort immer problemlos nachschlagen. Wenn es im Klassenzimmer einen internetfähigen Computer gibt, fragt die Lehrkraft um Erlaubnis, im Internet nachsehen zu können. **Tipp:** Ihr könnt die Begriffserklärung aufschreiben und in einer Klassen-Wortkartei (siehe rechte Seite) ablegen.
Fragenkönig	1. Gib zunächst das Thema des Textes an: z. B.: Der Text … hat zum Thema/behandelt/erklärt/veranschaulicht/gibt die Meinung von … zu … wieder/zeigt Vor- und Nachteile von … auf. 2. Du sollst nun eigene Fragen an den Text stellen. Gute Fragen helfen dir nämlich, den Text zu verstehen. Formuliere deshalb mindestens fünf Fragen, auf die der Text eine Antwort gibt. 3. Am Schluss kannst du die Fragen mit deinem Partner oder in der Gruppe austauschen und ihr beantwortet sie euch gegenseitig. **Tipp:** Stelle keine Fragen, die mit „Ja" oder „Nein" beantwortet werden können. Formuliere mindestens eine „anspruchsvolle" Frage.
„Marktplatz der Ideen"	Zeichnet einen „Marktschirm" mit zwei Spalten „Biete – Suche" an die Tafel. 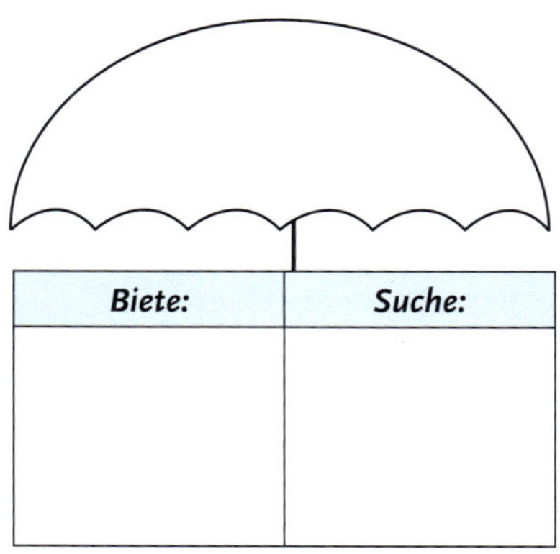 Unbekannte Begriffe, z. B. bei Textquellenarbeit, könnt ihr nun in den Arbeitsphasen selbstständig an die Tafel schreibe (Spalte: „Suche"). Eure Mitschüler erklären an der Tafel (parallele Zeile, 2. Spalte: „Biete") und umgekehrt. Je besser ihr zusammenarbeitet, umso besser funktioniert die Methode. **Tipp:** Möglich wäre es auch, ein Marktplatz-Plakat im Klassenzimmer anzubringen. Dann könnt ihr die erklärten Begriffe immer wieder verwenden.

Klassen – Wortkartei	Erklärt euch gegenseitig gesuchte Begriffe oder schlagt sie im Wörterbuch nach (siehe oben). Schreibt den Begriff auf die eine Seite einer Karteikarte, auf die andere Seite die Erklärung. In einem Karteikasten werden alle Karten alphabetisch geordnet und ihr könnt im Kasten während der Arbeitsphasen nachsehen oder mit den Begriffen auf andere Weise weiterarbeiten. **Tipp:** Trennt durch farbliche Markierungen die Grundlegenden Begriffe (rot), die geschichtlichen Fachbegriffe (blau) und andere Fach- oder Sachwörter (grün).
Konnektoren-Suche: Was gehört im Text zusammen?	Sätze in Texten werden oft durch Wörter miteinander verbunden, die auf bereits genannte Wörter im Satz oder Text davor hinweisen. Diese nennt man Konnektoren. Wenn du diese findest, kannst du den Text besser verstehen. Verbinde den jeweiligen Konnektor durch einen Pfeil mit dem Wort, auf das er hinweist. Häufige Konnektoren sind z. B. er/sie/es, sein/ihr/dieser/jenes etc. und deren Ableitungen wie deren/ihr/dessen. Es werden noch viele weitere benutzt, z. B. hierzu, daraus, dadurch, damit, gegenteilig, folgend, vorig, mittels dieser … *Bsp.: „Das Volk der Römer unterdrückt uns. Es tut dies auf folgende Art …“*
Grundwissens-domino	Erstellt in Gruppen zu den bisher erlernten Grundlegenden Begriffen und Daten ein Domino. Dabei schreibt ihr den Begriff/das Datum eines Ereignisses auf die rechte Seite des ersten Dominosteins. Auf die linke Seite des zweiten notiert ihr dann die Erklärung für diesen, auf die rechte Seite wiederum einen neuen Begriff usw. Beispiel: **Start** | **Pharao** **ägyptischer König** | **Zeit des Augustus**

Lexikon

Im Lexikon werden Fremdwörter, historische Begriffe und Ereignisse erläutert, die in den Darstellungstexten dieses Buches vorkommen und mit einem * versehen sind. Die **Grundlegenden Begriffe**, die auf den Themenseiten erklärt sind, haben einen Verweis auf die entsprechende Seite.

A

Ablasshandel, Sündenerlass nicht durch die Beichte, sondern die Zahlung einer Geldsumme.

Absolutismus, siehe S. 143

Abt/Äbtissin, Vorsteher/in einer klösterlichen oder klosterähnlichen Gemeinschaft (Abtei). Die Mönche und Nonnen müssen ihnen Gehorsam leisten.

Adel, siehe S. 14

Amtssprache, die offizielle Sprache in einem Land, die im gesellschaftlichen Leben, bei der Gesetzgebung und von Regierung und Verwaltung benutzt wird.

B

Basilika (griech. basiliké = Königshalle), in der Antike der Name großer, für Gerichtssitzungen und als Markthalle genutzter Prachtgebäude, später Versammlungshalle christlicher Glaubensgemeinschaften; Architekturbegriff für ein großes Kirchengebäude, dessen Seitenschiffe niedriger und durch Säulen sowie Pfeiler vom Hauptschiff getrennt sind.

Bischof, ursprünglich Vorsteher der christlichen Gemeinde. Seit dem 4. Jahrhundert verwaltete der Bischof als oberster Priester ein bestimmtes Gebiet (= Diözese). Im Frühmittelalter wurden die Bischöfe häufig vom König eingesetzt. Nach dem Investiturstreit (Wormser Konkordat 1122) wurden Bischöfe von den Domkapiteln (Gemeinschaft der Geistlichen an einer Domkirche) gewählt.

Bürger, siehe S. 51

Bürgerrecht, in der mittelalterlichen Stadt hatten Bürger u. a. das Recht, Grundbesitz frei zu verkaufen und zu vererben. Auch konnten sie ihren Wohnsitz wechseln. Alle Bürger wurden in Rechtsstreitigkeiten nach dem Stadtrecht behandelt. Gesellen, Mägde und Tagelöhner waren vom Bürgerrecht ausgeschlossen.

D

Digitale Revolution, ein seit dem Ende des 20. Jh. durch digitale Technik und Computer hervorgerufener Umbruch. Er führte weltweit zu Veränderungen in vielen Bereichen, u. a. in der Wirtschaft und Arbeitswelt, Kultur, Bildung, aber auch im privaten Bereich. Neue Medien beeinflussen zunehmend das Kommunikationsverhalten.

E

Erzbistum: kirchliche Einheit/Einrichtung, die anderen Bischofssitzen übergeordnet ist. Leiter eines Erzbistums ist ein Erzbischof.

evangelisch, für Luther und seine Anhänger waren nicht der Papst und die Lehren der katholischen Kirche maßgeblich, sondern allein das Wort Christi in der Heiligen Schrift, dem Evangelium. Deshalb bezeichneten sich die Anhänger Luthers als evangelisch.

F

Frühkapitalismus, Bezeichnung für die vom 16. bis zum 18. Jahrhundert in Europa bestehende Wirtschaftsform. Einzelne Unternehmer oder Handelsgesellschaften besitzen alle notwendigen Mittel zur Herstellung und zum Verkauf von Waren: Geld, Gebäude, Werkzeuge, Kontakte, Verfügung über Rohstoffe. Den Personen, die die Waren produzieren bzw. verkaufen, werden diese Mittel zur Verfügung gestellt – zu Bedingungen, die der Unternehmer bzw. die Gesellschaft diktiert (z. B. Höhe des Lohns, Arbeitszeit, Verkaufspreis). Den Unternehmern boten sich gute Chancen, ihr Kapitel zu erhöhen.

G

Ghetto, siehe S. 53

Globalisierung, weltweite Vernetzung in den Bereichen Wirtschaft, Kommunikation, Kultur und Wissen, ausgelöst durch den Handel und die Entdeckungen. Der mittelalterliche Fernhandel (z. B. Seidenstraße, Handel während der Kreuzzüge, auch kultureller und Wissensaustausch) förderte die Vernetzung über weite Entfernungen. Mit der Eroberung Amerikas und dem Aufbau weltumspannender Handelsbeziehungen (z. B. Asienhandel, transatlantischer Handel) begann die Epoche der globalen Vernetzung. Die Volkswirtschaften und die politischen Entscheidungen der einzelnen Länder werden immer enger miteinander verflochten.

Gottesgnadentum, die Herrschaft „von Gottes Gnaden" gründete auf der Vorstellung, dass die Herrschaft direkt von Gott auf den jeweiligen Herrscher übertragen wurde. Sie galt im Mittelalter zuerst für Bischöfe, danach auch für Könige; im Absolutismus bauten weltliche Herrscher diese Vorstellung aus; sie sahen sich als von Gott auserwählt an, ihre Herrschaft ohne weltliche Kontrolle auszuüben.

Graf, hieß im frühen Mittelalter der königliche Amtsträger, der in seinem Bereich (Grafschaft) die hohe Gerichtsbarkeit ausübte, zur Heeresfolge aufrief und den Frieden im Inneren sicherte. Die in den Grenzregionen lebenden Grafen durften bei Angriffen von außen eigenständig militärische Entscheidungen treffen. Das Amt wurde im 9. Jh. erblich und vom örtlichen Adel übernommen, der selbst neue Grafschaften gründete. Einige Grafen bauten ihre Herrschaftsbereiche seit dem 12. Jh. zu eigenständigen Gebieten aus und wurden damit zu Territorialherren (Landesherren).

Grundherrschaft, siehe S. 39

H

Hegemonie, siehe S. 153

Herzog(tum), ursprünglich waren Herzöge Anführer ihres Stammes. Als im 9. Jh. die Herrschaft der fränkischen Könige schwächer wurde, entwickelten sich in den Gebieten einzelner Stämme Adlige zu mächtigen Anführern. Macht und Stellung dieser Stammesherzöge glichen denen eines Königs. Sie waren oberste Richter, erließen Gesetze, riefen zur Heerfolge auf und sicherten den Frieden für ihren Stamm. Seit dem 12. Jh. wurde aus einem Stammesherzog im Laufe der Zeit ein Territorialherr (Landesherr).

Hochkultur, Merkmale einer Hochkultur sind: ein Staat mit zentraler Verwaltung und Regierung, Arbeitsteilung, ein Abgaben-(Steuer-)System, Schrift, Zeitrechnung, Kunst, Architektur, Anfänge von Wissenschaft und Technik.

Humanismus, eine Sichtweise der Gelehrten seit dem 14. Jahrhundert, die für eine umfassende Bildung des Menschen eintraten. Sie studierten die Quellen der antiken Schriftsteller und beschäftigten sich mit Sprachen, Geschichte und Philosophie. Der Humanismus breitete sich seit dem 14. Jahrhundert von Italien ins übrige Europa aus.

I

Imperator (lat. für „Befehlshaber, Gebieter"), bezeichnete in der römischen Republik ursprünglich den Träger einer militärischen Gewalt. Ab dem späten 3. Jahrhundert v. Chr. wurde die Bezeichnung zunehmend speziell für einen militärischen Kommandeur verwendet, den seine Soldaten nach einem Sieg zum Imperator ausgerufen hatten. Bis ans Ende der Spätantike blieb Imperator Teil des kaiserlichen Titels.

Insignien, Herrschaftszeichen (z. B. die Amtskette des Bürgermeisters). Der deutsche König besaß als Insignien die Krone, die heilige Lanze, das Zepter, den Reichsapfel, das Schwert und den Mantel. Der Papst trägt die Tiara (weiße Haube mit drei Kronreifen), der Bischof ist an der Mitra (spitze weiße Haube) und dem Krummstab zu erkennen.

Investiturstreit, siehe S. 24

J

Jerusalem, für Juden, Christen und Muslime ist Jerusalem eine „heilige Stadt". Juden beten an der „Klagemauer", einer Stützmauer des von den Römern zerstörten Tempels. Muslime besuchen die Al-Aksa-Moschee. Vom benachbarten „Felsendom" soll der Prophet Mohammed in den Himmel aufgefahren sein. Christen pilgern zum Heiligen Grab, in dem der gekreuzigte Jesus bestattet sein soll.

K

Kanzlei, besonderer Raum für Verwaltungstätigkeit, der Leiter einer Kanzlei war der Kanzler.

katholisch, bis zur Reformation die einzige Konfession im christlichen Glauben. Nach der Reformation als „römisch-katholisch" bezeichnet.

Kirchenbann, beging ein Mensch ein schweres Verbrechen oder wich er von der rechten Lehre ab, so konnte die Kirche als schärfste Strafe über ihn den Kirchenbann (Exkommunikation) verhängen, so wie die weltliche Gewalt die Reichsacht aussprechen konnte. Damit wurde er von den Sakramenten (z. B. Abendmahl) und aus der christlichen Gemeinschaft ausgeschlossen, d. h. kein Christ durfte mit ihm sprechen, Geschäfte betreiben usw.

Kloster, siehe S. 29

Kolonialisierung, auch Kolonisierung oder Kolonisation, bezeichnet die Urbachmachung eines unbewohnten Gebietes, aber auch die Unterwerfung eines Territoriums einschließlich der dort lebenden Bevölkerung als Kolonie außerhalb des eigenen Staatsgebietes.

Konfession (lat. confessio = Bekenntnis), anfangs eine Schrift, in der die grundlegenden Glaubensgrundsätze festgelegt wurden; später Bezeichnung für eine (christliche) Bekenntnisgruppe, z. B. Lutheraner, Katholiken.

Konkordat, bezeichnet einen Vertrag zwischen einem Staat und der römisch-katholischen Kirche, z. B. das Wormser Konkordat, in dem die Besetzung (Investitur) von Bischofsämtern geregelt wurde.

Kreuzzug, siehe S. 66

Kurfürsten, siehe S. 27

L

Landesherr, Herrscher über ein fest umrissenes Gebiet (= Territorium) des Reichs. Seit dem 12. Jh. entstanden im Heiligen Römischen Reich zahlreiche Landesherrschaften, deren Bewohner der Gewalt des Landesherrn unterworfen waren. Landesherren mussten ihr Territorium gegen Angriffe von anderen Landesherren absichern, zugleich waren sie bestrebt, ihr eigenes Territorium zu vergrößern.

Lehnswesen, siehe S. 23

Luther, siehe S. 120

M

Ministerialen (Dienstmannen), waren ursprünglich Unfreie. Seit dem 10. Jh. wurden sie von ihren Herren mit Verwaltungs- und Kriegsdiensten beauftragt. Sie waren für Könige, Fürsten, Bischöfe oder Äbte unentbehrlich.

Minne/-dienst, an den Königshöfen in Westeuropa entstand um 1200 der Minnesang. Adlige Minnesänger waren Ritter, die in Liedern die unerwiderte Liebe zu einer Hofdame besangen. Es handelte sich dabei meist um Idealvorstellungen.

N

Neuzeit, siehe S. 74

P

Patrizier, Bezeichnung für die Angehörigen der städtischen Oberschicht in der spätmittelalterlichen Stadt, bestehend aus dem alten Stadtadel und durch den wirtschaftlichen Erfolg aufgestiegene Fernhandelskaufleute.

Pfalz, der Begriff leitet sich vom lateinischen „palatium", dem Regierungs- und Wohnsitz der römischen Kaiser auf dem Hügel Palatin ab. Im Mittelalter war dies der Wohn- und Regierungssitz eines Königs, eines Herzogs oder eines Bischofs. Im deutschen Sprachgebrauch entstand daraus das Wort „Palast".

Protestanten, seit 1530 Bezeichnung für die Anhänger Luthers, weil sie gegen den Beschluss des Reichstages zur Bekämpfung der Reformation protestiert hatten.

R

Reform (lat. re = zurück, formatio = Gestaltung), im politischen Bereich eine Umgestaltung der bestehenden politischen Ordnung. Im Mittelalter und der Frühen Neuzeit wurde darunter die Beseitigung von Missständen in Staat und Kirche verstanden.

Reformation, siehe S. 120

Reichsacht, bei schweren Vergehen, z. B. Mord, konnte der König bzw. Kaiser oder ein von ihm beauftragter Richter den Täter ächten. Dieser war damit aus der Gemeinschaft ausgestoßen und im gesamten Reich vogelfrei. Jeder hatte das Recht, einen Geächteten zu töten. Der Verurteilte verlor seinen Besitz, und wer ihn aufnahm, verfiel selbst der Reichsacht.

Reichsfürst, hoher Adliger im Mittelalter, der keinen Lehnsherrn zwischen sich und dem König hatte.

Reichsstadt, im Heiligen Römischen Reich (bis 1806) gab es Städte, die unmittelbar dem König bzw. dem Kaiser unterstanden. Diese Reichsstädte zahlten zwar Steuern und sollten die Politik des Herrschers unterstützen, die inneren Angelegenheiten konnte der Rat der Stadt jedoch selbst regeln.

Reichstag, im Mittelalter rief der deutsche König die Vertreter der Reichsstände (Reichsfürsten, Vertreter der Reichs- und Bischofsstädte) zu Hoftagen zusammen. Diese in unregelmäßigen Abständen vom König einberufene Versammlung wurde seit 1495 Reichstag genannt. Seit 1663 trat der Reichstag als ständiger Kongress, als „Immerwährender Reichstag", zusammen. Seine Kompetenzen waren nicht eindeutig festgelegt, er beschäftigte sich aber mit Reichsgesetzen und -steuern, Entscheidungen über Krieg und Frieden und dem Heereswesen.

Renaissance, siehe S. 115

Ritter, adlige Reiterkrieger. Als Gruppe entstanden sie in den Kriegen des 9./10. Jh. Seit dem 12. Jh. bildeten die Ritter einen Stand mit eigenen Idealen wie Treue und Gefolgschaft. Ihr Niedergang begann im 14. Jh. Söldner ersetzten die Ritterheere, die Waffentechnik änderte sich.

S

Salbung, war im Mittelalter eine symbolische Handlung der Übertragung und Legitimation (= rechtliche Anerkennung) politischer Macht an einen König oder Kaiser. Die Salbung wurde mit heiligem Öl durch den Papst durchgeführt.

Seldschuken, ein Turkvolk, das über Teile des heutigen Iraks herrschte. Es eroberte im 11. Jh. Palästina und Gebiete des Oströmischen Reichs.

Sklaven/Sklaverei, in der Antike waren Sklaven eine „Sache", über die ihre Besitzer frei verfügen konnten. Sie wurden als Kriegsgefangene ins Land gebracht und konnten gekauft werden (Sklavenmarkt). Eine neue Form der Sklaverei entstand im Zeitalter der Entdeckungen. In großer Zahl wurden Menschen in Afrika „erworben" und nach Amerika in die Kolonien gebracht. Dort setzte man sie als Arbeitskräfte in den landwirtschaftlichen Großbetrieben (Plantagen) ein.

Söldner/-heer, bezeichnet Soldaten, die professionell das Waffenhandwerk erlernten, um vor allem Fürsten gegen Bezahlung ihren Dienst anzubieten. Besonders viele Söldnerheere gab es im Dreißigjährigen Krieg.

Stadtrecht, siehe S. 46

Stände, siehe S. 37

T

Territorien/Territorialisierung, bezeichnet die Herausbildung von Landesherrschaften vom 11. bis zum 14. Jh.; damit einhergehend kommt es zum langfristigen Machtverlust des Königs. Die entstandenen Flächenstaaten wurden von einem geistlichen oder weltlichen Fürsten regiert und von Beamten verwaltet.

U

UNESCO (engl. United Nations Educational, Scientific and Cultural Organization), ist die Abteilung der Vereinten Nationen (UN), die sich für die Förderung von Erziehung, Wissenschaft und Kultur auf der ganzen Welt einsetzt.

W

Westfälischer Friede, siehe S. 132

Wormser Konkordat, Regelung der Investitur (1122). Ein Bischof hatte sowohl weltliche als auch geistliche Aufgaben. Er verwaltete den Besitz der Kirche und die Sakramente. Die weltlichen Herrschaftsrechte verlieh ihm der König, die geistlichen Aufgaben wurden ihm von der Kirche übertragen.

Z

Zeremonie, bezeichnet bestimmte Regeln und Formen, die an bestimmten Orten oder zu genau festgelegten Anlässen eingehalten werden sollen, z. B. an einem Fürstenhof oder im kirchlichen Bereich bei Gottesdiensten.

Zunft, verpflichtender Zusammenschluss von Handwerkern eines Berufszweiges. Die Zunft regelte und überwachte Ausbildung, Warenqualität, Handel, Preise und Anzahl von Meisterbetrieben. Sie sicherte die wirtschaftliche Existenz der Handwerker, indem sie Konkurrenz verhinderte. Im Mittelalter prägten die Zünfte die alltägliche Lebensführung in den mittelalterlichen Städten.

Register

Die mit einem * versehenen Begriffe werden im Lexikon näher erklärt. Die rot gedruckten Wörter sind **Grundlegende Begriffe**.

Bildquellen

UMSCHLAGFOTO: akg-images/Bildarchiv Monheim/Paul M.R. Maeyaert; VORDERER UMSCHLAG INNEN UND KLAPPE: Cornelsen/Carlos Borrell Eiköter; 2: PEFC; 3 ob. re., 23 M2, 28 ob. li.: akg-images; 3 mi. re., 58 M2: Stadt Regensburg; 4 mi. re., 119 M4: akg-images; 5 ob. re., 164 M1: bpk/DeA Picture Library/A. Vergani; 5 mi. re., 182 M1: bpk/BnF, Dist. RMN-GP; 6 ob. li.: Bridgeman Images/ Chateau des Versailles, France; 6 ob. re. li. S. : Cornelsen/ Carlos Borrell Eiköter; 6 ob. re., re. S. ob.: bpk/Deutsches Historisches Museum/Arne Psille; 6 unt., li. S. unt.: Stadt Nördlingen; 6 unt., re. S. unt.: Mauritius Images GmbH/ ImageBroker/Martin Siepmann; 7 ob., li. S. : akg-images; 7 unt. li., li. S. : akg-images; 7 unt. li., re. S. ob.: mauritius images/alamy stock photo/Art Collection 2; 7 unt. li., re. S. unt.: akg-images/Bildarchiv Monheim; 7 unt. re., Illustration großes Bild: Smętek; 7 unt. re., li. unt.: Cornelsen/ Carlos Borrell Eiköter; 8 ob., li. S. : akg-images/Erich Lessing; 8 ob., re. S. : Cornelsen/Carlos Borrell Eiköter; 9 ob. li., v. li.: akg-images/Erich Lessing; akg-images/Science Photo Library; akg-images; Bridgeman Images/Banco de México Diego Rivera/Frida Kahlo Museums Trust/VG Bild-Kunst, Bonn 2019; Bridgeman Images/British Library Board; 9 ob. re., li. S. v. ob.: akg-images/VISIOARS; akg-images; 9 ob. re., re. S.: bpk/Münzkabinett, SMB; 9 mi., Illustration: Cornelsen/Thomas Binder, Foto: DEUTSCHE BURGENVEREINIGUNG e. V., Dienstelle Marksburg/Gerhard Wagner; 10/11: bpk/Hermann Buresch; 12 M1: akg-images/Erich Lessing; 12 M2: akg-images; 13 M3: bpk/ Lutz Braun; 13 M4: ddp images/intertopics; 14 M1: Cornelsen/Carlos Borrell Eiköter; 16 M1: Benjamin May © Kaiserpfalz Ingelheim; 16 M2: Cornelsen/Carlos Borrell Eiköter; 18 M1: akg-images; 18 M2: bpk/The Metropolitan Museum of Art; 20 li.: bpk/Münzkabinett, SMB/Reinhard Saczewski; 20 re.: LASA, U1, I Nr. 23, S. 1; 21 li.: bpk/ Scala; 21 re., 28 re.: Magdeburger Museen; 22 M1: Cornelsen/Erfurth Kluger Infografik GbR, Cornelsen/Thomas Binder (König, Ritter, Ministerialen), Cornelsen/Michael Teßmer (Herzöge, Grafen, Bischöfe, Äbte), Cornelsen/Nicole Rademacher (Äbtissin); 24 M1, 29 li.: Herzog August Bibliothek Wolfenbüttel/Cod. Guelf. 3.1 Aug. 2°, fol. 10R; 26 M1/M2: Cornelsen/Carlos Borrell Eiköter; 27 M1, 29 re.: ddp images/PRILL Mediendesign & Fotografie; 30 M2: akg-images/VISIOARS; 30 M3: akg-images; 31 M5: bpk/ Münzkabinett, SMB; 32/33: akg-images; 34 M1: Cornelsen/Erfurth Kluger Infografik GbR; 35 M2: Bayerisches Nationalmuseum, Foto: Walter Haberland; 35 M3: Imagebroker RM/F1online; 36 M3: akg-images; 37 M4: Cornelsen/Erfurth Kluger Infografik GbR unter Verwendung von Elisabeth Galas; 38 M1: Cornelsen/Erfurth Kluger Infografik GbR, Cornelsen/Thomas Binder (Illustrationen); 39 M3, 59 li.: akg-images; 39 M4: akg-images/British Library; 40 M1: Cornelsen/Thomas Binder; 41 M2: Bridgeman Images/San Nicolo, Treviso, Italy; 41 M3: Erzabtei St. Ottilien, Ottilien; 42 M1: Alois Laumer, Weiden; 43 M3: SZ Photo/euroluftbild.de/Oliver Betz; 44 li.: Bridgeman Images/Tarker; 44 re.: imago stock&people/Stephan Görlich; 45 M4, 59 re.: Universitätsbibliothek Heidelberg, Codex Manesse (Cod. Pal. germ. 848); fol. 82v; 46 M1: Stadt Nördlingen; 47 M4: Mauritius Images GmbH/ImageBroker/Martin Siepmann; 48 M1: imago stock&people/Daniel Schvarcz; 48 M2: imago stock&people/imagebroker; 49 M3, M4: akg-images/Bildarchiv Monheim; 50 M1: Cornelsen/Erfurth Kluger Infografik GbR, Cornelsen/Michael Teßmer (Illustrationen), Cornelsen/Nicole Rademacher (Magd); 51 M2: Cornelsen/Erfurth Kluger Infografik GbR, Cornelsen/Michael Teßmer (Illustrationen); 51 M3: bpk/ Lutz Braun; 52 M2: bpk/Dietmar Katz; 53 M5: Stadtarchiv Würzburg/Ratsbuch 412, fol. 172 r; 54 M1: akg-images/Hedda Eid; 54 M2: akg-images; 56 M1: bpk/Annette Fischer/Staatliche Kunsthalle Karlsruhe/Heike Kohler; 56 M2: akg-images; 58 M1: akg-images/Florian Profitlich; 58 M3: Cornelsen/Erfurth Kluger Infografik GbR; 58 M4: laif/Tobias Gerber; 58 M5: Süddeutsche Zeitung Photo/ Rolf Thym; 60 M2: akg-images/British Library; 61 M4: akg-images; 62/63: bpk/Staatsbibliothek zu Berlin/Ruth Schacht; 64 M1, 88 li.: akg-images/Erich Lessing; 65 M2: Cornelsen/Carlos Borrell Eiköter; 67 M3: akg-images/ Jérôme da Cunha; 68 M3: bpk; 70 M1: Interfoto e.k./ Sammlung Rauch; 70 M2: Cornelsen/Hans Wunderlich; 70 M3: akg-images/Pictures From History; 71 M4: akg-images/British Library; 73 M3: Cornelsen/Carlos Borrell Eiköter; 74 M1: Private Collection/Bridgeman Images; 74 M2: Bridgeman Images/Galleria Palatina & Appartamenti Reali di Palazzo Pitti, Florence, Tuscany, Italy; 74 M4: Bridgeman Images/Biblioteca Reale, Turin, Piemont, Italy/ Alinari Archives, Florence; 74 M3: akg-images/Heritage Images/Fine Art Images; 75 M1: Bridgeman Images/Bible Society, London, UK; 75 M2, 89 li.: Bridgeman Images/ British Library Board; 76 M1, 88 Mi.: akg-images/Science Photo Library; 77 M1: akg-images; 77 M2: Cornelsen/ Klaus Becker; 78 M1: Bridgeman Images/PVDE; 78 M2: Bridgeman Images; 78 M3: akg-images/Science Photo Library; 79 M1: akg-images; 79 M2: Bridgeman Images/National Gallery, London, UK; 80 ob. re.: bpk/Lutz Braun; 80 M2: Cornelsen/Hans Wunderlich; 81 M3, 88 re.: akg-images; 82 M1: Cornelsen/Carlos Borrell Eiköter; 83 M4: Cornelsen/Carlos Borrell Eiköter; 84 M1, 89 li.: Bridgeman Images/Banco de México Diego Rivera/Frida Kahlo Museums Trust/VG Bild-Kunst, Bonn 2019; 86 M2: Cornelsen/ Carlos Borrell Eiköter; 87 M4: Haus der Geschichte/Klaus Pielert; 90 M2: Bridgeman Images/Museo di Capodimonte, Naples, Campania, Italy; 92 li. unt.: Cornelsen/Carlos Borrell Eiköter; 92/93, 111 re.: Illustration: Smętek; 94 M1: dpa Picture-Alliance/empics/Steve Parsons; 94 M2: Picture-Alliance/dpa-Infografik/Globus Infografik; 95 M3: ddp images/Xinhua/Sipa USA; 95 M4: Cornelsen/ Carlos Borrell Eiköter; 96 M1, 110 li.: Limesmuseum Aalen/Ulrich Sauerborn; 97 M3: bpk/Antikensammlung, SMB/Stefan Büchner; 97 M4: Bridgeman Images/Museumslandschaft Hessen Kassel; 98 ob.: shutterstock/gladcov; 98 M2, 110 re.: Bridgeman Images/Archives Charmet; 99 M3: akg-images; 100 M3: Cornelsen/Hans Wunderlich; 101 M4: imago stock&people/Xinhua; 101 M5: Cornelsen/Erfurth Kluger Infografik GbR; 102 M1: Cornelsen/Erfurth Kluger Infografik GbR; 103 M2: Bridgeman Images/Pictures from History; 104 M1: imago stock&people/Steinach; 104 M2: Cornelsen/Carlos Borrell Eiköter; 105 M4: akg-images; 106 M1: Cornelsen/Elisabeth Galas; 107 M2: bpk; 107 M4: akg-images/Bildarchiv Monheim; 108 M1: Cornelsen/Carlos Borrell Eiköter; 108 M2: imago stock&people/ZUMA Press; 109 M3: imago stock&people/China Foto Press; 111 li, 112 M1: bpk; 113 M4: dpa/Globus-Grafik; 114/115: Albertina Wien; 116 M1: Cornelsen/Carlos Borrell Eiköter; 117 M3: bpk/Deutsches Historisches Museum/Arne Psille; 117 M4: Cornelsen/Erfurth Kluger Infografik GbR; 118 M1: Klassik Stiftung Weimar/Bestand HAAB; 120 M1, 134 unt. re.: bpk/Hermann Buresch; 120 M3, 135 li.: akg-images; 122 M1: akg-images; 123 M2: akg-images; 124 M2: Cornelsen/Carlos Borrell Eiköter; 125 M3: Erich Fürst von Waldburg zu Zeil und Trauchburg, Waldburg-Zeil'sches Gesamtarchiv, Schloß Zeil, 88299 Leutkirch; 125 M4: Staatsbibliothek Bamberg/Gerald Raab; 126 M1: akg-images; 126 M2: Cornelsen/Erfurth Kluger Infografik GbR; 128 M1: Cornelsen/Carlos Borrell Eiköter; 129 1: akg-images/De Agostini Picture Lib./G. Nimatallah; 129 2: akg-images/Erich Lessing; 129 3, 4: akg-images; 129 5: akg-images/WHA/World History Archive; 129 6: akg-images; 130 M1, 135 re.: akg-images/Erich Lessing; 131 M4a: Cornelsen/Carlos Borrell Eiköter; 132 M1: akg-images; 133 M2: Cornelsen/Carlos Borrell Eiköter; 134 M1: Playmobil – geobra Brandstätter Stiftung & Co. KG, Zirndorf; 136 M1, mi. re.: akg-images; 137 M3: laif/Berthold Steinhilber; 138/139: Bridgeman Images/Chateau de Versailles, France; 140 M1: OKAPIA KG/Euroluftbild.de/LADE-OKAPIA; 140 M2: Bridgeman Images/Musee des Monnaies et Medailles, Paris; 141 M3: akg-images; 142 M1: akg-images/Bibliotheque Nationale; 143 M4: Cornelsen/Erfurth Kluger Infografik GbR; 144 mi. li.: Bridgeman Images; 144 M3: ASTERIX® OBELIX® – Idefix®/© 2019 LES ÉDITIONS ALBERT RENÉ; 145 M4, 159 li.: bpk/RMN – Grand Palais/Angèle Dequier; 146 M1: shutterstock/Tom Payne; 146 M2: Cornelsen/Klaus Kühner; 147 M3: bpk/RMN – Grand Palais/Michel Urtado; 147 M4: Bridgeman Images/De Agostini Picture Library; 148 M2: Bridgeman Images/The Stapleton Collection; 149 M4: Cornelsen/Hans Wunderlich; 150 M1: Musee Conde, Chantilly, France/Bridgeman Images; 150 M2: bpk/RMN – Grand Palais/Jean-Gilles Berizzi; 151 M3: Cornelsen/Erfurth Kluger Infografik GbR; 152 M1: akg-images; 152 M2: Cornelsen/Erfurth Kluger Infografik GbR; 153 M3: Cornelsen/Carlos Borrell Eiköter; 154 M1: Süddeutsche Zeitung Photo/Florian Peljak; 154 M2, 159 re.: Artothek; 155 M3: Süddeutsche Zeitung Photo/Manfred Neubauer; 156 M1: Bridgeman Images/Granger; 158 M1: Oberschwäbische Barockstraße/c/o Oberschwaben Tourismus/Bibliothekssaal Kloster Oberwiblingen; 160 M2: Artothek; 161 M4: Cornelsen/Carlos Borrell Eiköter; 162/163: Bayerische Schlösserverwaltung, Richard F.J. Maier; 164 M2: Bridgeman Images/SZ Photo/euroluftbild.de; 165 M3: akg-images/euroluftbild.de; 167 M1: Adobe Stock/bigguns; 167 M2: Bridgeman Images/Look and Learn; 168 M4: akg-images/Peter Connolly; 169 M5: akg-images/Peter Connolly; 169 M6: Bridgeman Images/De Agostini Picture Library; 170 M1: Cornelsen/Hans Wunderlich; 170 M2: akg-images/Bildarchiv Steffens; 170 M3: akg-images/Bildarchiv Monheim; 172 M1: akg-images; 173 M3: mauritius images/alamy stock photo/Art Collection 2; 173 M4: akg-images/Bildarchiv Monheim; 174 M1: Presse- und Informationsamt der Bundesregierung, Foto: Guido Bergmann; 174 M2: Presse und Informationsamt der Bundesregierung, Foto: Steffen Kugler; © VG Bild-Kunst, Bonn 2019; 174 M3: Bridgeman Images/Peter Langer/Design Pics/UIG/© VG Bild-Kunst, Bonn 2019; 176 M2: Bayerische Schlösserverwaltung, Helicolor-Luftbild; 177 M3: akg-images/Pirozzi; 177 M4: akg-images/Bildarchiv Monheim; 179 M3 u. M4: bpk/BnF, Dist. RMN-GP; 180/181 Illustration: Cornelsen/Thomas Binder, Foto S. 180: DEUTSCHE BURGENVEREINIGUNG e. V., Dienstelle Marksburg/Gerhard Wagner; 183 M1: bpk/Schalkwijk/Art Resource, NY; (c) Banco de México Diego Rivera Frida Kahlo Museums Trust/VG Bild-Kunst, Bonn 2019; 184 M1 u. 185 ob.: anonym; Die Hirten als Wölfe; um 1520; Holzschnitt; 264 x 357 mm; MOIIF00015; Kulturstiftung Sachsen-Anhalt – Kunstmuseum Moritzburg Halle (Saale); Foto: Kulturstiftung Sachsen-Anhalt; 185 M4: bpk/Scala; HINTERER UMSCHLAG INNEN UND KLAPPE: Cornelsen/Carlos Borrell Eiköter

Grundlegende Daten und Begriffe aus Band 6

Grundlegende Daten

ab ca. 3000 v. Chr.	Hochkultur in Ägypten
5. Jh. v. Chr.	Blütezeit Athens
753 v. Chr.	Mythische (der Sage nach) Gründung Roms
1. Jh. v. Chr.	Übergang Roms von der Republik zum Prinzipat (Kaiserzeit)
um Christi Geburt	Zeitalter des Augustus
um 500 n. Chr.	Reichsbildung der Franken. Die fränkischen Stämme vereinigten sich und bildeten ein stabiles, christlich geprägtes Fränkisches Reich, in dem sich germanische und römische Elemente verbanden.
800 n. Chr.	Krönung Karls des Großen zum Kaiser in Rom

Grundlegende Begriffe

Altsteinzeit: Ältester Zeitabschnitt der Menschheitsgeschichte (vor ca. 2 Millionen Jahren bis ca. 10 000 Jahren v. Chr.), in dem die Menschen als Jäger und Sammler umherzogen und ihre Werkzeuge und Waffen meist aus Stein herstellten.

Antike: Griechisch-römisches Altertum, also der Zeitraum, in dem die Griechen und Römer den Mittelmeerraum beherrschten bzw. kulturell prägten (ca. 1000 v. Chr. bis 500 n. Chr.).

Aristokratie: Herrschaftsform, bei der der Adel, also die einflussreichsten Familien, die Macht besitzt.

Caesar: Gaius Julius Caesar war ein römischer Staatsmann, Feldherr und Autor, der sich 44 v. Chr. zum Diktator auf Lebenszeit ernennen ließ und so das Ende der Römischen Republik und den Beginn der Kaiserzeit einleitete.

Christentum: Die auf Jesus Christus, sein Leben und sein Wirken begründete monotheistische Religion, deren heilige Schrift die Bibel ist.

Demokratie: Herrschaftsform, in der das Volk über die Politik bestimmt.

Diktator: Befehlshaber mit uneingeschränkter Befehlsgewalt; in der Römischen Republik außerordentliches Amt, nur in Notzeiten für sechs Monate bestimmt.

Islam: Vom Propheten Mohammed im 7. Jahrhundert begründete monotheistische Religion, deren Anhänger (Muslime) zu Allah beten. Die Glaubensgrundlage des Islam ist der Koran.

Judentum: Älteste monotheistische Religion und zugleich Gemeinschaft aller Juden. Der Kern der jüdischen Religion ist in der Thora grundgelegt.

Jungsteinzeit: Zeitabschnitt von ca. 10 000 v. Chr. bis ca. 2000 v. Chr., in dem die Menschen sesshaft wurden und dank des wärmeren Klimas zu Ackerbau und Viehzucht übergingen.

Kaiser: Höchster Herrschertitel, der im Mittelalter an die Tradition des römischen Kaiserreichs anknüpfte. Der Kaiser wurde im Mittelalter vom Papst gekrönt und verstand sich als Schutzherr der Christenheit. Zudem erhob er Anspruch auf die oberste weltliche Herrschaft über alle Christen.

Karl der Große: König des Fränkischen Reichs, der 800 als erster westeuropäischer Herrscher vom Papst zum Kaiser gekrönt wurde und damit die Grundlage für das mittelalterliche Kaisertum legte.

König: Meist aus dem Adel stammender Herrscher eines Landes, der durch Wahl (z. B. im Heiligen Römischen Reich Deutscher Nation) oder Erbrecht (z. B. in England, Frankreich) bestimmt wird.
Limes: Befestigte römische Reichsgrenze, u. a. der Obergermanisch-Rätische Limes zwischen Rhein und Donau.
Migration: Dauerhafter Wohnortwechsel von Menschen, der unterschiedliche Ursachen haben kann, z. B. die Flucht vor politischer Verfolgung, vor Folter, Krieg und Hunger, die Suche nach besseren Lebensumständen oder neue berufliche Möglichkeiten.
Mittelalter: Zeit zwischen ca. 500 und ca. 1500 n. Chr., also zwischen der Antike und der Neuzeit.
Monarchie: Herrschaftsform, in der eine Königin oder ein König an der Spitze des Staates steht.
Pharao (Plural: Pharaonen): Oberster Herrscher im alten Ägypten, der zugleich als König und als Gott verehrte wurde.
Polis: Griechischer Stadtstaat (Plural: Poleis) in der Antike, der aus einer Stadt und deren Umland bestand und politisch sowie auch wirtschaftlich selbstständig war.
Provinz (römische): Ein unter römischer Herrschaft und Verwaltung stehendes erobertes Gebiet außerhalb Italiens.
Pyramide: Grabanlage einer hochgestellten Persönlichkeit (z. B. eines Pharaos) im alten Ägypten, meist mit quadratischem Grundriss und nach oben spitz zulaufend.
Quellen: Texte, Gegenstände, Bilder aus der Vergangenheit, die entweder zufällig erhalten geblieben sind (Überrest) oder absichtlich überliefert wurden (Überlieferung), sowie Zeitzeugenaussagen.
Republik: Der lateinische Begriff „res publica“ fasst den Staat als „öffentliche Angelegenheit“ auf, die alle freien Bürger betrifft. Heute bezeichnet „Republik“ eine Staatsform, in der kein Monarch an der Spitze steht, sondern das Staatsoberhaupt gewählt ist und in der grundsätzlich die Staatsgewalt vom Volk ausgeht.
Romanisierung: Übernahme u. a. der römischen Sprache, Kultur durch Bevölkerungsgruppen in einigen der von Römern eroberten Gebiete.
Senat: Oberstes Beratungsorgan der Römischen Republik, dessen Mitglieder aus den einflussreichsten Familien (Adel) stammten und vorher wichtige Ämter ausgeübt hatten.
Verfassung: Grundlegendes Gesetz, das die politische Ordnung eines Staates festlegt (z. B. Staatsform, Rechte und Pflichten der Bürger).